Kohlhammer

Die Autoren

Inez Maus ist Mutter eines autistischen Jungen und befasst sich seit mehr als 20 Jahren mit dem Thema Autismus. Die promovierte Biochemikerin lebt in Berlin und arbeitet als selbstständige Autorin, Lektorin und Referentin zu autismusspezifischen Themen. Sie schreibt das Blog »Anguckallergie« (www.anguckallergie.info), auf dem sie Reflexionen und Begebenheiten, die ein Leben mit Autismus in der Familie mit sich bringt, festhält. Bei Kohlhammer sind bisher zum Themenkreis *Autismus und Familie* ihre Bücher »Geschwister von Kindern mit Autismus« und »Geschichten für Kinder über Autismus« erschienen.
Kontaktadresse der Autorin: info@inez-maus.de

Jannis Benjamin Ihrig ist ein junger Autor, der Fantasy-Science-Fiction-Geschichten verfasst. Mit einem Master im Fach Philosophie arbeitet er im Moment daran, mit seinen Werken an Verlage heranzutreten.

Der Autor reflektiert sein Schreiben folgendermaßen: »In meinem Schreiben spiegelt sich meine Faszination für die endlose Vielfalt der Wirklichkeit und die unzähligen Verknüpfungen zwischen den Facetten von Natur und menschlicher Zivilisation wider. Meine Interessen sind weitgefächert, damit viele unterschiedliche Inspirationen in meine Geschichten einfließen können. Darüber hinaus spielt mein Autismus eine große Rolle beim Schreiben, denn aufgrund meiner gegebenen Schwäche bezüglich des Knüpfens und Hegens sozialer Kontakte neige ich dazu, mir große Mühe zu geben, die Perspektiven anderer nachzuvollziehen.«

Inez Maus
Jannis Benjamin Ihrig

Familienbande bei Autismus

Wie Zusammenleben gelingen kann

Verlag W. Kohlhammer

Für meinen Großvater Konrad, für den Wattwurm Malte
Für MM

Dieses Werk einschließlich aller seiner Teile ist urheberrechtlich geschützt. Jede Verwendung außerhalb der engen Grenzen des Urheberrechts ist ohne Zustimmung des Verlags unzulässig und strafbar. Das gilt insbesondere für Vervielfältigungen, Übersetzungen, Mikroverfilmungen und für die Einspeicherung und Verarbeitung in elektronischen Systemen.

Pharmakologische Daten, d. h. u. a. Angaben von Medikamenten, ihren Dosierungen und Applikationen, verändern sich fortlaufend durch klinische Erfahrung, pharmakologische Forschung und Änderung von Produktionsverfahren. Verlag und Autoren haben große Sorgfalt darauf gelegt, dass alle in diesem Buch gemachten Angaben dem derzeitigen Wissensstand entsprechen. Da jedoch die Medizin als Wissenschaft ständig im Fluss ist, da menschliche Irrtümer und Druckfehler nie völlig auszuschließen sind, können Verlag und Autoren hierfür jedoch keine Gewähr und Haftung übernehmen. Jeder Benutzer ist daher dringend angehalten, die gemachten Angaben, insbesondere in Hinsicht auf Arzneimittelnamen, enthaltene Wirkstoffe, spezifische Anwendungsbereiche und Dosierungen anhand des Medikamentenbeipackzettels und der entsprechenden Fachinformationen zu überprüfen und in eigener Verantwortung im Bereich der Patientenversorgung zu handeln. Aufgrund der Auswahl häufig angewendeter Arzneimittel besteht kein Anspruch auf Vollständigkeit.

Die Wiedergabe von Warenbezeichnungen, Handelsnamen und sonstigen Kennzeichen in diesem Buch berechtigt nicht zu der Annahme, dass diese von jedermann frei benutzt werden dürfen. Vielmehr kann es sich auch dann um eingetragene Warenzeichen oder sonstige geschützte Kennzeichen handeln, wenn sie nicht eigens als solche gekennzeichnet sind.

Es konnten nicht alle Rechtsinhaber von Abbildungen ermittelt werden. Sollte dem Verlag gegenüber der Nachweis der Rechtsinhaberschaft geführt werden, wird das branchenübliche Honorar nachträglich gezahlt.

Dieses Werk enthält Hinweise/Links zu externen Websites Dritter, auf deren Inhalt der Verlag keinen Einfluss hat und die der Haftung der jeweiligen Seitenanbieter oder -betreiber unterliegen. Zum Zeitpunkt der Verlinkung wurden die externen Websites auf mögliche Rechtsverstöße überprüft und dabei keine Rechtsverletzung festgestellt. Ohne konkrete Hinweise auf eine solche Rechtsverletzung ist eine permanente inhaltliche Kontrolle der verlinkten Seiten nicht zumutbar. Sollten jedoch Rechtsverletzungen bekannt werden, werden die betroffenen externen Links soweit möglich unverzüglich entfernt.

1. Auflage 2024

Alle Rechte vorbehalten
© W. Kohlhammer GmbH, Stuttgart
Gesamtherstellung: W. Kohlhammer GmbH, Stuttgart

Print:
ISBN 978-3-17-040370-3

E-Book-Formate:
pdf: ISBN 978-3-17-040371-0
epub: ISBN 978-3-17-040372-7

Inhalt

Vorwort		9
1	**Einführung in das Thema: Autismus in der Familie**	13
	Inez Maus	
	1.1 Autismus – eine kurze Einführung	15
	1.2 Familie – eine kurze Einführung	17
	1.3 Situation von Eltern eines autistischen Kindes	18
	1.4 Beziehung von Eltern zu ihrem autistischen Kind	21
2	**Gedankenaustausch über Autismus zwischen Mutter und Sohn**	25
	Inez Maus und Jannis Benjamin Ihrig	
	2.1 Rückblick: Vergangenheit – Kindheit und Jugendzeit mit Autismus	26
	2.1.1 Kindheitserinnerungen	27
	2.1.2 Diagnose	31
	2.1.3 Therapien	36
	2.1.4 Schulzeit	40
	2.1.5 Hobbys und Freizeit	44
	2.1.6 Geschwister	47
	2.1.7 Rolle der Eltern	50
	2.1.8 Berufstätigkeit der Eltern	55
	2.2 Einblick: Gegenwart – Studium mit Autismus und Ablösung vom Elternhaus	58
	2.2.1 Allgemeines Lebensgefühl	58
	2.2.2 Umgang mit der Diagnose Autismus	60
	2.2.3 Autismus – Neurodiversität oder Störung?	62
	2.2.4 Bonus – Theory of Mind	63
	2.2.5 Schwierigkeiten und Stärken	68
	2.2.6 Erfahrungen an der Universität	71
	2.2.7 Heutige Rolle der Geschwister	82
	2.2.8 Autismus und Kreativität	85
	2.2.9 Eine etwas andere Wohngemeinschaft	88
	2.2.10 Tagesklinik	94
	2.2.11 Bonus – Tugend und Freiheit	102
	2.2.12 Lebenszufriedenheit und »Glücklichkeit«	106

		2.3	Ausblick: Zukunft – Wünsche, Träume, Hoffnungen	110

2.3 Ausblick: Zukunft – Wünsche, Träume, Hoffnungen 110
2.4 Seitenblick: Gedanken weiterer Mitglieder zur Familie 112
    2.4.1 Der jüngere Bruder (Gastbeitrag) 113
    2.4.2 Der Vater – Funktionale Familie (Gastbeitrag) 114
2.5 Überblick: Strategien zum Realisieren von Familienbande... 116

3 Interviews mit Vertretern anderer Familien mit autistischem Mitglied **118**
Inez Maus
3.1 Rahmenbedingungen der Interviews 119
    3.1.1 Auswahl der Interviewpartner 119
    3.1.2 Zeitlicher Rahmen und Art der Befragung 119
    3.1.3 Auswahlkriterien der Fragestellungen 121
3.2 Ergebnisse und Auswertung der Interviews 124
    3.2.1 Kurze Vorstellung der Teilnehmer 125
    3.2.2 Kernaussagen der Teilnehmer 128
        Frage Nr. 1: Schöne Erlebnisse aus der Kindheit 128
        Frage Nr. 2: Familiäres Zusammengehörigkeitsgefühl 132
        Frage Nr. 3: Unterschied zu Familien ohne autistisches Mitglied 134
        Frage Nr. 4: Familiäre Ereignisse 139
        Frage Nr. 5: Positive Auswirkungen des Autismus .. 142
        Frage Nr. 6: Negative Auswirkungen des Autismus . 147
        Frage Nr. 7: Spezielle Strategien der Familie 155
        Frage Nr. 8: Erwartungen und Hoffnungen 161
        Frage Nr. 9: Dominierendes Gefühl während der Kindheit 167
        Frage Nr. 10: Resonanz auf Zuwendung 172
        Frage Nr. 11: Ausdrucksformen von Zuwendung und Zuneigung 175
        Frage Nr. 12: Fehler der Eltern 178
        Frage Nr. 13: Hilfen im familiären Zusammenleben . 182
        Frage Nr. 14: Weitere Hilfen im familiären Zusammenleben 184
        Frage Nr. 15: Neurodiversität versus Störung 188
3.3 Schlussfolgerungen aus den Interviews 190
3.4 Resümee des Kapitels: Familienbande – Mythos oder Möglichkeit? 192

4 Schlussbemerkung und Ausblick **196**
Inez Maus

5 Anhang – Extrablick **198**
Jannis Benjamin Ihrig

	5.1	»Die ewig wachsende Stadt Pantharons« – von Pablo dem Chronisten	198
	5.2	Ben und Jan	201

Literatur **204**

Vorwort

Im Alter von elf Jahren fragte mich mein Sohn Benjamin Folgendes: »Mami, müsste ich nicht ein Buch über mich schreiben? ... Oder du?« Meine Antwort lautete: »Ich hatte noch keine Zeit dazu.« »Darf ich da auch mitschreiben?«, fragte mich Benjamin daraufhin.[1]

Seitdem sind mehrere Jahre vergangen, Benjamin ist nunmehr erwachsen und ich habe inzwischen fünf Bücher über das Thema *Autismus* geschrieben, in denen er immer eine mehr oder weniger große Rolle spielt – sei es als Protagonist unserer familiären Autobiografie oder als Lieferant aufschlussreicher Praxisbeispiele. Ich habe also mehrere Bücher über ihn, aber noch keines mit ihm geschrieben.

In mein vorletztes Buch, das *Kompetenzmanual Autismus (KOMMA)*, flossen viele aktuelle Zitate meines autistischen Sohnes und Beispiele aus unserem Alltag ein. Selbstverständlich besprach ich dieses Material mit Benjamin während des Schreibens und nach Fertigstellung des Manuskriptes. Die intensiven Gespräche über die Inhalte des Buches halfen uns beiden, ein weiteres (oder anderes?) Stück unseres jeweiligen Selbst zu finden. Sie haben auch zu einer Materialfülle geführt, die eine neue Projektidee sprießen ließ.

Eine randständige Erwähnung dieser neuen Projektidee in einem Interview weckte das Interesse des Kohlhammer Verlages und bescherte uns eine entsprechende Anfrage. Damit bot sich uns die Chance auf eine spannende Herausforderung. Würde es funktionieren? Benjamin verfasst einerseits Geschichten, Spiele-Rezensionen und Fantasy-Romane, andererseits bedingt durch sein Studium philosophische Abhandlungen. Ergänzen sich unsere unterschiedlichen Schreibstile zu einem Ganzen? Das vorliegende Buch beantwortet die eben gestellten Fragen.

Gleich zu Beginn zeigte sich, dass die Zusammenarbeit auch meinen Horizont noch einmal erweitern wird. Über das von mir verfasste Exposé zum Buchprojekt äußerte Benjamin: »Es ist okay.« Ich stellte die meiner Logik folgende Frage: »Was soll geändert oder besser gemacht werden?«, denn mit einem »Okay« wollte ich mich nicht zufriedengeben. Daraufhin erklärte mir Benjamin folgendermaßen, warum es keinen Änderungsbedarf gibt: »Ich verbinde mit Lob Fröhlichkeit. Ich dachte, ein ›gut‹ ohne Fröhlichkeit wäre leer, selbst wenn es aufrichtig gemeint ist. Deshalb habe ich ein neutrales ›okay‹ genommen, weil ich das mit meinem jetzigen Gemütszustand besser ausdrücken konnte.«

---

1 Maus, 2014, S. 288

In unserem Buch betrachten wir das Familienleben aus unterschiedlichen Perspektiven zu verschiedenen Zeitpunkten und finden heraus, ob es Unterschiede im Wahrnehmen eines Zusammengehörigkeitsgefühls gibt. Eine Eigenschaft von autistischen Menschen kommt diesem Projekt dabei besonders zugute: Sie nehmen nicht das sprichwörtliche Blatt vor den Mund[2], sie sagen nichts durch die ebenfalls sprichwörtliche Blume[3]. Dies trifft gleichermaßen zu sowohl für die Ausführungen, die Benjamin im Laufe des Austausches zu diesem Projekt zu Papier brachte, als auch für die Antworten, die meine Interviewpartner mir gaben.

Das Projekt beleuchtet funktionierende Beziehungen in Familien mit einem autistischen Mitglied aus verschiedenen Perspektiven. Einerseits gibt der Austausch mit meinem autistischen Sohn tiefe Einblicke in die Entwicklung einer speziellen (unserer) Familie. Andererseits offenbaren einige genormte Interviews, die ich mit Mitgliedern unterschiedlicher Generationen aus anderen Familien mit Autismus zu diesem Thema führte, weitere Bewältigungsstrategien sowie Lebensmodelle.

Dieses Buch zeigt einerseits aufgrund der Verschiedenheit der Situationen der befragten Familien und meiner eigenen Familie individuelle Wege zum Schaffen und Aufrechterhalten eines familiären Zusammenhalts auf. Andererseits werden aus der Gemeinsamkeit der Familien – mit Autismus zu leben, umzugehen, sich zu arrangieren ... – Schlussfolgerungen gezogen und allgemeine Hinweise für ein stressarmes und harmonisches familiäres Zusammenleben gegeben.

Eltern (wieder) stark zu machen, ist ein wichtiges Ziel dieses Projektes. Es möchte Eltern befähigen, Entscheidungen, die sie für ihr autistisches Kind treffen müssen, zu tätigen – ohne das Gefühl einer Bevormundung, aber mit hilfreichen Informationen zur Entscheidungsfindung. Dazu ist es notwendig, das Beziehungsdreieck *autistische Menschen – Eltern – Fachpersonen* ins Gleichgewicht zu bringen. Indem auch Leserinnen und Leser außerhalb des familiären Umfeldes angesprochen werden, möchte das Buch dazu beitragen, Streitigkeiten um Formulierungsfragen oder Kompetenzvergabe zu minimieren oder zu beenden, und stattdessen dazu anregen, gemeinsam etwas zu bewegen.

Das Buch über besondere Familienbeziehungen trägt den Charakter eines *Lesebuches*, also eines Buches, welches man in die Hand nimmt, um sich zu bestimmten Fragestellungen inspirieren zu lassen und Entscheidungshilfen zu erhalten. Es vermittelt sowohl Hintergrundwissen als auch Erfahrungswissen.

Gelesen werden möchte das Buch von Eltern und Familienangehörigen, aber auch von Bekannten und weiteren Bezugspersonen autistischer Menschen. Durch die Ausführungen meines Sohnes dürfte es ebenso für autistische Menschen interessant sein. Für Fachkräfte komplementiert das Buch symptombezogenes Fach-

---

2   Die Redewendung *kein Blatt vor den Mund nehmen* geht zurück auf eine alte Theatersitte. »Die Schauspieler machten sich unkenntlich, indem sie Blätter vor ihr Gesicht hielten. Sie konnten dann auch manches vorbringen, ohne später dafür zur Rechenschaft gezogen zu werden« (Röhrich, 2001, S. 205).
3   Die Redewendung *etwas durch die Blume sagen* bedeutet, etwas »verhüllend, andeutend oder umschreibend [zu] sagen«. Vermutlich leitet sich die Formulierung von der *Blumensprache* ab, bei der eine Botschaft nicht mit Worten, sondern mittels einer Blume, deren Bedeutung man natürlich kennen muss, übermittelt wird. So gelten bspw. Klatschrose oder Kornblume in bestimmten Regionen als Zeichen der Abweisung (Röhrich, 2001, S. 222).

wissen, indem es die Einsicht vermittelt, wie weitgreifend Autismus das soziale Umfeld der gesamten Familie beeinflusst und welche Möglichkeiten zur positiven Einflussnahme bestehen.

An dieser Stelle möchte ich mich bei allen bedanken, die am Entstehen dieses Buches mitgewirkt haben. Mein Dank gilt insbesondere den Familien, die einem Interview zugestimmt und sich damit mit ihrer eigenen Vergangenheit auseinandergesetzt haben. Ebenso bedanke ich mich bei meinem Koautor Benjamin für seine Ideen, seine Zuverlässigkeit und den inspirierenden Austausch sowie bei den restlichen Familienmitgliedern für ihre Gastbeiträge und für die vielen kleinen Wohlfühlmomente. Malte S. danke ich für seine Unterstützung bei organisatorischen Dingen.

Den Mitarbeitern des W. Kohlhammer Verlages gilt unser Dank dafür, dass sie dieses Projekt angeregt und ermöglicht haben. Insbesondere danken wir Frau Annika Grupp, Frau Kathrin Kastl sowie Frau Susanne Ehmann für die einerseits erneute und andererseits neue bereichernde Zusammenarbeit.

Berlin, im Oktober 2022
Inez Maus
www.anguckallergie.info

Ich muss direkt sein: Der ursprüngliche Grund dafür, warum ich dieses Buch zusammen mit meiner Mutter schreibe, ist der, dass es ihre Idee war. Der Erfolg ihrer Bücher ist etwas, was ich ihr von ganzem Herzen gönne, und als sich die Gelegenheit bot, einen Beitrag zu ihrem weiteren Erfolg zu leisten, ergriff ich die Gelegenheit, ohne groß darüber nachzudenken, was mein persönlicher Grund für das Schreiben sein könnte.

Tatsächlich bin ich eher das Gegenteil von ihr, denn ich setze mich nicht gern mit meinem Autismus auseinander. Soweit ich mich zurückerinnern kann – was ungefähr bis zum Grundschulalter reicht – habe ich meist versucht, mich unter die »Normalen« einzufügen. Ich verwendete unter anderem Energie darauf, meine »Macken« – so gut, wie es ging – unter Kontrolle zu halten, damit ich nicht unangenehm auffiel. Ich wollte nie »Benjamin, der Autist« sein. Natürlich ist mein Autismus aber ein Teil von mir, den ich auch nicht beseitigen möchte, selbst wenn ich es könnte. Meine Stärken und Schwächen formen, wer ich bin, und der Autismus trägt einen Teil zu beiden bei. Nach vielen Jahren des Haderns mit mir selbst bin ich an einem Punkt angelangt, wo ich mich als »Jannis Benjamin, der Schriftsteller« verstehe, der unter anderem auch autistisch ist.

Manche von Ihnen, meinen werten Leserinnen und Lesern, werden vielleicht etwas besorgt sein über mein zwiegespaltenes Verhältnis zu Autismus. Vielleicht werden Sie meinen, dass ich stolz auf mich sein und meinen Autismus mehr schätzen sollte. Weder ich noch Sie liegen falsch. Oder richtig. Denn ich denke, dass jeder in seinem Leben einen persönlichen Weg finden muss. Das ist schwierig, weshalb ich beschlossen habe, von meinen Schwierigkeiten und Herausforderungen zu erzählen, um anderen ein Licht für die Suche nach dem eigenen Weg zu geben, ohne aber jenen Weg vorzugeben. Dieses Licht ist damit nicht nur für jene wie mich, die mit ihrem Autismus hadern und sich zumindest ein Stück von ihm emanzipieren wollen. Es ist auch für jene, die ihren Autismus zum wichtigen Teil ihrer Persönlichkeit machen wollen. Oder auch für jene, die jemand mit Autismus in der Familie oder im Freundeskreis haben. Und zu guter Letzt für alle, selbst jene, die mit Autismus nichts zu tun haben – denn jeder kann ein Licht für seine Suche gebrauchen und so mancher mag ungewöhnliche Inspirationen in meinen Erzählungen finden.

Das Vorwort, das Sie gerade gelesen haben, schrieb ich am Anfang des Projektes. Nun kann ich es damit ergänzen, dass ich Feuer für das Projekt gefangen habe. Beim Beantworten der Fragen meiner Mutter wurden mir viele Dinge über mich und über Autismus klar, die mir zuvor vollkommen verborgen blieben. Vor Beginn des Projektes war ich wohl unbewusst davon geprägt worden, dass ich nicht glaubte, persönlich viel Interessantes zu sagen zu haben. Doch beim Hineinhorchen in mich sind viele wertvolle Gedanken hochgekommen, die nicht nur für Autisten und ihre Familien, sondern für alle von Nutzen sein könnten. Ich sehe dieses Projekt nun als etwas, in dem ich mich ausdrücken und anderen etwas geben kann. Ich schätze mich glücklich, dass ich blauäugig in das Ganze hineingegangen bin, anstatt mich zu versperren.

Ich danke von ganzem Herzen meiner Familie. Ohne sie wäre ich nicht so weit in meinem Leben gekommen.

Berlin, im Februar und September 2022
Jannis Benjamin Ihrig

Zu guter Letzt sei erwähnt, dass wir dem Lesefluss zuliebe die verschiedenen Personen- oder Berufsgruppen im generischen Maskulinum benutzen. Vertreterinnen aller Professionen fühlen sich bitte hier ebenfalls angesprochen. Weibliche Familienmitglieder wie Mütter und Schwestern sind in diesem Fall privilegiert, da die deutsche Sprache für sie bereits eigene Bezeichnungen bereithält. Wer sich in dem überkommenen binären Geschlechtersystem nicht wiederfindet, möge sich bitte nicht vom Lesen des Buches abhalten lassen.

1 Einführung in das Thema: Autismus in der Familie

Inez Maus

Benjamin, dir ist es gelungen, unser Weltbild gründlich umzustülpen. Du hast uns eine neue Sicht auf die Welt gelehrt, die wir nicht mehr missen wollen. Indem du uns gelegentlich an unsere Grenzen geführt hast, haben wir gespürt, wie viel Kraft in uns steckt und wie wir diese entfesseln können. In Analogie zum Bild der »Rabenmutter« hast du einmal gesagt, du wärst in unserer Familie der »Rabensohn«. Nur weil du deine Liebe, Zuneigung und Fürsorge anders äußerst, bist du keineswegs so ein schwarzes Vogelkind, um bei deinem Bild zu bleiben. Gerade deine Vermutung, dass du ein »Rabensohn« sein könntest, zeigt, wie viele Gedanken du dir um uns als Familie machst![4]

Autismus als tief greifende oder neuronale Entwicklungsstörung (nach ICD-10 bzw. ICD-11[5]) wird in der Literatur als große Herausforderung für Eltern, als familiäre Belastung und als Notwendigkeit, Hilfe und Unterstützung in Anspruch zu nehmen, beschrieben. Einige Beispiele sollen dies im Folgenden verdeutlichen.

Aufgrund der Tatsache, dass ein autistisches Kind auf vorhandenes Erziehungswissen der Eltern anders als erwartet reagiert, ist davon auszugehen, »dass das Selbstwirksamkeitserleben der betroffenen Eltern sinkt oder nicht ausreichend entsteht« (Schlitt, Berndt & Freitag, 2015, S. 53 f.). Eltern eines autistischen Kindes sind demnach »in besonderem Maße auf fachliche Unterstützung beim Verständnis des Störungsbildes und beim Umgang mit problematischem Verhalten der Kinder in der alltäglichen Interaktion angewiesen« (Sarimski, 2021, S. 69). Fachliche Unterstützung kann aber ebenso zu vermehrtem Stress führen, bspw. dann, wenn die »Eltern berichten, dass sie immer unter Druck gestanden hätten, umzusetzen, was Pädagogen, Lehrer und Therapeuten gesagt hätten« (Arens-Wiebel, 2019, S. 21).

Schwierigkeiten im kommunikativen und sozialen Bereich – insbesondere beim Erkennen und Ausdrücken von Gefühlen – führen dazu, dass es zu einer »massiven Verletzung der elterlichen Beziehungsbedürfnisse« kommt (Eberhardt, 2020,

---

4 Maus, 2014, S. 263. Der Begriff *Rabenmutter* (auch *Rabenvater* oder *Rabeneltern*) wird verwendet, um anzuzeigen, dass sich die Mutter in nicht ausreichendem Maße um ihr Kind oder um ihre Kinder kümmert. Er kommt als Schimpfwort zum Einsatz. Die Formulierung geht vermutlich darauf zurück, dass junge Raben frühzeitig das Nest verlassen und außerhalb des Nestes unbeholfen wirken.

5 Die Diagnose von Erkrankungen erfolgt nach den Kriterien der ICD (International Statistical Classification of Diseases and Related Health Problems, Internationale statistische Klassifikation der Krankheiten und verwandter Gesundheitsprobleme). International derzeit gültig ist seit dem 01.01.2022 die ICD-11, in Deutschland werden Diagnosen nach ICD-10-GM (GM – German Modifikation) verschlüsselt, bis eine qualitätsgesicherte deutsche Ausarbeitung vorliegt.

S. 114). Elterliche Beziehungsbedürfnisse werden u. a. verletzt, weil man die »Beziehung, die das autistische Kind zu seiner Familie im Laufe der Zeit entwickelt, [...] am besten als einseitige Abhängigkeit bezeichnen« könnte (Rollett & Kastner-Koller, 2001, S. 51). In Bezug auf die Eltern kommt es dann zum Postulieren eines Verlustes an Lebensfreude, denn »für Familien mit einem autistischen Kind ist es wichtig, sich wieder am Leben freuen zu lernen« (ebd., S. 51).

Besonders die Zeit vor und nach dem Stellen der Autismus-Diagnose wird häufig als Lebenseinschnitt beschrieben: »Das Leben findet nach einer schwierigen, manchmal traurigen, konflikthaften und mitunter auch trostlos erscheinenden Phase seine Normalität wieder« (Schirmer & Alexander, 2015, S. 10). Diese neue Normalität beinhaltet aber auch, dass die »Lebenspläne der Eltern [...] der Realität des Zusammenlebens mit einem Heranwachsenden im Autismus-Spektrum angepasst werden« müssen (Schirmer, 2022, S. 54).

Spezielle Vorgehen wie bspw. Strukturierungshilfen sind nicht nur in außerhäuslichen Umgebungen wie Kindertagesstätte oder Schule notwendig, sondern auch in Familien hilfreich, »um Irritationen zu vermeiden, Abläufe zu vereinfachen und Orientierung zu bieten, um ein konfliktfreieres Miteinander zu erleben [...]« (Walter, 2020, S. 247). Das autistische Kind wiederum möchte wie folgt von den Eltern behandelt werden: »mit klaren Strukturen, klaren Gesetzen und Regeln – und selbstverständlich alles schriftlich-verbindlich, nachvollziehbar und nicht willkürlich« (Girsberger, 2022, S.15). Insbesondere Mütter autistischer Kinder pendeln oft zwischen »Erklärung und Rechtfertigung, Trauer und Verzweiflung, immer neuen Herausforderungen durch die wechselnden Anforderungen« (Preißmann, 2015, S. 112).

Diese Ausführungen werfen die Frage auf, ob Familienbande – also ein besonderer Zusammenhalt von Familienmitgliedern – unter den geschilderten Bedingungen überhaupt möglich sind.

In den vergangenen fünfzehn Jahren haben sich einerseits immer mehr autistische Menschen zu Wort gemeldet und entscheidend zum besseren Verständnis des Phänomens *Autismus* beigetragen. Die Beziehungen zu ihren Familienmitgliedern werden hierbei entweder als schwierig beschrieben oder es wird von verständnisvollen Eltern berichtet, ohne jedoch darauf einzugehen, ob und – wenn ja – wie ein familiärer Zusammenhalt daraus resultiert(e). Andererseits besteht die Tendenz, dass sich Berichte von Eltern autistischer Kinder zunehmend in den Hintergrund gedrängt finden. Diese Berichte lassen allerdings meist ebenso eine multidirektionale Betrachtung des Familiengeschehens vermissen.

In den letzten zehn Jahren hatte ich während meiner Veranstaltungen, bei Elterntreffen und bei der Begleitung von Familien mit einem autistischen Kind reichlich Gelegenheit, Einblicke in das Denken und Fühlen von Eltern zu erlangen. Eltern eines autistischen Kindes nehmen sich immer mehr in eine passive Rolle gedrängt wahr – eine Rolle, bei der ihnen die Umwelt entscheidende Kompetenzen abspricht. Sie haben immer öfter das Gefühl, sowohl von wenigen Fachpersonen als auch von einigen autistischen Menschen gelegentlich rigide wirkende Anweisungen zum Handeln anstatt Hilfen zur Entscheidung zu erhalten. Es findet dabei nicht selten eine Einmischung in Familienangelegenheiten statt, die wohl bei kaum einer anderen Behinderung so anzutreffen ist. Damit wird das autistische Kind von außen zu Unrecht in die Rolle des von Carl H. Delacato beschriebenen *unheimlichen Fremdlings* (Delacato, 1985) gedrängt – ein unheimlicher Fremdling, der bspw. in Person des sechsjährigen Bob in das Arbeitszimmer des Autors tritt, »gefolgt von seinen traurig blickenden Eltern« (ebd., S. 23).

Die eben geschilderten Tendenzen erwecken den Anschein, dass ein autistisches Kind automatisch zu einer Spaltung der Familie führt, dass es nur fordert – Kräfte, Nerven, finanzielle Mittel, Zeit –, aber nichts oder wenig einbringt, dass beiderseitiges Verständnis und gegenseitige Bereicherung nur Wunschträume sind. Der Anschein trügt.

Familienbande sind ebenso mit einem autistischen Kind in der Familie möglich. Es bedarf hierzu anderer Strukturen als in Familien ohne ein solches Kind und es gibt andere äußerlich wahrnehmbare Signale, die auf einen derartigen Zusammenhalt hindeuten, wie das eingangs zitierte Beispiel des *Rabensohns* verdeutlicht.

Das erste Kapitel beinhaltet einführende Gedanken zu den Themen Familie, familiärer Zusammenhalt und Auswirkungen von Belastungssituationen auf die Familie. Hintergrundinformationen zum Thema Autismus ergänzen dies.

1.1 Autismus – eine kurze Einführung[6]

Autismus ist medizinisch betrachtet eine tief greifende oder neuronale Entwicklungsstörung (nach ICD-10 bzw. ICD-11). Das Erscheinungsbild dieser Entwicklungsstörung ist geprägt durch Schwierigkeiten im Bereich der sozialen Kommunikation sowie der sozialen Interaktion und durch repetitive Handlungen oder Interessen. Häufige Formen des Autismus sind der frühkindliche Autismus und das Asperger-Syndrom, wobei sich das Asperger-Syndrom dadurch auszeichnet, dass die sprachliche Entwicklung altersgerecht verläuft und die kognitive Entwicklung nicht eingeschränkt ist. Der frühkindliche Autismus ist gekennzeichnet durch eine ausbleibende oder verzögerte Sprachentwicklung. Eine häufige Begleiterscheinung (komorbide Störung) beim frühkindlichen Autismus ist die Störung der kognitiven Entwicklung. Wenn die kognitive Entwicklung bei dieser Form des Autismus nur wenig oder nicht beeinträchtigt ist, wird von High-Functioning-Autismus gesprochen.

Als Erstbeschreiber des Phänomens gelten Leo Kanner (1943, frühkindlicher Autismus) und Hans Asperger (1944, autistische Psychopathen im Kindesalter). Das von Hans Asperger beschriebene Störungsbild wurde in den 1980er-Jahren als Asperger-Syndrom benannt. Frühere Beschreibungen von autistischen Kindern existieren von Grunja E. Scucharewa und Ida Frye (vgl. Maus, 2020, S. 18 f.).

Die Einteilung in einzelne Störungsbilder ist veraltet, da diese nicht eindeutig voneinander zu trennen sind. Daher hat sich inzwischen die Auffassung vom au-

---

6 Dieses Kapitel basiert auf Maus, 2022.

tistischen Spektrum durchgesetzt, sodass im Jahr 2022 die Diagnose *Autismus-Spektrum-Störung* (nach ICD-11) mit verschiedenen Schweregraden eingeführt wurde. Aktuell wird von einer Prävalenz von 1 % für die Autismus-Spektrum-Störung ausgegangen. Im außermedizinischen Bereich ist es für die Entwicklung eines autistischen Kindes und für das Zusammenleben einschließlich gemeinsamer Aktivitäten – auch in der Familie – förderlich, wenn Autismus nicht als *Störung*, sondern als besonderer Lernstil und als andere Form der Wahrnehmung begriffen wird.

Autismus ist angeboren und lässt sich nicht durch Therapien oder Medikamente beseitigen. Therapien, die es in einer großen Fülle gibt, zielen darauf ab, dass der autistische Mensch lernt, besser mit seinen Schwierigkeiten umzugehen. Unseriöse Therapien zeichnen sich dadurch aus, dass sie entweder der Gesundheit des Behandelten schaden und/oder Heilungsversprechen abgeben.

Wenn die Summe der bei der untersuchten Person vorgefundenen Symptome eine in den Diagnosekriterien festgelegte Anzahl erreicht oder übersteigt, wird Autismus diagnostiziert. Diese Vorgehensweise, die als Summationsdiagnose bezeichnet wird, erklärt die große Vielfalt der Ausprägungsformen bei Autismus.

Schwierigkeiten im Bereich der Kommunikation reichen bspw. von der Unfähigkeit, altersgerechte Gespräche zu führen, bis zu fehlender verbaler Sprache. Sprache wird oft wörtlich verstanden und Witze, Ironie, Sarkasmus, Füllwörter, Metaphern, aber auch Sprichwörter und Redewendungen[7] können Probleme bereiten. Aus diesem Grund sind in diesem Buch alle Redewendungen und Sprichwörter in Fußnoten erklärt. Autistische Personen fallen oft durch eine wenig modulierte Stimme und ungenügende Prosodie auf.

Abweichendes Sozialverhalten äußert sich z. B. in Form von mangelndem oder fehlendem Blickkontakt, aber auch in einer zur jeweiligen Situation nicht passenden Mimik und Gestik. Es bestehen Schwierigkeiten im Erkennen von nonverbaler Kommunikation und im Erfassen von sozialen Regeln. Autistische Kinder entwickeln später als nicht-autistische Kinder eine Theory of Mind, die die Fähigkeit beschreibt, anderen Menschen mentale Zustände wie bspw. Gefühle oder Wünsche zuzuschreiben.

Repetitive Handlungen beschreiben entweder Wiederholungshandlungen wie Stereotypien – die von außen betrachtet scheinbar nicht im Kontext der aktuellen Gegebenheiten vollführt werden – und Rituale oder Spezialinteressen, die besonders von Menschen mit dem Asperger-Syndrom gepflegt werden.

Besonderheiten im Bereich der Wahrnehmung, die sowohl die Sinnesorgane als auch Signale aus dem Körperinneren betreffen, finden sich bei autistischen Menschen häufig. Oft reagieren sie empfindlich auf akustische und visuelle Reize und sind davon rasch überfordert. Ein abweichendes Schmerzempfinden birgt eine er-

---

7 Redewendungen bestehen meist nur aus einzelnen Wörtern und dienen dazu, etwas zu erklären, was sonst umständlich umschrieben werden müsste. Wenn man sich beispielsweise wie ein Elefant im Porzellanladen verhält, dann bedeutet dies, dass man als ungeschickt oder tollpatschig angesehen wird. Sprichwörter dagegen vermitteln in Form eines kurzen Satzes Volks- und Lebensweisheiten auf eine einprägsame, oft metaphorische Art und Weise.

höhte Verletzungsgefahr oder die Gefahr, dass Bezugspersonen Verletzungen falsch einschätzen.

Einige autistische Menschen denken überwiegend in Bildern. Fast alle autistischen Kinder haben Veränderungsängste und versuchen, die Welt, die sie umgibt, konstant zu halten, um den Veränderungsängsten entgegenzuwirken. Diese Tendenz bleibt oft im Erwachsenenalter erhalten.

Motorische Auffälligkeiten, Probleme bei der Handlungsplanung und beim Automatisieren von Handlungen sowie Schwierigkeiten beim Aufgabenverständnis und beim Zeitempfinden sind bei autistischen Menschen mehr oder weniger stark ausgeprägt anzutreffen. Des Weiteren fällt es ihnen schwer, Gedanken oder Handlungen auf ähnliche oder gleiche Situationen zu übertragen.

Der Alltag mit einem autistischen Kind ist oft geprägt von Schlafstörungen, Problemen bei der Ernährung, Ängsten oder einer Weglauftendenz, weil das Weglaufen in einer unklaren oder schwierigen Situation die einzige Möglichkeit zum Reagieren darstellt, auf die das Kind zugreifen kann.

1.2 Familie – eine kurze Einführung

Die Frage, was eine Familie ist, scheint leicht beantwortbar zu sein. Bei genauerem Hinsehen stellt man aber schnell fest, dass sich hierbei viele Fragen auftun. Im Alltagsverständnis besteht eine Familie aus einer Eltern- und Kindergeneration. Im weiteren Sinn können auch Großeltern, Tanten, Onkel und andere Verwandte zur Familie gezählt werden.

Lange Zeit definierte sich Familie durch eine genetische Verbindung im Sinne von Verwandtschaftsbeziehungen. Historische Veränderungen und aktuelle Tendenzen haben das Verständnis von Familie inzwischen geändert. Heutzutage wird eine Familie durch die konkreten Beziehungen untereinander bestimmt, wobei diese Beziehungen immer noch zwischen verschiedenen, nicht zwingend blutsverwandten Generationen bestehen. Durch unterschiedliche Ereignisse wie Geburten, Trennungen oder neue Partnerschaften sieht sich die Familie gezwungen, sich immer wieder neu zu organisieren.

Familien zeichnen sich dadurch aus, dass sie über einen längeren oder kürzeren Zeitraum räumlich mehr oder weniger nah zusammenleben, ihre Lebenstätigkeit aufeinander abstimmen und die Erziehung und Betreuung der in dieser Konstellation lebenden Kinder übernehmen, falls diese noch minderjährig sind. Im Alter kann sich dieses Verhältnis umkehren, sodass die Kinder die Betreuung der älteren Generation übernehmen. Dieses Zusammenleben führt im Idealfall zu Solidarität unter den Mitgliedern dieser Gemeinschaft, zu einer Gefühlsintimität und zu einem Zusammengehörigkeitsgefühl, welches man auch mit Wir-Bewusstsein umschreiben könnte.

Das Statistische Bundesamt definiert Familie folgendermaßen:

1 Einführung in das Thema: Autismus in der Familie

> Die Familie umfasst im Mikrozensus alle Eltern-Kind-Gemeinschaften, das heißt Ehepaare, nichteheliche (gemischtgeschlechtliche) und gleichgeschlechtliche Lebensgemeinschaften sowie Alleinerziehende mit Kindern im Haushalt. Einbezogen sind – neben leiblichen Kindern – auch Stief-, Pflege- und Adoptivkinder ohne Altersbegrenzung. Damit besteht eine Familie immer aus zwei Generationen: Eltern/-teile und im Haushalt lebende Kinder. (destatis.de, o. D.)

In allen eben genannten Eltern-Kind-Gemeinschaften können autistische Kinder leben.

1.3 Situation von Eltern eines autistischen Kindes

Familien mit einem autistischen Kind sind genau wie jede andere Familie – sie sind einzigartig. Sie sind einzigartig hinsichtlich ihrer familiären Konstellation, ihrer Ansichten und Handlungsweisen und ihrer Familiengeschichte.

Die Situation von Eltern eines autistischen Kindes wird beeinflusst durch allgemeine Belastungen, die aus der Betreuung des besonderen Kindes resultieren, durch die Darstellung von Autismus in den Medien, durch Erlebnisse mit und in der Öffentlichkeit, durch vorhandene oder fehlende Hilfen und Unterstützung, durch den allgemeinen Sprachgebrauch, durch den Umgang mit Fachpersonen, durch Ressourcen, auf die die Familie zugreifen kann, und durch Bewältigungsstrategien, die sie sich angeeignet hat und anwendet.

Allgemeine Belastungen führen dazu, dass sich Eltern autistischer Kinder nicht nur viel stärker herausgefordert fühlen als Eltern von nichtbehinderten Kindern, sondern auch stärker belastet als Eltern von Kindern mit anderen Entwicklungsauffälligkeiten (Tröster & Lange, 2019). Meist ist die Belastung ungleich verteilt. Eine Reihe von Studien kommt übereinstimmend zu der Erkenntnis, »dass Mütter das am stärksten belastete Familienmitglied sind, da sie meist die Hauptlast der Betreuung und Versorgung ihrer autistischen Kinder übernehmen« (Jungbauer & Meye, 2008, S. 522). Belastungen entstehen durch autismusbedingte Verhaltensweisen des autistischen Kindes wie bspw. eine Weglauftendenz, ein mangelndes Gefahrenbewusstsein, Unselbständigkeit durch fehlende Automatisierung von Handlungen, Reaktionen auf Reizüberflutungssituationen oder Veränderungen und Schwierigkeiten bei der Interaktion, wobei die Eltern sich in ihrer Lebensgestaltung stärker einschränken müssen, je »ausgeprägter die Autismusproblematik ist« (ebd., S. 530).

Allgemeine Belastungen lassen sich in verschiedene Kategorien einteilen.

Die erste Kategorie umfasst Probleme und Sorgen, die aus dem unmittelbaren Alltagsgeschehen hervorgehen. Als Beispiele seien hier genannt:

- die Sorge um das behinderte Kind,
- Gefühle von Hilflosigkeit,
- Zeitmangel,

- mangelnde Erholung,
- abwertendes Verhalten der umgebenden Personen,
- misstrauisches Beäugen aller Kinder durch die umgebenden Personen,
- Verlust oder Reduktion des Freundeskreises,
- Einschränkung der Spontaneität,
- finanzielle Sorgen.

Die zweite Kategorie bezieht sich auf die Erziehung und kindbezogene Emotionen der Eltern (▶ Kap. 1.4). Probleme entstehen bspw. durch:

- fehlendes Lächeln und/oder Kuscheln/Schmusen,
- die Notwendigkeit der Erziehung über Kognition statt Intuition,
- traumatisierende Wirkung unwissender Fachkräfte.

Die dritte Kategorie fasst Probleme mit Behörden sowie medizinischen und anderen Einrichtungen zusammen. Herausforderungen entstehen hier bspw. durch:

- das Anzweifeln der Diagnose durch verschiedene Stellen,
- ermüdende Auseinandersetzung mit Behörden (z. B. lange Bearbeitungszeiten beim Versorgungsamt),
- die Ablehnung von Therapien durch Kostenträger,
- keine Aufnahme des autistischen Kindes in geeigneter Schule (z. B. Regelschule),
- die Verweigerung von Nachteilsausgleichen in der Schule,
- die Ablehnung eines Schulbegleiters,
- keine Feststellung eines entsprechenden Pflegebedarfs (keine Anerkennung eines Pflegegrades).

Die Darstellung von Autismus in den Medien hat Auswirkungen auf das Verhalten der Eltern. Viele Berichte über Autismus konzentrieren sich entweder auf die negativen Aspekte der Diagnose oder auf die positiven Merkmale, die glorifiziert werden. Autistische Protagonisten in Film und Fernsehen sowie in belletristischen Werken werden meist fehlerhaft, einseitig und klischeehaft dargestellt. Diese Darstellungen haben allerdings großen Einfluss auf das Wissen der Allgemeinbevölkerung über Autismus. Ein ausschließliches Beachten der negativen Aspekte führt zu Unsicherheit und Vorurteilen. Das exklusive Wahrnehmen der positiven Aspekte bewirkt, dass Probleme, die Familien haben können, marginalisiert werden. Bei Eltern können die medialen Verzerrungen von Autismus Angst oder falsche Erwartungen auslösen.

Autismus ist eine unsichtbare Behinderung, was bedeutet, dass man Autismus nicht am Äußeren erkennen kann. Wenn es in der Öffentlichkeit zu schwierigen Situationen mit dem autistischen Kind kommt, dann erleben Eltern häufig Situationen, in denen ihnen ihre Erziehungsfähigkeit von umgebenden Personen abgesprochen wird.

> Die autismusbedingten Besonderheiten des Kindes werden in der Familie in der Regel primär als individuelle Charakteristika ihres Kindes wahrgenommen und finden Akzeptanz, dagegen vermittelt die Umwelt vielfach eine deutliche Skepsis, Unsicherheit oder auch

> Ablehnung gegenüber den beobachteten Abweichungen von einer angenommenen Norm kindlichen Verhaltens. (Eckert, 2011, S. 22)

Dadurch entstehen bei Eltern viel Unsicherheit und Verletzbarkeit durch ungeplante öffentliche Begegnungen. Sowohl Eltern als auch Geschwister werden unvorbereitet mit diesen unangenehmen Situationen konfrontiert, wobei Eltern eigentlich ihre ganze Kraft zum Managen der kritischen Lage benötigen.

Hilfen und Unterstützung für Familien mit einem autistischen Kind sind in mannigfacher Weise möglich, aber oft limitiert oder schwer zugänglich. Entlastung von Familien kann bspw. durch mobile soziale Dienste wie den Familienentlastenden Dienst (FeD) sowie durch Einzelfall- und Familienhilfe erreicht werden. Therapien können entlastend auf den Familienalltag wirken, wenn sie bei alltagspraktischen Dingen zu Fortschritten führen oder dazu beitragen, dass sich die Kommunikation in der Familie verbessert. Viele Eltern wünschen sich Beratung, um Entscheidungen hinsichtlich wichtiger Themen wie Therapien, Beschulung oder spätere Wohnmöglichkeiten treffen zu können und um Informationen zu Finanzierungsmöglichkeiten zu erhalten.

Sprache schafft Wirklichkeit – das gilt insbesondere für Beschreibungen oder Zuschreibungen. Defizitäre Beschreibungen von Autismus, die immer noch fast allgegenwärtig sind, behindern die innere Souveränität autistischer Menschen und deren Familien. Familien, die durch defizitäre Beschreibungen konditioniert wurden oder werden, plagen Selbstzweifel und Unsicherheit. Diese führen dazu, dass sie sich und ihrem autistischen Kind wenig zutrauen und mitunter Versagensgefühle entwickeln. Oft existiert zudem ein Machtgefälle, denn Fachpersonen sind nicht nur Experten für Autismus, sondern auch für das familiäre Zusammenleben mit einem solchen Kind, obwohl sie nie einen Tag, eine Woche, einen Monat oder gar ein Jahr permanent mit einem autistischen Kind zusammengelebt haben. Damit wird nicht nur das familiäre Zusammenleben und die Selbstbestimmung der Eltern erschwert, sondern außerhalb der Familie auch die Teilhabe und Selbstverwirklichung.

Die Art und Weise, wie Fachpersonen mit Eltern umgehen, wirkt sich unmittelbar auf das Handlungsvermögen von Eltern aus. Die Erforschung des Phänomens *Autismus* bringt ständig neue Erkenntnisse zu Tage, was dazu führen kann, dass Eltern mit kontroversen Ratschlägen und Meinungen von Fachpersonen konfrontiert werden (Schatz & Schellbach, 2011). Dies führt zu Unsicherheit und Verwirrung, die meist schwer wieder aufzulösen sind.

Es gibt drei Modelle von Elternarbeit – das Laienmodell, das Co-Therapeutenmodell und das Empowered Family Model. Beim Laienmodell nehmen Fachpersonen Eltern als unwissend und inkompetent wahr. Häufig kommt es dann dazu, dass von *schwierigen*, *komischen* oder *uneinsichtigen* Eltern die Rede ist. Dieses Modell bietet Eltern keine Entwicklungschancen, es zwängt sie in eine passive Rolle. Beim Co-Therapeutenmodell werden Eltern therapeutische Interventionen übertragen, obwohl sie selbst keine adäquate Ausbildung haben. Sie sind gezwungen, ihre Elternrolle teilweise aufzugeben, um die ihnen übertragene Rolle, die zwar semiaktiv, aber fremdbestimmt ist, auszufüllen. Das Empowered Family Model sieht Eltern eines behinderten Kindes im Allgemeinen und Eltern eines autistischen Kindes im Besonderen als Experten in der eigenen Sache. Der Grundgedanke dieses Modells ist, dass »Eltern, die sich ihrer Stärken und Kompetenzen bewusst sind und diese zur Verbesserung der Lebensbedingungen nutzen, auch ihrem behinderten Kind bei der Entwicklung und Verwirklichung von Autonomie im Sinne von Empowerment behilflich sein können« (Theunissen, 2022, S. 158). Eltern werden durch diese Vorgehensweise gestärkt, aktiv und selbstbewusst an ihrer Lebenssituation zu arbeiten, wobei sie kompetente Fachpersonen an ihrer Seite wissen.

Ressourcen, über die eine Familie verfügt, lassen sich in personale Ressourcen, familiäre Beziehungen und das soziale Netzwerk unterteilen. Personale Ressourcen beziehen sich auf persönliche Einstellungen und hängen von der Persönlichkeit des jeweiligen Elternteils ab. Sie bestimmen, mit welcher Haltung sich Eltern der Situation stellen und wie sie mit den neuen, durch den Autismus des Kindes bedingten Aspekten ihres Lebens umgehen. Eine wichtige personale Ressource, die das Belastungsempfinden deutlich senkt, besteht darin, dass Eltern sich in der Erziehung ihres autistischen Kindes als kompetent wahrnehmen. Selbstzweifel und Versagensgefühle bewirken das Gegenteil. Familiäre Beziehungen als Ressource äußern sich in Form von gegenseitiger Unterstützung, auch emotional, und in gemeinsamen Interaktionen. Offene altersgerechte Gespräche und das Wahrnehmen der Bedürfnisse aller Familienmitglieder wirken besonders auf Geschwisterkinder in dem Sinne, dass sie sich nicht zurückgesetzt oder zu wenig beachtet fühlen. Soziale Netzwerke umfassen die Unterstützung der Familie durch Freunde, aber auch die Anbindung der Eltern an Selbsthilfegruppen oder Ähnliches. Unterstützung kann hier bei ganz praktischen Dingen wie der Kinderbetreuung erfolgen, aber sich auch der Informationssuche widmen oder in Form eines Gespräches emotionale Entlastung bringen.

Bewältigungsstrategien, die Eltern einsetzen, können funktional oder dysfunktional bzw. effektiv oder ineffektiv sein. Zu den dysfunktionalen Bewältigungsstrategien zählen bspw. eine negative Erwartungshaltung und die Vermeidung von erforderlichen Aktivitäten. Vermeidung erfolgt häufig durch Ignorieren der Situation, durch Ablenkung mit anderen Aktivitäten oder durch Isolation. Die Verhaltensprobleme des autistischen Kindes verstärken sich über eine längere Zeit, wenn Eltern miteinander in Konflikt sind oder sehr unter Stress stehen (Kelly, Garnett, Attwood & Peterson, 2008). Die wichtigste positive Bewältigungsstrategie ist das sogenannte *Reframing*. Unter Reframing wird eine Neuausrichtung verstanden, die sich auf die eigene Einstellung und die Anpassung der Lebenspläne bezieht. Dieses aktive Handeln setzt Energien frei, die es ermöglichen, mit Belastungen besser umzugehen.

1.4 Beziehung von Eltern zu ihrem autistischen Kind

Zu den Kernproblemen bei Autismus gehören Schwierigkeiten bei der sozialen Interaktion. In den Diagnosekriterien für Autismus finden sich dazu entsprechende Symptome wie bspw. verminderter Austausch von Interessen, Gefühlen und Affekten, schlecht aufeinander abgestimmte nonverbale und verbale Kommunikation oder Fehlen von Mimik und nonverbaler Kommunikation, Auffälligkeiten beim Blickkontakt, Schwierigkeiten bei der Kontaktaufnahme und beim Anpassen des Verhaltens an verschiedene Kontexte (Falkai et al., 2015).

Im Alltag kann das bedeuten, dass das autistische Kind nicht oder selten (zurück-)lächelt, dass es nicht kuscheln oder schmusen möchte bzw. kann. Es kann bedeuten, dass es den Eltern keine Bauwerke präsentiert oder nicht an Gesprächen interessiert zu sein scheint. Lächeln und Schmusen sind klassische soziale Belohnungen für nicht-autistische Menschen. Diese sozialen Belohnungen füllen die Kraftreserven der Eltern wieder auf, lassen sie insbesondere die erste betreuungsintensive Zeit mit einem Baby und Kleinkind gut überstehen. Fehlen solche Belohnungen, dann fühlen sich Eltern schnell zurückgewiesen und ihre Erwartungen werden nicht erfüllt.

Auch autistische Kinder entwickeln eine Beziehung zu ihren Bezugspersonen, die allerdings aufgrund fehlender oder anderer Signale von den Bezugspersonen zumindest anfänglich nicht erkannt wird. Je mehr sich Eltern mit dem Thema *Autismus* beschäftigen, desto besser verstehen sie ihr Kind und erkennen andere Formen von Zuwendung und Zuneigung. Ein Beispiel für eine solche Zuneigungsbekundung kann sein, dass das autistische Kind das Lieblingskuscheltier, welches es immer mit sich herumträgt, wortlos in das elterliche Bett legt.

> Bezugspersonen fällt es daher schwer, die Signale des Kindes aufzunehmen und richtig zu deuten. Dennoch haben viele autistische Kinder eine intensive Beziehung zu ihren nächsten Bezugspersonen, an die sie sich oft klammern. (Nussbeck, 2008, S. 17)

Ein autistisches Kind reagiert aufgrund seiner autismustypischen Besonderheiten nicht oder anders auf die Erziehungsbemühungen und Zuwendungsbekundungen seiner Eltern. Eltern wissen bspw. intuitiv, wie man ein weinendes Kind tröstet. Dieses »neurotypische Schnelltrösten funktioniert nicht«[8] bei autistischen Kindern, denn die Ursachen für ihr Weinen sind i. d. R. andere als bei nicht-autistischen Kindern. Außerdem können sie aufgrund ihrer Schwierigkeiten im Umgang mit Gefühlen keinen oder wenig emotionalen Gewinn aus Handlungen wie Streicheln oder Umarmen ziehen. Ähnlich verhält es sich mit verbalen Trostsequenzen.

> Auch ich fühlte mich hilflos, denn nichts, was ein anderes Kind beruhigt hätte, funktionierte bei Benjamin: kein Streicheln, kein Zureden, kein Singen, kein Schmusetier, kein Lieblingskissen, kein Trinken, kein Keks … (Maus, 2013, S. 58)

Bei dem Versuch, ein autistisches Kind zu erziehen, geraten Eltern häufig in eine Situation, in der sie ihre Kompetenzen anzweifeln. Wenn das autistische Kind das Erstgeborene ist und der Umgang mit dem Kind aufgrund fehlenden Wissens nicht gelingt, geben sich Eltern schnell selbst die Schuld an dieser Situation. Erziehungsratgeber werden hinzugezogen und trotzdem kommt es weiterhin zu schlechten Erziehungserfahrungen. Haben die Eltern unrealistische Erziehungsansprüche? Bei nicht-erstgeborenen autistischen Kindern verfügen die Eltern bereits über positive Erziehungserfahrungen, sodass sie die Ursachen für das Fehlschlagen

---

8 Mitschrift zum Vortrag »Löweneltern« von Kirsten Hildebrand am 06.04.2022.

ihrer Erziehung auch beim Kind suchen, also in Betracht ziehen, dass ihr Kind eine Besonderheit aufweist.

Die eben beschriebene Situation ändert sich meist schlagartig, wenn bei dem Kind Autismus vermutet oder diagnostiziert wurde. Eltern beschäftigen sich mit dem Thema, erkennen die Besonderheiten und Bedürfnisse ihres Kindes und beginnen damit, ihr autistisches Kind nicht mittels ihrer Intuition, sondern über Kognition zu erziehen. Sie wenden das erworbene Wissen über Autismus auf ihr Kind an. In den meisten Fällen entspannt sich die familiäre Situation an diesem Punkt der Entwicklung spürbar.

Wenn das autistische Kind kein Einzelkind ist, dann befinden sich Eltern in einer schwierigen Situation, denn sie praktizieren zwei verschiedene Erziehungsstile gleichzeitig: Das nicht-autistische Kind wird weiterhin intuitiv erzogen, das autistische Kind mithilfe des erworbenen Wissens. Das ständige Hin- und Herwechseln zwischen verschiedenen Erziehungsstilen kann kräftezehrend wirken.

Ebenfalls kräftezehrend wirken können Formulierungen, die von außenstehenden Personen benutzt werden. In der Umgangssprache sowie in der Fachliteratur kommt es regelmäßig zur Verwendung von Formulierungen wie *betroffene* Eltern, *betroffene* Mutter, *betroffener* Vater oder *betroffene* Geschwisterkinder. Wovon sind all diese Personen denn betroffen? Von einem autistischen Kind? Und wie wirkt sich diese Formulierung auf die Beziehungen innerhalb der Familie aus?

> **Betroffene – Ich bin nicht betroffen**[9]
>
> Eine Formulierung, die mir persönlich Probleme bereitet, ist die Annahme oder Zuschreibung, ich sei von meinem autistischen Kind betroffen. Auch hier mag das Empfinden unterschiedlich sein, aber ich nehme dieses Betroffen-Sein, welches mir die Umgebung versucht anzuhängen oder aufzubürden, nicht an!
>
> Betroffenheit entsteht, wenn etwas Trauriges oder etwas, das als belastend und nicht wünschenswert betrachtet wird, zu bewegten Gefühlen, oft verbunden mit dem Empfinden von Hilflosigkeit, führt.
>
> Synonyme zu betroffen (Auswahl laut duden.de) sind beklommen, bekümmert, bestürzt, betreten, fassungslos, getroffen, konsterniert. Keines dieser Worte entfesselt produktive Energie, zeigt Ressourcen auf oder mobilisiert Kräfte.
>
> Als Betroffene bin ich in dieser Bedeutungsübersicht von einer Sache betroffen, in Mitleidenschaft gezogen. Ich bin nach dieser Deutung Leidtragende und Benachteiligte.
>
> In betroffenen Familien, eine betroffene Mutter, ich als Betroffener – all das sind für mich Formulierungen, die lähmen, die in die Defensive treiben, die zum Opfer machen.
>
> Wovon bin ich als betroffene Mutter betroffen? Von meinem autistischen Kind? Oder wohl eher von einer oft verständnislosen Umwelt, von nervenrau-

---

9 Auszug aus einem Artikel, der bereits publiziert wurde auf www.inez-maus.de (Maus, 2017d).

1 Einführung in das Thema: Autismus in der Familie

benden Behördengängen, vom Anzweifeln der Diagnose, von Schuldzuweisungen …?

Betroffen-Sein führt in meinem Empfinden zu Gefühlen von Passivität (ich kann nicht viel ändern) und Ergebenheit (jemand muss mir helfen). Des Weiteren kann das Betroffen-Sein beim Gegenüber zu Betroffenheit führen, die schnell in Mitleid umschlägt. Beides ist wenig produktiv. Es beruhigt das Gegenüber, bringt aber weder Verständnis noch konstruktive Hilfen hervor.

Eine gute Alternative zu der Formulierung *betroffene Eltern* wäre es, einfach zu sagen, dass sie *Eltern eines autistischen Kindes* sind.

2 Gedankenaustausch über Autismus zwischen Mutter und Sohn

Inez Maus und Jannis Benjamin Ihrig

Als Autist denke ich nicht, dass meine subjektive Wahrnehmung eines Lebens mit Autismus mir mehr Expertise über dieses Thema gibt, als ein Neurotypischer aufweist, der jenes jahrelang studiert und erforscht hat.
Benjamin

Mein schwarzes Vogelkind (vgl. Beginn ▶ Kap. 1) – mein inzwischen erwachsener, autistischer Sohn Benjamin – bereicherte mich bei der Arbeit am *Kompetenzmanual Autismus (KOMMA)* in zahlreichen Gesprächen mit seinen Sichtweisen, Empfindungen und Wahrnehmungen. Dabei entwickelte sich eine beiderseitige Erkenntnis, wie eine (unsere) Familie mit und trotz Autismus funktioniert und was sie zusammenhält.

Das zweite Kapitel betrachtet unsere Familie aus unterschiedlichen Blickwinkeln und zu verschiedenen Zeiten. In der Vergangenheit relevante Themen sind Ansichten zu Kindheitserinnerungen, zur Diagnose, zu Therapien, zur Schulzeit und zu den Geschwistern. Auch Fragen wie die folgenden müssen bzw. sollen gestellt werden: »Haben wir als Eltern aus deiner Sicht Fehler im Umgang mit dir gemacht? Welche?«

Betrachtungen zur Gegenwart zielen u. a. darauf ab, das jetzige allgemeine Lebensgefühl zu erfassen, Schwierigkeiten und Stärken zu beleuchten sowie den bisher praktizierten Umgang mit der Autismus-Diagnose zu hinterfragen. Erfahrungen an der Universität und Schritte zur Ablösung vom Elternhaus sind weitere zentrale Themen dieses Kapitels. Letztendlich führte die Pandemie dazu, dass ein ursprünglich nicht geplantes Kapitel über den Aufenthalt in einer Tagesklinik nun im Buch zu finden ist. Der Abschnitt über die Zukunft fragt nach Träumen, Wünschen, Hoffnungen – jeweils aus beiden Perspektiven. Abgeschlossen wird dieses Kapitel durch die Ausführungen weiterer Familienmitglieder.

Ursprünglich war dieses Kapitel so geplant, dass wir uns gegenseitig Fragen zu dem jeweils besprochenen Punkt stellen. Im Gespräch funktioniert so etwas gewöhnlich gut zwischen uns. Beim geschriebenen Text stellte sich recht schnell heraus, dass diese Arbeitsweise nicht zu Benjamin passt. Daher schlug er Folgendes vor: »Es würde mir leichter fallen, wenn du jede meiner Antworten als indirekte Frage verstehst.« Ich habe versucht, dies zu tun, und somit ist ein Dialog der etwas anderen Art entstanden.

2.1 Rückblick: Vergangenheit – Kindheit und Jugendzeit mit Autismus

Führen Menschen lange, belanglose Gespräche, um ein Gesprächsthema zu finden?
Benjamin

Die Rahmendaten unserer Familie, die für das Verstehen der folgenden Texte notwendig sind, lassen sich folgendermaßen zusammenfassen: Die Familie besteht aus fünf Personen. Neben uns Eltern hat Benjamin noch einen jüngeren und einen älteren Bruder. Schon von Geburt an zeigten sich bei Benjamin vielfältige unspezifische Schwierigkeiten bspw. in Form von Ess- und Schlafstörungen, Veränderungsängsten, sensorischen Überempfindlichkeiten und Kommunikationsproblemen (vgl. Maus, 2013, 2014). Im Alter von drei Jahren teilten uns die entsprechenden Fachpersonen im SPZ (Sozialpädiatrisches Zentrum) mit, dass unser Sohn geistig behindert und hörbeeinträchtigt sei. Die Prognose lautete, dass er nie das Sprechen erlernen werden wird und dass er nicht beschulungsfähig ist. Eine Unterbringung in einer Ganztagseinrichtung für schwerbehinderte Kinder wurde uns nahegelegt. Wir entschieden uns aufgrund eines uns nicht überzeugenden Förderkonzeptes gegen diese Einrichtung. Stattdessen verzichtete ich vorübergehend auf meinen beruflichen Wiedereinstieg und übernahm die Betreuung und Förderung von Benjamin.

In den folgenden sechs Jahren absolvierten wir auf der Suche nach den Ursachen für die Schwierigkeiten unseres Sohnes einen Arztmarathon, in dessen Verlauf viele Verdachtsdiagnosen wie bspw. Landau-Kleffner-Syndrom[10], Hirntumor, ADHS, Intelligenzminderung gestellt und wieder verworfen wurden. Erst im Alter von neun Jahren erfolgte die fachärztliche Stellung der Diagnose *Autismus* (frühkindlicher Autismus ohne Intelligenzminderung). Vielfältige Therapien prägten Benjamins Kindheit ab seinem dritten Lebensjahr. Keine dieser Therapien war autismusspezifisch, da einerseits die Autismus-Diagnose sehr spät gestellt worden war und andererseits entsprechende Angebote nicht existierten. Alle Therapien hatten somit den Charakter von Begleittherapien. Unter dem Begriff *Begleittherapien* werden Therapieformen zusammengefasst, die bei diversen Schwierigkeiten, die nicht nur bei autistischen Menschen auftreten können, zur Anwendung kommen (vgl. Maus, 2020, S. 29f.).

Ab einem Alter von vier Jahren besuchte Benjamin stundenweise einen Integrationskindergarten. Von dort wechselte er in die Vorschule einer Förderschule mit dem Schwerpunkt *körperliche und motorische Entwicklung*, in die er dann auch eingeschult wurde. Im Alter von ungefähr sechs Jahren begann Benjamin, sich verbal in

---

10 Beim Landau-Kleffner-Syndrom kommt es zu einer erworbenen Sprachlosigkeit (Aphasie) mit Epilepsie, die zwischen dem dritten und zehnten Lebensjahr auftritt. Bei dieser sehr seltenen Störung geht die zunächst normal entwickelte Sprache der betroffenen Kinder innerhalb von Tagen oder Wochen verloren. Die entzündungsbedingten Entladungen im Sprachzentrum lösen nicht bei allen Kindern äußerlich sichtbare Anfälle aus, sind aber im Schlaf-EEG sichtbar.

Form von einzelnen Wörtern und Zweiwortsätzen zu artikulieren. Die Kommunikation verbesserte sich in der folgenden Zeit ständig durch kontinuierliche Verlockungen von unserer Seite. Ab der vierten Klasse besuchte Benjamin eine Regelschule und wurde dabei von einer stundenweise anwesenden Schulhelferin unterstützt. Seine Schullaufbahn beendete er mit dem Abitur.

Eine der ersten Fragen, die Benjamin nach Besprechen des vorliegenden Projektes an mich stellte, lautete: »Hättest du mich abgetrieben, wenn es eine Pränataldiagnostik für Autismus gegeben hätte?«

2.1.1 Kindheitserinnerungen

Benjamin:
Hättest du mich abgetrieben, wenn es eine Pränataldiagnostik für Autismus gegeben hätte?

Inez:
Ich hätte dich nicht abgetrieben, denn ich würde aus persönlichen, keineswegs religiösen Gründen kein Kind abtreiben. Jetzt magst du anmerken, dass dies leicht gesagt ist, wenn man nie in einer derartigen Situation gewesen ist. Wir als Eltern haben uns jedoch bereits vor deiner Geburt in einer solchen Situation befunden, denn in meiner ersten Schwangerschaft wurde per Ultraschall ein Hydrocephalus (Wasserkopf) beim ungeborenen Kind diagnostiziert. Die Ärzte empfahlen uns eine Abtreibung des Kindes. Wir haben dieses Kind nicht abgetrieben, aber all das durchlitten, was eine derartige Feststellung durch einen Arzt mit sich bringt. Und die spätere Erleichterung, weil es eine Fehldiagnose war, machte das nicht ungeschehen.

Die Darstellung der Gefahr, dass Autismus bei immer besserem Verständnis des menschlichen Genoms durch pränatale Gentests ausgerottet wird, geistert seit einiger Zeit durch das Internet. Zur Ausrottung von Autismus braucht es nicht einmal die vollständige Entzifferung des menschlichen Genoms. Bereits eine Liste mit maßgeblich am Autismus beteiligten Genveränderungen und entsprechende Screening-Verfahren könnten entscheidend dazu beitragen, Autismus zu reduzieren.

Potenziellen Müttern wird oft vorgeworfen, dass sie durch gezielte Abtreibungen die Vielfalt der Menschheit verringern würden. Mehr oder weniger unausgesprochen steht die Forderung im Raum, dass diese Föten nicht abgetrieben werden dürfen, da sonst die genetische Bandbreite nicht erhalten bleibt.

Personen, die das Bild dieser Gefahr heraufbeschwören, sind mehrheitlich Menschen, die nie ein Kind zur Welt gebracht haben. Die nicht wissen, wie es ist, jahrelang mit extremem Schlafmangel leben zu müssen. Die nicht die brutale Hilflosigkeit kennen, wenn man dem eigenen Kind nicht helfen kann, es nicht versteht, es nicht einmal berühren darf. Die nie den Anfeindungen und Beschuldigungen einer den Eltern nicht wohlwollenden Umgebung ausgesetzt waren. Die die Dinge rational, aber nicht aus dem eigenen Erleben heraus betrachten.

Ich weiß, was es bedeutet, ein autistisches Kind zu haben. Ich kenne die Verzweiflung, die die Sprachlosigkeit des eigenen Kindes bei Eltern auslösen kann. Ich fühle noch heute, wie kraftraubend jeder einzelne Tag sein konnte. Aber ich weiß auch, welche Stärken du hast und wie du deine Zuneigung äußerst. Ich weiß, wie sehr ich dich liebe und dass ich dich auf keinen Fall abgetrieben hätte.

Ich bin mir sicher, dass es viele Mütter gibt, die ähnlich empfinden und die alle ohne äußeren Druck dazu beitragen, dass Autismus nicht ausgerottet wird. Es wird immer werdende Mütter geben, die ein potenziell behindertes Kind abtreiben und keine von ihnen verurteile ich. Jede werdende Mutter kann diese Entscheidung nur für sich allein oder mit ihrem Partner treffen.

An dieser Stelle fällt es jetzt schwer, einen Übergang zu den Kindheitserinnerungen zu finden. Ich beginne einmal mit folgender Frage: Was ist die früheste Erinnerung an deine Kindheit?

Benjamin:
Dies ist schwierig für mich zu sagen. Generell sind diese Fragen über meine Erinnerung knifflig, denn ich denke, meine Art des Erinnerns ist ungewöhnlich. Wenn ich versuche, mich zu erinnern, dann ploppen bei mir im Kopf nicht Bilder oder Szenen an bestimmte Lebensereignisse auf, sondern vielmehr etwas, was wie eine Abstraktion wirkt. Ich erinnere mich, dass ich in die Körperbehindertenschule und später in die Grundschule gegangen bin, doch ich könnte nicht aus dem Stegreif von einem Erlebnis erzählen. Allgemeine Dinge über bestimmte Personen und Teile meines Lebens könnte ich schon erzählen, wie z. B., welcher Lehrer gut zu mir war oder wie das soziale Klima in meiner Klasse war, doch zumeist könnte ich keine konkreten Erlebnisse erzählen, so wie du und Vater es immer wieder tun.

Ich glaube aber nicht, dass ich all die Details und Erlebnisse vergessen habe, denn ich erinnere mich zumeist wieder, wenn du oder andere Ereignisse aus der Vergangenheit erwähnen. Mein Gehirn scheint nur nicht jenes Detail selbst hochzerren zu können, sondern muss dazu angeregt werden. So wie ein Bibliothekar, der dem Besucher nicht zufällige Bücher vorlegt, sondern erwartet, dass man bestimmte Daten zu dem gesuchten Buch bzw. zur Art des Buches angibt.

In meinem Kopf ploppen also nun nicht bestimmte Erinnerungen auf, wenn ich versuche, mich an meine Kindheit zu erinnern. Jedoch sind da Bilder und Eindrücke, die aus irgendeinem Grund immer wieder hochkommen. Die frühesten dieser Bilder – vermute ich – sind jene mit einem Puppentheater, das wir zu Hause veranstaltet haben. Mit einem Pappschild im Türrahmen und mit Fingerpuppen der Figuren aus »Puuh, der Bär«, wobei ich mich konkret an Tigger- und Ferkelpuppen erinnern kann.

Inez:
Dem Pappschild im Türrahmen folgte wenig später ein richtiges Puppentheater, anhand dessen ich einige wichtige Dinge über dich bzw. über Autismus lernen konnte, wie das folgende Beispiel zeigt.

> Benjamins zartes Sich-Öffnen ermutigte mich, das Spielen mit einem Puppentheater zu probieren. Wir besorgten eine überwiegend rote Stoffbühne, weil rot seine damalige Lieblingsfarbe war, und Winnie-Puuh-Handpuppen aus weichem Plüsch [...]. Mit der Aussicht auf köstliche Fliegenpilze aus gekochtem Ei, roter Paprika und Mayonnaise ließ sich Benjamin darauf ein, an dieser Aktivität teilzunehmen. Dabei machte ich eine sehr

2.1 Rückblick: Vergangenheit – Kindheit und Jugendzeit mit Autismus

interessante Beobachtung. Während Pascal und auch Conrad mit viel Fantasie Handlungsstränge erfinden wollten, begnügte sich Benjamin damit, Geschichten aus seinen Kinderzeitungen nachzuspielen. Er war aufgeregt und schwer zu verstehen, aber da ich all diese Geschichten irgendwann schon mehrere Male vorgelesen hatte, erkannte ich sie wieder. Dabei kam es auch vor, dass er Tom und Jerry durch Tigger und Ferkel darstellen ließ. Während meine Randkinder üppige Ausführungen anfingen und dann aber nicht so recht wussten, wie ihre Handlungen denn enden sollten, waren Benjamins Vorführungen kurz, knapp und in sich geschlossen. (Maus, 2014, S. 17)

Die Schwierigkeit, Details aus der Erinnerung »selbst hochzerren zu können«, scheinen auch einige meiner Interviewpartner zu haben. Auf die Frage nach schönen Erlebnissen aus der Kindheit geben einige sehr detaillierte Erlebnisse wieder, wogegen es anderen nicht gelingt, aus der Fülle an Erinnerungen gezielt Erlebnisse auszuwählen (▶ Kap. 3.2.2, ▶ Frage Nr. 1: Schöne Erlebnisse aus der Kindheit).

Mir ist deine besondere Art der Erinnerung bisher nicht bewusst geworden, weil du – wie du selbst beschreibst – immer lebhafte und detailreiche Erinnerungen präsentierst, wenn wir über ein ganz bestimmtes Thema sprechen. Deine Art der Erinnerung möchte ich hier als Meta-Erinnerung umschreiben. Meta-Erinnerung umfasst einen Schatz an Erinnerungen, der nur durch entsprechende Anreize oder Auslöser geborgen werden kann. Viele autistische Menschen haben Schwierigkeiten mit den Exekutivfunktionen. Dieses Spektrum an mentalen Funktionen ermöglicht die Steuerung und Überwachung von komplexen, nicht automatisiert ablaufenden Handlungen unter Berücksichtigung der Bedingungen der Umwelt. Bei Autismus bewirkt die Beeinträchtigung der exekutiven Funktionen bspw. Schwierigkeiten beim Übertragen von Denkmustern oder Handlungsabläufen auf sich wiederholende gleiche und/oder ähnliche Situationen, aber auch Probleme beim Treffen von Entscheidungen und beim Zeitmanagement. Ich frage mich, ob die Schwierigkeit, auf gezielte Erinnerungen zugreifen zu können, ebenfalls in dieses Erklärungsmuster passt.

Weiterhin fällt mir hier eine Parallele zu einer anderen autismustypischen Besonderheit auf. Autistische Menschen haben sowohl mit dem Erfassen als auch mit der Benutzung von nonverbaler Kommunikation Schwierigkeiten. Diese Schwierigkeiten beruhen auf einem *Nicht-Können*. Oft wird autistischen Menschen hier ein *Nicht-Wollen* unterstellt, weil das Ausdrücken von Emotionen, das hauptsächlich mittels Mimik erfolgt, bei nicht-autistischen Menschen spontan und automatisch geschieht. Diese Schwierigkeiten spielen auch eine Rolle bei der Frage, wie viel von dem, was Bezugspersonen an Zuwendung gegeben haben, beim autistischen Kind ankam (▶ Kap. 3.2.2, ▶ Frage Nr. 10: Resonanz auf Zuwendung). Die Asperger-Autistin Gunilla Gerland erklärt bspw. in ihrer Autobiografie, dass das Zeigen von Gefühlen für sie eine aktive Tat wäre (Gerland, 1998, S. 113). Das Zeigen von Gefühlen und das Hervorholen von Erinnerungen scheint also zumindest bei einigen autistischen Menschen – sofern gewünscht – durch bestimmte Handlungen ermöglicht oder verbessert werden zu können.

Die Antwort auf meine nächste Frage ahne ich vorher. Da ich meine Frage aber vor dem Lesen deiner Antwort gestellt habe, möchte ich unseren Lesern deine Antwort nicht vorenthalten. Was ist die schönste Erinnerung?

Benjamin:
Wie ich schon schrieb, kann ich nichts Konkretes nennen. Ich weiß, dass dies so klingen kann, als ob ich mich nicht um all die schönen Dinge schere, die ihr für mich getan habt, vor allem, da ich mich wahrscheinlich sofort erinnern würde, wenn ihr Beispiele nennen würdet. Deshalb will ich hier einige Abstraktionen der schönen Dinge nennen, an die ich mich erinnern kann: Ich erinnere mich daran, wie ihr mit mir und meinen Brüdern in Museen und Zoos gegangen seid. Diese Eindrücke dürften stark meine heutige Fantasie geprägt haben, denn so gut Bücher und Dokumentationen auch sein mögen, zum Vorstellen braucht man zumindest eine Palette an grundlegenden Eindrücken. So ähnlich, wie Kleinkinder alles in den Mund nehmen oder zumindest anfassen, um einen sensorischen Eindruck zu bekommen.

Ich erinnere mich außerdem daran, dass ihr immer für mich da wart. Dass ich nie allein war, niemals in Stich gelassen wurde.

Inez:
Was ist die unangenehmste Erinnerung?

Benjamin:
Hier muss ich tatsächlich feststellen, dass es handfeste Erinnerungen an konkrete Ereignisse gibt, die mich auch immer wieder heimsuchen. Dass ich mich eher an schlechte konkrete Dinge erinnern kann, während das Gute verallgemeinert wird, könnte bedenklich sein. Doch ich vermute einfach, dass ich im Ganzen ein so gutes Leben hatte, dass das Negative etwas Einmaliges wurde, das sich eher eine konkrete Erinnerung erkämpfen konnte.

Auch wenn ich also Beispiele nennen könnte, so möchte ich es nicht tun, denn es ist wahrhaftig unangenehm. Doch ich kann zumindest sagen, was diese Erinnerungen miteinander teilen: Es waren Fälle, in denen ich wegen meines Autismus bei anderen aneckte.

Generell sind diese Fälle das Negativste meiner Kindheit, und auch teilweise mein Nichtwahrnehmen der anderen, das ich erst jetzt zurückblickend als solches erkenne.

Inez:
Hast du dich als Kind anders als die anderen gefühlt? Wenn ja, warum?

Benjamin:
Ich muss hier mit Ja und Nein antworten. Ich vermute, dass ich es als Kind durchaus gespürt hatte, dass ich anders war, aber es erst als Jugendlicher richtig registrierte. Außerdem denke ich, dass ich mein Anderssein während meiner Kindheit und auch während meiner Jugend nicht als Problem wahrnahm. Vielleicht, weil ich als Schüler immer noch einen festen Platz hatte in der Gesellschaft. Ja, ich hatte keine Freunde, aber zumindest hatte ich Lehrer, dir mir wegen meiner schulischen Leistungen Aufmerksamkeit gaben. Vielleicht tun mir deshalb auch die Gespräche mit meinen Dozenten wegen der Hausarbeiten so gut, weil sie meinen Platz bestätigen.

Das könnte auch erklären, warum ich nach der Schule oder schon während des Abiturs in solch ein Loch gefallen bin: Es wurde von mir gefordert, dass ich meinen eigenen Platz finde.

2.1.2 Diagnose

> [Ich] hatte [...] mich einer trügerischen Sicherheit hingegeben und Benjamin als so eine Art Grenzgänger gesehen, der jederzeit das eine oder andere Land betreten konnte. [...] Nun hatte Benjamin also das schwierige Land betreten und mir verschlug es wieder einmal die Sprache. Ich hatte so viele Fragen und konnte keine einzige herausbringen, ich hatte unendlich viele Tränen und musste sie alle unterdrücken. [...] Ich fühlte mich plötzlich wie in einer Sackgasse, obwohl sich eigentlich genau genommen nichts geändert hatte. Den Problemen wurde doch lediglich ein Name gegeben. (Maus, 2014, S. 76)

Auf das Stellen der Diagnose *Autismus* bei ihrem Kind reagieren die meisten Eltern ambivalent. Einerseits empfinden sie Erleichterung, weil sie endlich eine fundierte Erklärung für die Probleme des Kindes haben und weil damit das Gefühl, in der Erziehung dieses Kindes versagt zu haben, etwas nachlässt. Andererseits wird ihnen mit dem Vorliegen der Diagnose bewusst, dass das Kind eine lebenslange Behinderung hat und dass die Schwierigkeiten des Kindes nicht durch eine Therapie beseitigt, sondern höchstens gemildert werden können.

Nach dem Stellen der Diagnose zeigen Eltern unterschiedliche Verhaltensweisen. Während sich ein Teil von ihnen aktiv dem Thema *Autismus* in Verbindung mit dem eigenen Kind zuwendet, fallen andere Eltern in Abwehr und Passivität. Beispiele dafür, welche Verhaltensweisen aktive und passive Eltern zeigen können, finden sich in der folgenden Tabelle (▶ Tab. 2.1). Beide Verhaltensweisen sind erst einmal durchaus verständliche und nachvollziehbare Reaktionen auf eine Situation, die das weitere Leben der ganzen Familie beeinflussen wird.

Tab. 2.1: Wie reagieren Eltern auf die Diagnose Autismus?

Aktive Eltern	Passive Eltern
Literatur besorgen	Hilfsangebote abblocken
Blogs lesen	Entscheidungen hinauszögern
Veranstaltungen besuchen	Informationen verweigern
Therapieangebote suchen	Auf die anderen Kinder fokussieren
Beratung in Anspruch nehmen	Beratung ablehnen
Häusliche Förderung beginnen	Die Diagnose erneut stellen lassen
Mit anderen Eltern vernetzen	Ablenkung suchen
Elterngruppe aufsuchen	Kontakte abbrechen

Im Laufe der Zeit nivelliert sich das Verhalten der Eltern dahingehend, dass aktive Eltern sich auf für geeignet befundene Aktivitäten konzentrieren und dass passive

Eltern die Situation akzeptieren und mit dem Handeln beginnen. Sollten Eltern diese Wandlung nicht aus eigenen Kräften vollziehen können, dann benötigen sie unterstützende Personen, die aktive Eltern etwas bremsen, damit sie ihre Kräfte nicht überstrapazieren, und die passiven Eltern immer wieder Angebote für Gespräche, Informationen oder Begleitung machen.

Eltern geben übereinstimmend an, dass sie sich nach Stellung der Diagnose *Autismus* bei ihrem Kind alleingelassen fühlen. Meist erhalten sie vom medizinischen Personal Adressen für spezielle Anlaufstellen wie bspw. Autismus-Therapie-Zentren, an die sie sich wenden können. Darauf folgen oft monatelange Wartezeiten, die zermürben und Kräfte verbrauchen. Die Berichterstattung über Autismus in den Medien wird immer noch häufig von negativen Botschaften dominiert, was dazu führen kann, dass die Autismus-Diagnose den Eltern Angst macht – besonders in dieser unbegleiteten Zeit. Die Erkenntnis, dass die Diagnose den Eltern hilft, ihr Kind besser zu verstehen, es besser zu unterstützen und zu fördern, setzt sich erst nach einer gewissen Zeit durch.

Inez:
Woran erinnerst du dich, wenn du an den zweitägigen Aufenthalt mit mir in Marburg denkst, bei dem deine Autismus-Diagnose gestellt wurde?

Benjamin:
Ich erinnere mich hier nur ungenau. Derjenige, der die Diagnose stellte, war freundlich. Mehr kann ich aber nicht sagen. Ich erinnere mich tatsächlich mehr an den Dino-Film, den wir gesehen hatten, und an den dazugehörenden Plüschdino, den du mir gekauft hattest und den man zu einem Ei umkehren konnte.

Inez:
Woran hast du als Kind deinen Autismus festgemacht, welche Unterschiede sind dir aufgefallen?

Benjamin:
Ich denke, dass ich als Kind an gar nichts meinen Autismus festgemacht habe und deshalb auch nicht auf Unterschiede geachtet habe. Dunkel kann ich mich daran erinnern, dass ich deutlich weniger zurückhaltend war gegenüber meinen Mitschülern. Dass ich sowohl in der Schule für Körperbehinderte als auch an der Grundschule mehr mit meinen Mitschülern gespielt und geredet habe.

Inez:
Woran hast du als Jugendlicher deinen Autismus festgemacht, welche Unterschiede sind dir aufgefallen?

Benjamin:
Zwar habe ich auch als Jugendlicher nicht direkt über meinen Autismus nachgedacht, doch ich bin der Meinung, dass in diesen Zeiten die Unterschiede zu meinen Mitschülern am stärksten hervortraten. Es dürfte die Zeit gewesen sein, als ich mich von meinen Mitschülern isolierte. Unter anderem, weil ich eher still und zurück-

haltend war und es wohl noch mehr wurde. Sie reagierten damit, dass sie mich ausschlossen. Ich kann ihnen nicht allein die Schuld geben, denn ich vermute, dass sich einfach eine trennende Wechselwirkung ergeben hatte. Man sagt, dass Kinder grausam sein können, und das mag wahr sein. Doch ich habe erlebt, dass Jugendliche noch schlimmer sein können, nicht nur, was Mobbing angeht, sondern auch durch bloßes Ausschließen.

Inez:
Wir haben zu Hause das Aufklärungsmaterial »Ich bin was Besonderes« (Vermeulen, 2002), in dem Autismus sehr deutlich und unverblümt besprochen wird, im Laufe eines Jahres durchgearbeitet. War das für dich hilfreich? Fandest du dieses Durcharbeiten richtig oder hättest du dich lieber zu Hause nicht mit solchen Themen beschäftigt? Kannst du Eltern mit jüngeren Kindern hier eine Empfehlung geben?

Benjamin:
Ich denke, dass es hilfreich gewesen war. Aber auch unvollständig. Es war sehr positiv ausgelegt mit seinem »Besondersein«. Dies ist nichts Schlechtes, doch ich wundere mich und frage mich auf Basis meiner eigenen Erfahrung, ob ein »härteres« Auseinandersetzen mit den Problemen von Autisten ebenfalls geholfen hätte. Ihr habt mir immer gesagt, dass ich so richtig bin, wie ich bin, und ich bin auch dafür dankbar. Doch ich glaube, dass es mir zu sehr das Gefühl gab, dass ich mich nicht ändern muss. Dass sich alles von selbst ergeben wird und ich nicht an meinen Problemen arbeiten muss, sodass ich ihnen einfach ausweichen kann.

Inez:
Dein jüngerer Bruder hat dieses Material ebenfalls durchgearbeitet, es war sein ausdrücklicher Wunsch. Im letzten Teil des Materials hat er sich dann ausführlich mit dir und deinem Autismus auseinandergesetzt. War meine Entscheidung, dies zuzulassen, aus deiner Sicht eine gute oder hat sie eurer Bruderbeziehung geschadet? Fandest du dieses Vorgehen in Ordnung oder wärst du lieber separat und einzeln aufgeklärt worden?

Benjamin:
Aufgrund meiner ungenauen Erinnerung kann ich das nicht konkret beantworten. Doch angesichts meiner guten Beziehung zu meinem Bruder würde ich davon ausgehen, dass es die richtige Entscheidung war.
   Es ist schwer zu sagen, was ich als Kind über diese Frage denken würde oder gedacht habe. Als Erwachsener würde ich aber sagen, dass ich es vorgezogen hätte, zuerst allein aufgeklärt zu werden. Doch es wäre mir auch wichtig, dass ich dabei bin, wenn jemand anderes aufgeklärt wird. Ich denke, es sollte nicht hinter dem Rücken des Autisten stattfinden.

Inez:
Wir haben außenstehende Personen immer nur in dem Maße, in dem es absolut notwendig war, über deinen Autismus (und die daraus resultierenden Schwierigkeiten) aufgeklärt und dabei dann ab der späten Grundschulzeit deine Wünsche

beachtet. In der fünften Klasse wolltest du, dass der Karatelehrer nichts über deinen Autismus erfährt, obwohl er mehrfach Schwierigkeiten bemerkte und mit mir darüber reden wollte. Haben wir aus deiner heutigen Sicht richtig gehandelt, indem wir der Meinung waren, dass du auf solchen nicht schulischen Gebieten Erfahrungen im Umgang mit deiner Diagnose sammeln kannst?

Benjamin:
Ja, ich handhabe es ja auch heute genauso. Ich überfalle die Leute nicht mit meinem Autismus, habe aber auch keine Scheu davor, darüber zu reden, wo es sich anbietet oder wo es geboten ist.

Inez:
In der Psychotherapie als Jugendlicher hast du dich ebenfalls mit deinem Autismus auseinandergesetzt. War diese Auseinandersetzung eine Fortführung dessen, was wir zu Hause bereits erarbeitet hatten, war es eine Wiederholung oder stand das eine mit dem anderen im Widerspruch?

Benjamin:
Ich würde sagen, es verlief parallel. Soweit ich mich erinnern kann, waren es zwei verschiedene Ansätze, die sich zwar nicht direkt ergänzten, aber auch nicht widersprachen.

Inez:
Heutzutage wird von Eltern, die weniger beeinträchtigte autistische Kinder haben, oft die Frage gestellt, ob sie eine Diagnose stellen lassen sollten, weil sie damit dem Kind einen Stempel aufdrücken würden. Was würdest du diesen Eltern mit deiner heutigen Lebenserfahrung raten?

Benjamin:
Generell ist meine persönliche Ansicht, dass die Wahrheit besser ist als ein Ignorieren. Wenn jemand Autismus hat, wird es zwangsläufig soziale Reibungen in seinem Leben geben. Eine Diagnose kann dabei helfen, Antworten auf Fragen zu geben, die unweigerlich aufkommen werden, auch ohne Stempel. Zudem muss ich fragen, inwieweit ein Ignorieren wirklich helfen würde. Wenn Eltern diese Frage stellen, müssen sie doch bereits etwas ahnen und diese Ahnung allein wird ihren Umgang mit ihrem Kind prägen. Und was ist, wenn es nicht Autismus, sondern etwas anderes ist? In diesem Fall würde ihr unterschwellig geprägtes Verhalten in die falsche Richtung gehen.

Inez:
Wer soll deiner Meinung nach über Autismus aufgeklärt werden? Warum?

Benjamin:
Grundsätzlich würde ich sagen, jede Person, die langfristig mit einem Autisten zu tun hat, sollte über Autismus aufgeklärt werden. Man muss und sollte aber nicht mit

dem Autismus bei jeder Person, die man trifft, mit der Tür ins Haus fallen[11], doch wenn man – aus welchen Gründen auch immer – sie öfter trifft, sollte über Autismus aufgeklärt werden. Wegen des Autismus wird es zwangsläufig zu Situationen kommen, die für gewöhnliche Menschen seltsam, unhöflich oder gar bedrohlich wirken. Ein Verständnis über Autismus kann hier Missverständnisse vermeiden.

Ich verstehe aber auch, wenn jemand eine eher zurückhaltende Position in dieser Problematik vertritt. Mit Autismus verbinden viele negative Stereotypen, die mit einer Erklärung sofort ins Bewusstsein gerufen werden. Doch ich würde auch hier einwenden, dass dasselbe passiert, wenn man sich untypisch verhält, und dass viele Menschen sich hier dann noch schlimmere Dinge denken. Zudem vermute ich, dass es als eine Auslese dienen kann: »Gute« Menschen werden, selbst wenn sie schlechte Vorurteile hatten, zuhören und ihre Ansichten revidieren. »Schlechte« nicht. Warum sollte man seine Zeit mit »schlechten« Menschen verbringen?

Dies ist aber natürlich meine persönliche Philosophie. Und selbst wenn ich Eltern zu meiner Ansicht raten würde, so muss ich aber auch betonen, dass man jugendlichen und erwachsenen Autisten diese Entscheidung selbst überlassen sollte.

Inez:

Als Vierzehnjähriger erklärtest du mittels einer PowerPoint-Präsentation deinen Brüdern, was deine Diagnose bedeutet. Angeregt wurde diese Aktivität durch deinen Psychotherapeuten. Aus diesem Vortrag stammt der folgende Text.

> Autismus ist eine Wahrnehmungsstörung. Autisten nehmen Reize genauer oder ganz anders auf als normale Menschen. Aufgrund dieser Störung verhalten sie sich anders. Außerdem haben manche eine erstaunliche Begabung in einem Gebiet, wie z. B. ein erstaunliches Gedächtnis. Diese Autisten sind aber wenige. Einige Autisten werden gar nicht erkannt, weil sie z. B. Probleme im Sozialbereich haben und deshalb für verrückt gehalten werden. Autisten können sich aber durch viel Training wie normale Menschen verhalten. Doch dieses Training ist hart, und viele Leute, z. B. Eltern und andere Verwandte, geben schnell auf, weil sie auf starken Widerstand bei den Autisten stoßen. Für Autisten muss nämlich der Tag einen festen Ablauf haben. Wird dieser Ablauf gestört, reagiert der Großteil der Autisten mit Nervenausbrüchen. Deshalb brauchen die Anderen starke Nerven und viel Geduld, bis der Autist einen Fortschritt macht. (Maus, 2017a, S. 13)

Wie stehst du heute zu diesem Text?

Benjamin:

Ich würde heute nicht mehr darauf pochen, dass Autisten lernen müssen, sich »normal« zu verhalten. Ja, sie sollten Hilfen bekommen, um im Alltag mit ihren Mitmenschen zurechtzukommen. Doch ein Abrichten auf ein gewöhnliches Verhalten schadet den Autisten nur. Anstatt ein »Normal« anzustreben, sollten Autisten wie alle Menschen Selbstverbesserung anstreben, welche auch den Umgang mit den durch Autismus aufkommenden Schwächen beinhalten kann, aber nicht muss. Autisten haben aber auch Charakterschwächen, die nichts mit Autismus zu tun haben.

---

11 Die Redewendung *mit der Tür ins Haus fallen* beschreibt, dass jemand etwas unvorbereitet vorbringt bzw. sagt, »wie einer, der, anstatt erst an die Türe zu klopfen und dann ins Haus zu treten, die Tür einstürmt« (Röhrich, 2001, S. 1649).

Zudem würde ich mich weniger verallgemeinernd über Autisten ausdrücken angesichts des weiten Spektrums. Eigentlich würde ich mich gar nicht mehr über Autismus im Detail auslassen, sondern mich allein auf meine Eindrücke beschränken, während ich auf dich verweise.

Inez:
Wie kann man Mythen, Vorurteile und Klischees über Autismus beseitigen?

Benjamin:
Da muss ich leider pessimistisch sagen, dass dies nicht ohne Weiteres möglich ist. Mehr Aufklärung sollte natürlich praktiziert werden und sie wird Gutes bewirken, doch man wird Vorurteile damit nicht ausrotten. Dies ist aber kein spezifisches Problem von Autismus: Seit Anbeginn der Zeit neigen viele Leute dazu, sich von dem überzeugen zu lassen, woran sie glauben wollen – sei es nun, dass Impfungen schaden, dass die Wahl des US-Präsidenten gestohlen wurde oder dass die Erde flach ist. Dies alles zeugt von einem tiefer gehenden gesellschaftlichen Problem.

2.1.3 Therapien

Autismus ist nach dem heutigen Stand der Wissenschaft angeboren und nicht heilbar. Trotzdem versprechen unseriöse Therapien Eltern immer wieder eine Heilung. Diese Therapien verschlingen meist immense zeitliche und finanzielle Ressourcen, ohne den gewünschten Effekt zu erreichen. Eine kurze Zusammenfassung häufig angewendeter umstrittener Therapien bei Autismus findet sich im *Kompetenzmanual Autismus (KOMMA)* (Maus, 2020, S. 30).

Seriöse Therapien werden i. d. R. von auf Autismus spezialisierten Einrichtungen angeboten. Das Angebot ist unübersichtlich und ständig kommen neue Therapieformen mit entweder klangvollen oder wissenschaftlich klingenden Namen hinzu, die sich bei genauerer Betrachtung meist als eine Fortführung oder Abwandlung einer bereits etablierten Therapie oder als Zusammenführung von Elementen verschiedener, als wirksam betrachteter Therapien erweisen.

Oft wird Eltern genau die Therapieform angeboten, die am jeweiligen Ort praktiziert wird, ohne dass die Eltern darüber informiert werden, welche Interventionsmöglichkeiten noch infrage kämen. Dies kann sich erst einmal als Vorteil erweisen, denn bereits »die Vorstellung, dass ihr Kind professionelle und kompetente Hilfe erhält, entlastet die Eltern enorm und bewirkt oft eine generell positivere Sicht der Situation« (Jungbauer, 2008, S. 528). Interventionsmaßnahmen können auch dazu beitragen, »bei den Eltern das Verständnis für ihr Kind zu fördern und sie anzuhalten, die eigenen Ansprüche zu hinterfragen und die eigenen Erwartungen zu reflektieren« (Rabsahl, 2019, S. 94). Sollte die angebotene Therapie jedoch nicht zum Kind passen oder ethische Bedenken bei den Eltern auslösen, so wandelt sich dieser Vorteil rasch in einen Nachteil, weil die Eltern das Gefühl entwickeln, wertvolle Zeit zur Förderung ihres Kindes verschwendet zu haben.

Aufgrund der großen Bandbreite der Symptome bei Autismus, der vielfältigen Komorbiditäten, der Intensität und Individualität der Schwierigkeiten und Probleme benötigt jeder autistische Mensch ein Therapieangebot, welches exakt auf seine Bedürfnisse zugeschnitten ist. Kombiniert man die eben geschilderte Bandbreite mit der Vielfältigkeit der Interventionsmöglichkeiten, dann wird schnell deutlich, dass Eltern im Vorfeld hier kaum noch eine Chance haben, die Situation realistisch und kritisch einzuschätzen. Selbst Fachpersonen haben mitunter Schwierigkeiten, einen Überblick über die möglichen autismusspezifischen Therapien, aber auch Begleittherapien zu behalten. Ebenso wichtig ist es für Fachpersonen, die Entwicklungen auf dem Gebiet der umstrittenen Therapien im Auge zu behalten, damit sie Eltern Hinweise geben und so vor Schaden bewahren können.

In Gesprächen mit Eltern zeichnet sich rasch ab, dass sie sich zuerst einmal eine umfangreiche Information über die Möglichkeiten zum therapeutischen Eingreifen, aber auch zu betreuungs- und sozialrechtlichen Fragen wünschen, um dann kompetente Entscheidungen treffen zu können. Dies geschieht aus dem eben erwähnten Grund jedoch nicht häufig, sodass sich Eltern nicht selten in eine Fördermaßnahme oder Therapie gedrängt fühlen. Aus Sicht der professionellen Seite ist das Vorgehen, das am Ort Verfügbare anzubieten, allerdings verständlich, denn es scheint immer noch besser, etwas nicht perfekt Passendes durchzuführen als die Eltern in ihrer aktuellen Situation ohne Hilfsangebote allein zu lassen. Einige Jahre später resümieren jedoch viele Eltern, dass die absolvierten Therapien und Förderprogramme nicht die gewünschten Erfolge gebracht und dass sie viel Zeit in Anspruch genommen haben – Zeit, die die Eltern lieber mit der Familie verbracht oder für sich selbst genutzt hätten. Dies spiegelt sich auch in den Antworten der Eltern zum Interview in Kapitel 3 wider (▶ Kap. 3.2.2, ▶ Frage Nr. 6: Negative Auswirkungen des Autismus, ▶ Kap. 3.2.2, ▶ Frage Nr. 9: Dominierendes Gefühl während der Kindheit).

Wenn autismusspezifische Therapien vor Ort nicht verfügbar sind oder wenn die Wartezeiten auf einen Therapieplatz sehr lang sind, kommen häufig Begleittherapien zum Einsatz (▶ Kap. 2.1), um das autistische Kind wenigstens auf bestimmten Gebieten zu fördern. Viele autistische Kinder erhalten eine Förderung durch Begleittherapien wie bspw. Logopädie und Ergotherapie bereits vor dem Stellen der Autismus-Diagnose – oft verordnet durch den Kinderarzt, wenn diesbezüglich Probleme bemerkt werden.

Auch wir durchliefen mehrere dieser Begleittherapien mit unterschiedlichen Erfolgen. Eine Auflistung der Therapien, die Benjamin durchlief, und unsere Rolle als Eltern beim Absolvieren der Therapien, findet sich im Kapitel *Einblick* in die Gegenwart (▶ Kap. 2.2.10).

Inez:
Therapien haben viel Zeit in deiner Kindheit und Jugend in Anspruch genommen. Hast du als Kind und als Jugendlicher die Notwendigkeit dieser Maßnahmen eingesehen?

Benjamin:
Ich denke, dass ich als Kind nicht immer die Notwendigkeit einsah und es manchmal als lästig empfand. Als Jugendlicher mag ich dem Ganzen mehr abge-

wonnen haben, doch ich glaube, dass ich erst als Erwachsener rückblickend das Ganze als hilfreich ansah.

Inez:
Welche Erinnerungen hast du an die Ergotherapie? Empfandest du es als hilfreich, dass dein jüngerer Bruder manchmal daran teilnehmen durfte?

Benjamin:
Ich habe leider nur sehr vage Erinnerungen an verschiedene Übungen und Spiele, die wir gemacht haben. Und an eine Hängematte erinnere ich mich. An Pascals Teilnahme kann ich mich überhaupt nicht erinnern.

Inez:
Welche Erinnerungen hast du an die logopädische Therapie? Erinnerst du dich an Kämpfe um Hausaufgaben? War es rückblickend richtig von mir, diese von der Therapeutin aufgegebenen Hausaufgaben mit dir durchzuziehen oder hätte ich diese Zeit lieber dem Familienleben widmen sollen?

Benjamin:
Daran erinnere ich mich noch weniger. Wenn aber mein Weigern so schlimm wie bei Knuffi[12] war, dann dürfte es nicht leicht gewesen sein, mich zum Weiterarbeiten zu motivieren. Ich bin aber der Meinung, dass das Durchziehen besser war, als mich in meiner Verweigerung gewähren zu lassen, denn sonst hätte ich wohl nichts gemacht und wäre stattdessen allem ausgewichen, was unangenehm ist. Ich arbeite als Erwachsener immer noch an meiner Selbstmotivation.

Inez:
Was fällt dir zum Thema Reittherapie ein? Wie empfandest du hierbei das Zusammensein mit deinem jüngeren Bruder?

Benjamin:
Ich erinnere mich an das Reiten tatsächlich sehr gut. Auch daran, dass ich es als Kind wie vieles Regelmäßige in meinem Leben als lästig empfand, weil es mich von meinen Videospielen fernhielt. Vor allem das Ausmisten der Ställe mochte ich nicht. Doch zurückblickend empfinde ich eine wohlige Nostalgie. Das Reiten hatte Spaß gemacht und ich war unter Menschen. Leider verspürte ich damals noch kein Verlangen nach Freunden und versuchte deshalb nicht, anderen näherzukommen. Ich empfand sie wohl als Hindernisse für das, was mich interessierte. Mit Pascal hatte ich aber eine gute Zeit beim Reiten gehabt, auch wenn ich es als selbstverständlich wahrnahm und es deshalb nicht zu schätzen wusste.

---

12 Knuffi war der familieninterne Name für Übungsdiktate. Für seine Bereitschaft, ein neues Übungssystem auszuprobieren, erhielt Benjamin in der Grundschulzeit eine pelzige Echse aus Plüsch mit fein säuberlich aufgestellten Rückenzacken, der er den Namen *Knuffi* gab. Fortan war die Echse bei den Übungen anwesend und führte somit zu dieser Bezeichnung der Übungsdiktate.

2.1 Rückblick: Vergangenheit – Kindheit und Jugendzeit mit Autismus

Inez:
Die Psychotherapie lief über mehrere Jahre und band auch mich als Bezugsperson ein. Hat diese Therapie einen Einfluss auf unser familiäres Leben gehabt? Hat dir diese Therapie geholfen?

Benjamin:
Hier ist meine Erinnerung ebenfalls etwas klarer, auch wenn ich mich nicht mehr an konkrete Gesprächsthemen erinnere. Wenn ich mich aber nicht irre, dann ging es generell einfach um alles, was mich gerade beschäftigte. Die Therapie half mir sehr, weil ich das Gefühl hatte, mit Herrn S. einen Gesprächspartner zu haben, der mich auf Augenhöhe behandelte und der sehr anregende Gespräche mit mir führte. Ich will damit nicht sagen, dass andere Therapeuten mich herablassend behandelt hatten. Es ist eher so, dass als Kind und als Autist ein Unterschied in der Ebene zu ihnen bestand, so wie ich ihn eben nicht bei Herrn S. empfunden hatte.

Inez:
Die angewandte Verhaltensanalyse (abgekürzt ABA[13]) schwappte in deiner Kindheit gerade von den USA nach Deutschland, wurde hier etwas bekannter und versprach, »dass erwünschte Verhaltensweisen gelernt und verstärkt werden« (Richman, 2004, S. 19). Wir haben uns auch damit intensiv beschäftigt und uns dagegen entschieden. Die Methode der ABA wirkte auf uns eher wie die Programmierung eines Roboters als wie die Befähigung zu einem selbstbestimmten und möglichst auch selbstständigen Leben, was doch letztendlich das Ziel jeglicher Erziehung ist. Wie bewertest du aus deiner heutigen Sicht diese Entscheidung?

Benjamin:
Ich bin der Meinung, dass ihr die richtige Entscheidung getroffen habt. Als jemand, der kein Psychologe ist, sollte ich mich zwar nicht zu sehr aus dem Fenster lehnen[14], doch ich denke, dass jedes Training, welches auf das bloße Auswendiglernen von korrektem Verhalten abzielt, das eigentliche Problem von Autismus – den eingeschränkten Sozialinstinkt – ignoriert. Auch wenn ich mich mit sozialen Situationen immer noch schwertue, weil ich meinen spontanen Reaktionen nicht vertraue, so

---

13 Die Abkürzung ABA steht für *Applied Behavioral Analysis*. Die ABA nach Ivar Lovaas (US-amerikanischer Psychologe norwegischer Abstammung) ist »Grundsatz für den Aufbau von Kompetenzen bei Kleinkindern bei ASS« (Biscaldi, Paschke-Müller & Schaller, 2017, S. 308). Die Methode, »die auf einem behavioristisch-verhaltensanalytischen Ansatz beruht, sehr zeitaufwendig ist und eine intensive Schulung von Bezugspersonen (Eltern, Lehrer) verlangt« (ebd.), zeichnet sich »durch kleine Therapieschritte, klare, wiederholte Anweisungen und unmittelbare Konsequenzen« (Bernard-Opitz, 2005, S. 26) aus. Die ABA beeinflusst »›Verhaltensexzesse‹ und ›Verhaltensdefizite‹, indem die Umwelt des Kindes systematisch so gestaltet wird, dass erwünschte Verhaltensweisen gelernt und verstärkt werden« (Richman, 2004, S. 19).

14 Die Formulierung *sich weit/sehr aus dem Fenster lehnen* bedeutet, dass eine Person sich weit auf ein bestimmtes Gebiet vorwagt, ein Risiko eingeht oder eine riskante Aussage macht. Auch ein Versprechen, dass nur schwerlich gehalten werden kann, wird damit umschrieben. Die Wendung bezieht sich auf die Gefahr des Hinausfallens, wenn man sich zu weit aus einem echten Fenster lehnt.

bin ich zumindest in der Lage, mich in die Gefühle anderer hineinzudenken. Ich mag zwar nicht jemandes Gefühle ablesen können, doch ich kann sie verstehen, wenn man es mir erklärt. Ich habe kein Problem damit, die Gedanken, Gefühle oder Motivationen anderer nachzuvollziehen, zumindest auf einer theoretischen Ebene. Ich glaube nicht, dass ich dies könnte, wenn ich einfach nur die richtigen Verhaltensformen gelernt hätte. Deshalb denke ich, dass ihr es genau richtig gemacht habt.

Inez:
Hast du mich, deinen Vater oder deine Brüder in der Rolle von Therapeuten wahrgenommen?

Benjamin:
Höchstens nur in dem Sinn, dass Vater mir weniger durchgehen ließ.

2.1.4 Schulzeit

Der Schulbesuch eines autistischen Kindes ist für alle Eltern ein wichtiges Thema. Aufgrund der großen Vielfalt der Ausprägung autistischer Symptome kommen sämtliche Schulformen für diese Kinder infrage – von der Regelschule bis zu Förderschulen mit verschiedenen Schwerpunkten, aber auch alternative Schulformen wie bspw. Waldorf- oder Montessori-Schulen.

Artikel 24 der UN-Behindertenrechtskonvention (UN-BRK) thematisiert die Inklusive Beschulung und legt den Zugang von Kindern und Jugendlichen mit Behinderung zur Regelschule und zur Universität als Normalfall fest. Dort ist u. a. verankert, dass »Menschen mit Behinderungen gleichberechtigt mit anderen in der Gemeinschaft, in der sie leben, Zugang zu einem integrativen, hochwertigen und unentgeltlichen Unterricht an Grundschulen und weiterführenden Schulen haben« (Beauftragte der Bundesregierung für die Belange von Menschen mit Behinderungen, 2017, S. 21).

In der Realität zeigt sich für Familien mit einem autistischen Kind immer noch ein anderes Bild. Förderschulen werden einseitig abgebaut, »ohne dass vorher Bedingungen geschaffen werden, die für jeden Schüler ein adäquates Lernangebot an einer Regelschule gewährleisten« (autismus Deutschland e. V., 2014, S. 1). An Regelschulen fehlen häufig die Rahmenbedingungen zur Beschulung autistischer Schüler, es kommt zu pauschaler Zuweisung von Ressourcen und es mangelt an einer individuellen Bedarfsorientierung (ebd.).

Eine pauschale Zuweisung von Ressourcen und die mangelnde individuelle Bedarfsorientierung ließe sich mit einem Förderschwerpunkt *Autismus* beheben. Solch ein Förderschwerpunkt, »der also auf den sonderpädagogischen Förderbedarf eines Kindes mit Autismus in all seinen Facetten zugeschnitten ist, gibt es nur noch in Berlin, Hamburg und Schleswig-Holstein. In einigen Bundesländern wurde er abgeschafft, in anderen hat es ihn nie gegeben« (autismus Deutschland e. V., 2017, S. 2).

Inklusive Beschulung autistischer Schüler an Regelschulen kann gelingen, wenn die besonderen Lernstrategien dieser Schüler Beachtung finden und wenn die

Lernumgebung so gestaltet wird, dass autistische Schüler ihre Energie zum Lernen verwenden können und nicht zum Aushalten der Gesamtsituation aufwenden müssen. Autistische Schüler lernen aufgrund ihrer ausgeprägten Detailwahrnehmung, ihrer logischen und faktenorientierten Denkweise und ihres weniger ausgeprägten Verständnisses für soziale Themen anders als nicht-autistische Schüler. Diese Tatsache findet bisher im Schulsystem kaum Beachtung. Ein Angebot an alternativen, auf die Bedürfnisse autistischer Schüler zugeschnittenen Lernstrategien wird daher dringend benötigt. Individuell angepasste Nachteilsausgleiche, von denen die wichtigsten in der unten stehenden Tabelle aufgelistet sind (▶ Tab. 2.2), können dafür sorgen, dass der Schulbesuch des autistischen Kindes erfolgreich verläuft. Zu den Nachteilsausgleichen kann auch der Einsatz einer Schulbegleitung gehören.

Tab. 2.2: Beispiele für schulische Nachteilsausgleiche bei Autismus (Quelle: Maus, 2020, S. 75f.)

Grund für den Nachteilsausgleich	Praktische Umsetzung des Nachteilsausgleiches
Sensorische Besonderheiten	Schaffen einer Rückzugsmöglichkeit, separater Raum für Klassenarbeiten, Tragen einer Sonnenbrille im Unterricht, Verbringen der Hofpausen-Zeiten in der Bibliothek
Soziale Schwierigkeiten	Einzelarbeitsplatz, Befreiung von Dialogübungen im Fremdsprachenunterricht oder von Gruppenarbeiten, Benennung einer Vermittlungsperson (z. B. Sozialpädagoge der Schule)
Kommunikative Schwierigkeiten	Erledigung von originär mündlichen Aufgaben in schriftlicher Form, Möglichkeit der Kommunikation per E-Mail mit den Lehrern, Alternativaufgaben bei Aufsatzthemen (z. B. bei Interpretationen), Ermöglichen von alternativen Kommunikationsformen (z. B. Gebärdensprache)
Schwierigkeiten beim Verständnis von Aufgaben	Schriftlich formulierte Arbeitsaufgaben, Einsatz von Visualisierungsmitteln, Vorgaben zeitlicher Strukturen, Zeitzugabe bei Klassenarbeiten und Prüfungen
Motorische Besonderheiten	Befreiung von Mannschaftsspielen, Nutzung eines Laptops zum Schreiben von Texten

Eine wichtige Rolle bei einem gelingenden Schulbesuch spielt ein verlässlicher Rückzugsort, den der autistische Schüler in Überforderungssituationen jeglicher Art aufsuchen kann, bevor die Situation eskaliert. Gerade dieser verlässliche Rückzugsort scheint für viele Schulen ein großes Problem darzustellen, weil Räume und evtl. benötigte Begleitpersonen fehlen. Gelegentlich wird der verlässliche Rückzugsort auch mit einem Time-Out-Raum verwechselt. Eine Gegenüberstellung von Time-Out-Raum und verlässlichem Rückzugsort findet sich in der unten stehenden Tabelle (▶ Tab. 2.3).

Die Time-Out-Technik ist eine Methode zur Verhaltenstherapie von Kindern und Jugendlichen. Wenn diese unerwünschtes Verhalten zeigen, soll eine Isolierung von Reizen und Personen dazu führen, dass das Fehlverhalten reflektiert und ggf. geändert werden kann. Die Isolierung erfolgt hier fremdbestimmt durch die betreuende Person.

Ein verlässlicher Rückzugsort ist dagegen ein Ort, den der autistische Schüler selbstbestimmt aufsucht, wenn die Situation für ihn nicht mehr aushaltbar ist. Auch die Aufenthaltsdauer, die Gestaltung der Zeit und eine möglicherweise notwendige Begleitung werden von dem Schüler festgelegt. Bei jüngeren Schulkindern sind es meist die betreuenden Personen, die die Notwendigkeit eines Rückzugs erkennen und initiieren.

Tab. 2.3: Time-Out-Raum versus verlässlicher Rückzugsort

Time-Out-Raum	Verlässlicher Rückzugsort
Methode der Verhaltenstherapie	Nachteilsausgleich
Person, die unerwünschtes Verhalten zeigt, wird aus Umfeld herausgenommen	Freiwilliges Aufsuchen und Verlassen des Rückzugsortes
Festgelegte Zeit	Rückzugsort muss immer zugänglich sein
Entzug aller Kontakte (positive und negative)	Eventuell Begleitperson erforderlich
Person soll ihr Verhalten reflektieren und analysieren	Person verbleibt dort so lange, bis sie sich der Situation (wieder) gewachsen fühlt
Falsche Herangehensweise	Richtige Herangehensweise

Von schulischer Seite wird gegen die Benutzung eines verlässlichen Rückzugsortes oft damit argumentiert, dass der autistische Schüler diesen Raum nutzt, um bestimmten Aufgaben auszuweichen. Dem ist aber nicht so, denn autistische Schüler müssen den Schulstoff, den sie durch am Rückzugsort verbrachte Zeit verpasst haben, nacharbeiten, ebenso als ob sie durch Krankheit Schulstoff verpasst hätten.

Benjamin besuchte die Vorschule einer Schule für Körperbehinderte, eine Förderschule mit dem Schwerpunkt *körperliche und motorische Entwicklung*, dann eine Regelgrundschule und die gymnasiale Oberstufe einer Gesamtschule. In seiner Regelschulzeit verbrachte er viel Zeit an den jeweiligen verlässlichen Rückzugsorten. Das Nacharbeiten des Schulstoffes im häuslichen Umfeld stellte dabei nie ein Problem dar.

Inez:
Du hast anfangs die Schule für Körperbehinderte besucht. Was dachtest du als Kind, warum du dort bist? Wie hast du dich unter den überwiegend körperbehinderten Schülern gefühlt? Hattest du das Gefühl, wir als Eltern hätten dich im Stich gelassen, weil du trotz mehrfachem Wunsch nicht an Conrads Schule lernen durftest, da diese Schule deine Aufnahme verweigerte?

Benjamin:
Das liegt ziemlich weit weg und meine Erinnerung ist äußerst ungenau. Ich erinnere

2.1 Rückblick: Vergangenheit – Kindheit und Jugendzeit mit Autismus

mich besser an die Grundschule und die Gesamtschule als an die Schule für Körperbehinderte. Ich kann mich aber erinnern, dass ich es als nicht schlimm empfunden habe. Das Einzige, was nicht so gut war, war meine Klassenlehrerin, auch wenn ich mich nicht mehr an die Details erinnere. Im Stich gelassen fühlte ich mich aber nicht, zumindest, soweit ich mich erinnern kann.

Inez:
Wie empfandest du die Anwesenheit deiner Schulhelferin an der Grundschule? Wie empfandest du die Anwesenheit deiner Schulhelferin zu Beginn deiner Zeit an der Oberstufe?

Benjamin:
Sie war eine große Hilfe und half mir, Konflikte mit meinen Mitschülern zu schlichten. An der Oberstufe gab es diesbezüglich keinen Unterschied zur Grundschule.

Inez:
An der Oberschule hast du deiner Klasse spontan erklärt, was Autismus ist, weil die Ambulanzlehrerin, die dies eigentlich tun sollte, erkrankt war. Hat dir dieser offene Umgang mit Autismus Wege geöffnet oder Wege verbaut – oder vielleicht auch beides? Kannst du Beispiele nennen?

Benjamin:
Schwer zu sagen, da ich wie bereits erwähnt sehr zurückhaltend war als Jugendlicher. Einerseits denken sich nicht wenige bei Autismus sofort, dass ich ein komischer Kauz bin, ohne mit mir interagiert zu haben. Doch es wäre wohl auch nicht besser gewesen, wenn sie dasselbe gedacht hätten, weil ich mich komisch verhalten habe. Keine dieser Möglichkeiten erscheint mir ideal. Leider kann ich mich nicht an konkrete Beispiele erinnern.

Inez:
In der zehnten Klasse hatten deine Mitschüler vergessen, dass du autistisch bist. Ich habe das auf einer Elternversammlung erlebt, als die Klassenlehrerin von dem »autistischen Schüler in der Klasse« sprach und die anwesenden Schüler und deren Eltern nicht wussten, wer gemeint ist. Hätten wir darauf dringen sollen, die Aufklärung aufzufrischen? Wäre es dann vielleicht nicht zum Cybermobbing gekommen?

Benjamin:
Eine Auffrischung wäre vielleicht angebracht gewesen, vor allem, da über die Jahre Mitschüler weggehen oder dazukommen. Ich glaube aber nicht, dass das Cybermobbing hätte vermieden werden können. Menschen sind garstig, vor allem Jugendliche. Wobei ich aber anmerken muss, dass ich nichts davon bemerkt habe, da ich schon damals nicht so aktiv war bei Facebook.

Inez:
Über das Cybermobbing wurde ich von der stellvertretenden Klassenlehrerin unterrichtet, da ich ebenfalls nichts davon mitbekommen hatte.

Zum Abiball warst du mit zwei weiteren Schülern für einen fragwürdigen Preis, nämlich die »Spaßbremse«, nominiert. Du hast den Preis nicht gewonnen und dies wie folgt kommentiert: »Schade, das wäre doch lustig gewesen.« Ich empfand die Nominierung behindertenfeindlich und wollte dagegen vorgehen. Du batest mich, dies nicht zu tun, und meintest: »Das war doch nur ein Spaß!« Die Grenze ist hier wirklich schwer zu ziehen und für mich war dein Wunsch ausschlaggebend. Würdest du rückblickend genauso handeln?

Benjamin:
Ja, denn ich bin für Wahrheit. Wenn meine Mitschüler meinten, dass ich eine »Spaßbremse« gewesen bin, dann war es so. Ein Vorgehen hätte doch nur dazu geführt, dass hinter meinem Rücken noch mehr gelästert worden wäre. Außerdem bin ich mir nicht sicher, ob mein Autismus der alleinige Grund hierfür war. Vielleicht war ich eine »Spaßbremse«, weil ich nicht auf Unsinn und Krawall aus war. Ihr habt mich vernünftig und verantwortungsvoll erzogen, weshalb ich denke, dass ich trotzdem der ruhige Typ gewesen wäre, auch wenn ich kein Autist wäre. »Spaßbremse« greift damit erfolglos einen Teil meiner Persönlichkeit an, bei dem ich keinen Grund sehe, damit zu hadern.

2.1.5 Hobbys und Freizeit

Hobbys und Freizeitgestaltung sind bei autistischen Menschen oft eng mit ihren Spezialinteressen verknüpft. Die Diagnosekriterien für Autismus schreiben das Auftreten von repetitiven Handlungen und Interessen vor. Dabei kann es sich um Stereotypien, Rituale und/oder Spezialinteressen handeln. Rituale schaffen durch ihre Wiedererkennbarkeit Vertrauen und lassen so ein Gefühl der Sicherheit entstehen. Dieses Gefühl der Sicherheit rechtfertigt den Einsatz von Ritualen zum Beruhigen, aber auch zum Strukturieren von Situationen, solange die Rituale nicht tagesbestimmend werden.

Stereotypes Verhalten bezeichnet die häufige oder ständige Wiederholung bestimmter Handlungen, Bewegungen, Haltungen oder verbaler Äußerungen. Diese Verhaltensweisen können somit die Motorik und/oder die Sprache betreffen. Die Medizin unterteilt sie in Bewegungsstereotypien, Sprachstereotypien, Haltungsstereotypien und Befehlsstereotypien (pschyrembel.de, o. D.). Bei Autismus sind Stereotypien oft objektbezogen, was sich bspw. darin äußert, dass Kugeln gerollt oder Schalter betätigt werden. In den meisten Fällen dienen Stereotypien bei Autismus der Beruhigung, der Stimulation oder dem Ausdrücken von Bedürfnissen und Gefühlen, wenn dies auf andere Art nicht möglich ist. Ein sinnvoller Umgang mit Stereotypien kann daher nur bedeuten, dass die Ursachen des Wiederholungsverhaltens ausfindig gemacht werden, um die belastenden Umstände zu beseitigen oder wenigstens mildern zu können oder um die Bedürfnisse zu befriedigen.

2.1 Rückblick: Vergangenheit – Kindheit und Jugendzeit mit Autismus

Spezialinteressen finden sich eher bei autistischen Menschen mit leichter oder ohne Intelligenzminderung und definieren sich laut ICD-10 als ein ungewöhnlich intensives umschriebenes Interesse. Sie nehmen im Leben eines autistischen Menschen mehr Raum ein als ein gewöhnliches Hobby. Häufig werden Objekte gesammelt und katalogisiert oder Fakten zu bestimmten Themengebieten zusammengetragen. Bevorzugte Interessensgebiete sind Naturwissenschaften, Technik, Informatik, Geschichte oder Musik, aber es können auch Sportergebnisse im Zentrum des Interesses stehen, wobei hier der soziale Aspekt meist nebensächlich ist. Einige autistische Kinder pflegen Spezialinteressen, die den allgemeinen Neigungen gleichaltriger Kinder entsprechen, wie bspw. das Interesse an Dinosauriern, an Pferden oder an Science-Fiction- und Fantasy-Geschichten.

Autistische Menschen sind meistens an Kommunikation und am Austausch interessiert, beherrschen aber oft nicht die sozialen Werkzeuge, um dieses Bedürfnis zu befriedigen. Spezialinteressen bieten eine Möglichkeit, um mit autistischen Menschen in Kontakt zu treten, denn der Austausch über ein bestimmtes Themengebiet, auf dem sich der autistische Mensch sicher und kompetent fühlt, hilft, Hürden zu überwinden. Das durch das Interesse vorgegebene Thema verleiht dem Gespräch eine Struktur, die es zu einem späteren Zeitpunkt auch ermöglicht, kleinschrittig zu anderen Themen zu wechseln, wenn noch ein Bezug zum Spezialinteresse vorhanden ist.

Benjamins Spezialinteressen entsprachen mehrheitlich den allgemeinen Neigungen gleichaltriger Kinder, sodass auf diese Art und Weise viele Interaktionen mit seinen Geschwistern möglich waren.

Inez:
Welche Hobbys hast du in deiner Kindheit gepflegt?

Benjamin:
Vornehmlich das Spielen von Videospielen und das Lesen von Romanen. Ich hatte zwar auch andere Hobbys wie das Reiten oder Karate sowie Ausflüge in Museen und Ähnliches. Dies waren aber die Tätigkeiten, wozu ihr mich ermutigt habt. Ich hatte da keinen Eigenantrieb und hätte freiwillig nur zuhause gehockt.

Inez:
Nach den Tätigkeiten, zu denen wir dich ermutigt haben – ich habe es immer als Verlockung betrachtet –, hast du als Kind häufig zu mir gesagt: »Danke, dass du mich gezwungen hast.«
Welche Hobbys hast du in deiner Jugendzeit gepflegt?

Benjamin:
So ziemlich dasselbe wie schon in der Kindheit, nur dass zum einen das Schreiben hinzukam. Und zum anderen habt ihr damit begonnen, mich weniger zu ermutigen, weshalb ich – weil mein Eigenantrieb gering ist – mehr zu Hause hockte.

Inez:
Haben sich deine Hobbys wesentlich von denen deiner Brüder unterschieden?

Benjamin:
Ich bin der Meinung, dass sie mehr Antrieb hatten, sich selbst neue Hobbys zu suchen. Doch im Allgemeinen denke ich, dass wir ähnliche Interessen haben. Wir drei sind wissbegierig, lesen und spielen gern und neigen als Erwachsene sogar dazu, etwas Sport zu treiben, um fit zu bleiben. Pascal ist hierbei aber der mit Abstand aktivste.

Inez:
Haben deine Hobbys Interaktionen mit deinen Brüdern ergeben?

Benjamin:
Pascal hat lange mit mir Reiten und Karate gemacht, was zwangsläufig zu Interaktionen zwischen uns beiden führte. Dies nahm aber natürlich ab, als ich mit beidem aufhörte, während er noch eine Weile weitermachte.

Inez:
Hast du als Kind und Jugendlicher genügend Freizeit gehabt? Fiel es dir als Kind und Jugendlicher schwer, freie Zeit zu gestalten?

Benjamin:
Ich würde sogar sagen, dass ich zu viel Freizeit hatte.
  Ja, es fiel mir schwer, freie Zeit zu gestalten, denn wenn ich freie Zeit hatte, neigte ich dazu, dass einfachste, am wenigsten Anstrengende zu machen. Selbst wenn etwas mehr Spaß machen würde, aber eine anstrengende oder schwierige Hürde da war, wich ich auf etwas Einfacheres aus. Ich war leicht zu frustrieren und bin es auch heute noch.

Inez:
Welche Aktivitäten mit der Familie haben dir gefallen, welche nicht? Waren familiäre Aktivitäten anstrengend für dich? Haben wir als Familie aus deiner Sicht ausreichend Zeit miteinander verbracht?

Benjamin:
Soweit ich mich erinnern kann, hatte mir alles gefallen. Es war aber anstrengend wegen der bereits erwähnten Hürden. Ja, wir haben als Familie ausreichend Zeit miteinander verbracht.

Inez:
Was hätten wir als Eltern anders machen können, um dich bei deinen Hobbys und Freizeitinteressen zu unterstützen?

Benjamin:
Ihr hättet mir dabei helfen können, eigenständig zu werden, was meine Hobbys angeht. Dadurch hätte sich meine Frusttoleranz erhöht. Ihr hättet mir beibringen können, dass ihr nicht für immer alles für mich organisieren werdet.

2.1.6 Geschwister

Geschwister eines Kindes mit Behinderung im Allgemeinen und eines autistischen Kindes im Besonderen wachsen unter anderen Bedingungen auf als Gleichaltrige. In den letzten 40 Jahren wurde eine Vielzahl an systematischen Studien über Geschwister von Menschen mit Behinderungen durchgeführt. Diese Studien beziehen sich vorwiegend auf das Kindes- und Jugendalter und der Schwerpunkt der empirischen Geschwisterforschung liegt im englischsprachigen Bereich. Allerdings zeichnen sich diese Studien aufgrund einer großen methodischen Vielfalt und unterschiedlicher Fragestellungen durch eine geringe Möglichkeit zum Vergleichen aus.

Die Forschung orientierte sich lange Zeit an den Defiziten, wobei die jeweilige Störung, Behinderung oder Erkrankung im Mittelpunkt der Erhebungen stand. Vom Geschwisterkind wurde demzufolge erwartet, »in einem Höchstmaß zu funktionieren und oft auch noch von den Erwartungen her all die Dinge zu erfüllen, die das behinderte Kind an Leistung nicht erbringen kann« (Winkelheide, 1992, S. 19).

In den letzten 20 Jahren fokussierte sich die Forschung deutlich auf Ressourcen und positive Auswirkungen eines gemeinsamen Aufwachsens mit einem Bruder oder einer Schwester mit Behinderung. Die ursprüngliche Defizitorientierung, die den Schwerpunkt auf Störungen und die dadurch verursachten Probleme lenkte, wurde von einer Betrachtungsweise abgelöst, welche »auf Bewältigungsformen und positive Auswirkungen der speziellen Erfahrungen« fokussiert (Hackenberg, 2008, S. 79). Menschen, die mit einem Bruder oder mit einer Schwester mit Behinderung aufgewachsen sind, weisen erheblich mehr Belastbarkeit, soziales Engagement, Toleranz und Sensibilität auf (Achilles, 2005). Dies gilt ebenfalls für das Aufwachsen mit einem autistischen Geschwisterkind (vgl. Maus, 2017a, S. 181).

Das Thema Geschwister von autistischen Kindern fand bisher von wissenschaftlicher Seite wenig Beachtung. Bei den existierenden Studien wurden meist Eltern oder Geschwister zu verschiedenen Aspekten des Zusammenlebens befragt. Auch diese Ergebnisse lassen sich nicht verallgemeinern, weil hier ebenfalls vielfältige Methoden zum Einsatz kamen und zudem selektive Stichproben durchgeführt wurden. Demzufolge fallen die Ergebnisse recht unterschiedlich aus. Eine recht frühe Studie zeigte bspw. auf, dass Geschwister von autistischen Kindern keine verminderte soziale Kompetenz aufweisen (Gold, 1993). Andere Studien ergaben bspw., dass Geschwister autistischer Kinder über weniger Privatsphäre verfügen, aber das autistische Kind achten und bewundern (Kaminsky & Dewey, 2001), nur geringe Einsamkeit empfinden und viel soziale Unterstützung erfahren (Kaminsky & Dewey, 2002). Ein Mangel an familiären Ansprechpartnern und Zukunftssorgen (Turns, Eddie & Jordan, 2016) werden ebenso beschrieben wie Instabilität im Leben und Angstgefühle, die durch die Verhaltensweisen des autistischen Kindes verursacht werden (Gorijy, Fielding & Falkmer, 2017). Auch über eine erhöhte Rate an Depressionen sowie über Einsamkeit und Verhaltensprobleme bei Geschwisterkindern weiß die Literatur zu berichten, wobei die Geschwisterkinder laut einiger Studien kein Interesse an gemeinsam verbrachter Zeit mit dem autistischen Kind haben (Yavuz & Safak, 2019).

Möglicherweise beeinflusst das Studiendesign oft die Ergebnisse einer Studie. Ein Studientitel, der bspw. nach dem Belastungsempfinden von Geschwisterkindern fragt, führt vermutlich dazu, dass sich Familien, die keine oder wenig Belastung bei den Geschwistern empfinden oder vermuten, nicht zu einer Teilnahme an einer solchen Studie entscheiden.

In einer deskriptiven Studie aus dem deutschsprachigen Raum gaben Geschwisterkinder einerseits an, von den mit Autismus assoziierten Verhaltensmustern genervt zu sein. Sie wünschen sich, dass sich die autistischen Geschwister »normal« verhalten und sie fühlen sich teilweise ungerecht behandelt. Andererseits wird über wenig Streit und Konkurrenzdenken unter den Geschwistern berichtet. Die Pilotstudie, an der fünf Eltern-Geschwister-Paare, die über eine Autismus-Ambulanz rekrutiert wurden, teilnahmen, kommt zu dem Schluss, dass Geschwister über »eine Vielfalt an personalen und sozialen Ressourcen verfügen, die dazu führen, dass die Geschwister sich gut an die Lebenssituation anpassen können« (Jagla, Schenk, Franke & Hampel, 2017).

Benjamin ist gemeinsam mit zwei Geschwistern aufgewachsen. Ich habe ihm einige Fragen zu seinen Geschwistern gestellt, eine Fortsetzung des Themas findet sich im Kapitel *Einblick* in die Gegenwart (▶ Kap. 2.2.7).

Inez:
Wie beschreibst du deine Beziehung zu deinen Brüdern als Kind?

Benjamin:
Ich würde sie am ehesten als zwanglos umschreiben, da ich ihnen gegenüber keine Scheu hatte, anders als bei meinen Klassenkameraden. Meine Erinnerungen an die Kindheit sind nur sehr ungenau, doch ich glaube mich erinnern zu können, dass ich als Kind vor allem während der Zeit an der Körperbehinderten-Schule auch zwangsloser gegenüber anderen Kindern gewesen war, sowohl im Guten als auch im Schlechten. Die starke Zurückhaltung, die mich heute prägt, hat sich erst in meiner Pubertät herausgebildet. Allerdings bin ich mir wegen meiner ungenauen Erinnerungen nicht ganz sicher. Sicher weiß ich aber, dass – wie auch immer meine Beziehung zu Fremden war – ich immer eine offene zu meinen Brüdern hatte, auch wenn ich es nicht immer zu schätzen wusste.

Inez:
Du hast vollkommen recht. Die »starke Zurückhaltung« – wie du es beschreibst – begann ungefähr mit dem Übergang an die weiterführende Schule. Ich denke, zu dieser Zeit hast du deinen Autismus tiefer ergründet und reflektiert. Gleichzeitig sind die sozialen Anforderungen mit dem Eintritt in das Jugendalter gestiegen, sodass du darauf mit Rückzug reagiert hast. Dieser Rückzug betraf aber nicht deine Brüder. Auf sie bist du immer offen und ehrlich zugegangen und hast sie auch unumwunden um Rat gefragt. Gibt es Dinge, um die du deine Brüder als Kind beneidest hast?

Benjamin:
Rückblickend würde ich sie auf jeden Fall um ihre Freundeskreise, die sie hatten,

beneiden. Ich bin mir aber nicht sicher, ob ich als Kind so dachte oder ob ich hier nur als Erwachsener projiziere.

Inez:
Ich bin mir ziemlich sicher, dass du als Kind nicht so dachtest. Du hast immer an den Freunden deiner Brüder partizipiert, aber dich auch oft recht schnell zurückgezogen, weil für dich ein ganzer Nachmittag mit anderen Kindern zu viel Stress bedeutete. In der Grundschulzeit lud ich regelmäßig Freunde für dich ein, aber auch dies bedeutete eher Arbeit als Vergnügen für dich. Nie hast du mich gebeten, jemanden erneut einzuladen. Also betrachtete ich die sporadischen Kinderbesuche als soziales Training für dich. Welches Gefühl für deine Brüder war als Kind das dominierende?

Benjamin:
Conrad erschien mir immer als der Ernste unter uns dreien. Der große Bruder halt, der Verantwortung übernahm. Pascal hingegen war einfach der, der voller Tatenkraft war.

Inez:
Zum Umgang mit Geschwisterkindern in Konstellation mit einem autistischen Kind gibt es recht unterschiedliche Empfehlungen, die von Aufklärung über das Thema Autismus, emotionale Stärkung der Geschwisterkinder und familiäre Nachteilsausgleiche für die Geschwisterkinder (Maus, 2017a) bis hin zu der Empfehlung, ein Schmerzensgeld an die Geschwisterkinder zu zahlen, reichen.

> Wir kennen den Begriff Schmerzensgeld aus unserem Alltag. Es ist ein juristischer Begriff, der zum Zuge kommt, wenn jemandem ein Unrecht widerfuhr, das nicht rückgängig gemacht werden kann. Aber es kann sprichwörtlich »versüßt« werden. Geschwister von autistischen Kindern haben mit einer Reihe von Ungerechtigkeiten zu kämpfen […]. Es ist wichtig, dass: […] 3. Eine Kompensation (Schmerzensgeld) angeboten wird. Diese Kompensation kann auf verschiedenen Weisen erfolgen: […] Die einzelnen Vorfälle werden diskret registriert und eine Art Konto darüber geführt. Das Geschwister kann dann z. B. mit Familiengeld entschädigt werden. (Girsberger, 2022, S. 87)

Mich interessiert deine Meinung zu dem obigen Zitat. Ist ein autistisches Kind in der Familie ein »Unrecht«, für das andere Familienmitglieder entschädigt werden müssen? Ist eine solche Vorgehensweise für eine gute Geschwisterbeziehung förderlich? Oder ist es eher vorstellbar, dass Geschwister schwierige Situationen mit dem autistischen Kind gezielt herbeiführen, um mehr Entschädigung zu erhalten? Was ist oder wäre für eine gute Geschwisterbeziehung förderlich?

Benjamin:
Ich halte dies für eine ganz schlechte Idee, auch wenn ich den Grundgedanken dahinter verstehe. Geschwister haben es wie die Eltern eines autistischen Kindes mit Herausforderungen zu tun, während sie sich mit ihren eigenen Problemen herumschlagen müssen. Eltern müssen darauf achten, dass die Geschwister ebenfalls nicht zu kurz kommen. Doch ein Schmerzensgeld würde nur die Beziehung zum autistischen Kind vergiften, denn eine Entschädigung impliziert ein Unrecht. Das

autistische Kind will aber nicht mit Absicht anderen wehtun. Dies sollte etwas sein, was die Geschwister lernen zu verstehen. Mit einem Schmerzensgeld jedoch wird nicht das Lernen, sondern das Ertragen gefördert.

Vielmehr sollte man Rücksicht auf sie nehmen. So lernen sie, auf andere und nicht nur auf das autistische Kind Rücksicht zu nehmen, damit Rücksicht mit Rücksicht vergolten wird.

2.1.7 Rolle der Eltern

Eltern eines autistischen Kindes – unabhängig davon, ob das Kind durch bestimmtes Verhalten auffällt oder ob die Diagnose bereits gestellt wurde – befinden sich immer in einer Situation, in der sie sich zwischen dem Durchsetzen bestimmter Regeln und dem Ignorieren eben dieser Regeln entscheiden müssen.

Relativ einfache Entscheidungen lassen sich von Eltern treffen, wenn es bspw. um Fragen der Ernährung geht. Die wenigsten Eltern werden heutzutage darauf beharren, dass Kinder bestimmte Dinge essen müssen. Dies gilt für autistische und nicht-autistische Kinder gleichermaßen, wobei die ausgewogene Ernährung autistischer Kinder für Eltern zur echten Herausforderung werden kann.

Aber wie geht man als Elternteil damit um, wenn man ein Kind hat, das nicht auf der Tapete malt, keinen Neid empfindet und nicht lügt? Welche Auswirkungen hat dieses Verhalten auf die Geschwister? Der folgende Blogartikel, der sich intensiv mit dem Thema *Familie* beschäftigt, versucht, diese Fragen zu beantworten.

> **»Haben Sie Ihre Kinder konsequent erzogen?«**[15]
>
> Diese Frage wird mir nach einer grundlegenden Einführung in die Thematik *Autismus* in einer Diskussionsrunde gestellt, wobei die Teilnehmer keine oder nur wenige persönliche Berührungspunkte mit Autismus haben, aber an dem Thema interessiert sind.
>
> Die Antwort ist schnell gegeben: »Nein. Ich habe meine Kinder nicht konsequent erzogen.« Die Begründung der Antwort lässt sich jedoch nicht so schnell geben, dazu bedarf es einiger Erklärungen.
>
> Das Adjektiv *konsequent* leitet sich von dem lateinischen Wort *consequens* ab, welches *folgerichtig* bedeutet. Im heutigen Sprachgebrauch wird *konsequent* allerdings seltener im Sinne von *sachlich* oder *logisch zwingend* (also *folgerichtig*) gebraucht, sondern meist im Sinne von *unbeirrbar* oder *fest entschlossen*.
>
> In der Erziehung von Kindern wird *Konsequenz* üblicherweise dahingehend interpretiert, dass aufgestellte Regeln durchgesetzt und Regelverstöße bestraft werden, wobei die Strafe einen logischen Bezug zum Verstoß haben sollte. Erziehungsratgeber versprechen, dass ein frühzeitiges Aufstellen und Einhalten von Regeln dazu führen, dass Kinder immer seltener versuchen, die definierten Grenzen zu überschreiten. Konsequente Erziehung versteht sich also in Bezug auf

---

[15] Dieser Artikel wurde bereits publiziert auf www.inez-maus.de (Maus, 2017b).

das Schaffen von Regeln als beharrliches, eisernes, entschlossenes, geradliniges, hartnäckiges, standhaftes, unbeirrtes, zielstrebiges ... Verhalten und birgt somit die Gefahr des Beschneidens von Freiraum, des Verhinderns von Erfahrungen oder des Beschränkens der Entscheidungsfreiheit. Lediglich bezüglich der Reaktion auf Regelverstöße versteht sich konsequente Erziehung bei einer guten Praxis als folgerichtig.

Wie erzieht man die Kinder einer Familie konsequent, wenn sich ein Kind der Familie konsequent (im Sinne von *hartnäckig* ...) der Erziehung entzieht? Wenn ein Kind Regeln nicht versteht, Bedürfnisse nicht äußern kann, auf Anweisungen oder Bitten nicht reagiert?

Ein autistisches Kind in der Familie bedeutet, dass ständig kreative Lösungen für ganz alltägliche Probleme gefunden werden müssen, dass Regeln gedehnt werden oder entfallen, weil sie nicht verstanden werden oder aufgrund autismustypischer Besonderheiten nicht eingehalten werden können.

Ein autistisches Kind in der Familie bedeutet auch, dass viele Regeln, die Eltern als selbstverständlich empfinden, plötzlich hinterfragt werden, weil ein Kind in der Familie lebt, welches die entsprechende Regel nicht bricht. Weil dieses besondere Kind nicht zu den Buntstiften greift und auf der Tapete malt. Weil es niemals einen Stift in die Hand nimmt, weil es keine Kinderzeichnungen produziert, die die Eltern dann stolz an eine Korkwand pinnen können. Augenblicklich sind die Malereien der anderen Kinder auf der Tapete des Wohnzimmers etwas ganz Wertvolles, etwas, das mit anderen Augen betrachtet wird – etwas, das man sich auch von dem besonderen Kind erträumt. Die einzige denkbare Konsequenz (im Sinne von *folgerichtig*) in der Erziehung der Kinder ist in diesem Fall, den Kindern eine begrenzte Tapetenfläche zur Verzierung zuzuweisen, aber nicht, ihnen das Malen auf der Tapete zu untersagen. Viel zu kostbar ist dieses Malen, auch wenn das gewährende Zuschauen der Eltern von ständiger Wehmut begleitet wird.

Aufgrund der besonderen familiären Situation durften unsere nicht-autistischen Kinder einerseits viele Dinge ausprobieren, die in anderen Familien verboten waren. Sie hatten Freiräume und Befugnisse, die befreundete Kinder nicht kannten. Es macht keinen Sinn, einem Kind etwas zu verbieten, wozu man das andere Kind verlocken möchte. Was ein Kind ausprobieren darf, wozu ein Kind ermutigt wird, das sollte auch für das andere Kind gelten.

Andererseits galten bei uns viele Regeln, die von uns nicht bewusst aufgestellt wurden, sondern die uns das Verlangen nach einem möglichst harmonischen Alltag diktiert hat. Dazu gehörten eine Minimierung von bestimmten sensorischen Reizen, damit das autistische Kind nicht permanent von seiner abweichenden Wahrnehmung überfordert wird, sowie eine gewisse Gleicherhaltung räumlicher und zeitlicher Strukturen. Diese Regeln ergaben sich aus der logischen Konsequenz eines adäquaten Umgangs mit dem Autismus des einen Kindes und wurden permanent an die aktuellen Gegebenheiten angepasst. Diese Regeln zeichneten sich nicht durch konsequente Starre aus, sondern durch ihre Flexibilität, um den Alltag für alle Familienmitglieder konsequent bestmöglich zu gestalten.

Trotz (oder vielleicht aufgrund?) mangelnder Konsequenz in der Erziehung im herkömmlichen Sinne haben unsere Kinder gelernt, dass es Dinge gibt, die verhandelbar sind, und solche, die man als gegeben akzeptieren muss. Sie haben gelernt, dass Bedingungen sich ständig ändern und somit neue Regeln verhandelt werden können oder aufgestellt werden müssen. Und sie haben aus der besonderen Familiensituation etwas sehr Wertvolles mitgenommen: Sie gehen nicht grundlos auf die Barrikaden, rebellieren nicht blind, sondern haben den Mut entwickelt, auch außerhalb der vertrauten Umgebung der Familie Dinge, Regeln oder Gegebenheiten kritisch zu hinterfragen und ihre Argumente sachlich darzulegen.

Eine besondere Form der konsequenten Erziehung ist die *liebevolle Konsequenz*, wobei es darum geht, die Kinder nicht zu bestrafen, sondern aus den Konsequenzen, die ihre Handlungen ergeben, lernen zu lassen. Ein Kind, das beispielsweise nicht essen will, muss nicht essen, bekommt aber erst zur nächsten festgelegten Mahlzeit etwas Nahrhaftes. Für mich bedeutet die Konstruktion *liebevolle Konsequenz* einen Widerspruch in sich. Ein derartiges konsequentes Handeln mag zwar aus Liebe zum Kind vollführt werden, ist aber keineswegs eine liebevolle, also zärtliche Handlung. Liebevolle Handlungen sind für mich Kuscheln, das Lesen von Geschichten, interessante Gespräche – alles, was mein Kind mit mir zusammen gern tun möchte.

Und wie praktiziert man nun liebevolle Konsequenz am Beispiel des Essens, wenn das Kind mit Autismus keinen Hunger oder kein Sättigungsgefühl spürt und rigide Essensvorlieben aufweist, die nur in minimalen Spielräumen beeinflussbar sind?

Wir haben unsere Kinder weder im konventionellen Sinne noch liebevoll konsequent erzogen, aber wir haben konsequent darauf geachtet, dass ihnen nichts zustößt, dass sie nicht ertrinken, nicht in ein fahrendes Auto laufen … Wir haben ihnen beigebracht, eigene Erfahrungen zu machen, Entscheidungen zu treffen, Gefahren zu erkennen und in gefährlichen Situationen adäquat zu reagieren.

Benjamin:
Vieles, was du in diesem Blogartikel geschrieben hast, berührt Punkte, die ich bereits in früheren Antworten bezüglich verschiedener »Therapien« kundgetan habe. Ich hatte oft kritisiert, dass es bei diesen »Therapien« darauf hinausläuft, dass Autisten auf ein nicht peinliches Verhalten dressiert werden sollen, anstatt dass man ihnen dabei hilft, soziale Normen zu verstehen. Bei konsequentem Erziehen sehe ich ähnliche Probleme. Der Grundgedanke, starre, endgültige Regeln aufzustellen, die um jeden Preis durchgesetzt werden müssen, ist mir zuwider. Dein Blogartikel umschreibt hervorragend, warum dies so ist: Solche starren Regeln sind zu unflexibel.

Der Grundgedanke der konsequenten Erziehung an sich ist verständlich: Regeln sind für das Zusammenleben in einer Gemeinschaft notwendig, sei es die kleinste, wie die Familie, oder die größte, wie die Weltgemeinschaft. Ideale Regeln sollten die Bedürfnisse all jener, für die sie gelten, so weit wie möglich berücksichtigen. Starre

Regeln können dies aber nicht, obwohl viele dies glauben mögen. Dies ist natürlich eine starke Verallgemeinerung, doch trotzdem wage ich zu behaupten, dass die meisten denken, dass die Regeln, die jetzt existieren, gut sind, so wie sie sind, ganz gleich, ob wir von Erziehung oder Gesetzgebung sprechen. Vielleicht berufen sie sich auf Tradition, auf das Wort Gottes oder auf den gesunden Menschenverstand, wobei diese drei Beispiele eng miteinander zusammenhängen. Auf jeden Fall dürfte es vielen schwerfallen, einzugestehen, dass zumindest einige der Regeln falsch und schlecht sind, weil etwas infrage gestellt wird, sei es die Bibel oder ihre eigene Intuition. Der Glaube, alles während der ganzen Zeit richtig gemacht zu haben, ist zu heilig, als dass man auch nur einen einzelnen Kratzer erlauben darf. Dabei muss man aber fragen, womit diese Sicherheit gerechtfertigt sein soll: Wir wissen mehr als die Generationen vor uns, aber weniger als die nach uns. Unsere Regeln können nur imperfekt, ein *Work in Progress* sein.

Deshalb schätze ich mich glücklich, dass du und Vater mich zu einem verantwortungsvollen Menschen erzogen habt, ohne selbst, vielleicht unbewusst, zu denken, dass ihr und eure Regeln perfekt seid. Indem ihr bereit wart, euch auf mich und meine besonderen Bedürfnisse einzulassen, mich zu verstehen und neue Einsichten zu erlernen, die ihr dann nutztet, um eure Regeln anzupassen, zu verbessern, habt ihr mir nicht nur geholfen, zu lernen, mich in der Gemeinschaft zurechtzufinden. Ihr habt mein Denken geprägt, sodass ich in der Lage bin, Regeln zu hinterfragen und sie zu verstehen, verschiedene Perspektiven neben meiner eigenen zu berücksichtigen und zumindest zu versuchen, den gemeinsamen Nenner zu finden.

Wie ich schon andeutete, mutmaße ich aber hier stark, weshalb ich dich etwas fragen will: Gibt es etwas, was du im Nachhinein anders machen würdest in meiner Erziehung? Weil du erst spät einen Aspekt meines Wesens erkannt und begriffen hast? Solltest du Beispiele nennen können, dann bitte ich dich, dich nicht so sehr zu grämen: Dass du und Vater in der Lage seid, euch selbst zu hinterfragen, hat es euch überhaupt erst ermöglicht, mich zu verstehen.

Inez:
Dinge, die ich aus heutiger Sicht anders machen würde, gibt es so einige. Diese Dinge beziehen sich aber mehr auf die Interaktionen mit anderen Personen als auf Fragen der Erziehung. Viele Aspekte deines Wesens haben wir schon früh beobachtet, aber zu dieser Zeit noch nicht verstanden. Wir haben stets nach einer Erklärung für dein Verhalten gesucht. Mit einer früheren Diagnose wäre es noch besser möglich gewesen, auf deine Bedürfnisse einzugehen.

Deine Kindergartenzeit verlief sehr unbefriedigend, weil die Erzieherinnen dich ab deinem Eintritt in die Einrichtung mit vier Jahren wie ein einjähriges Kind behandelten. Mit einer früheren Autismus-Diagnose und mit meinem heutigen Wissen über Autismus hätte ich den Mitarbeitern des Kindergartens vieles besser erklären können. In der frühen Schulzeit begriff ich recht schnell, dass du andere Lernstrategien hast als nicht-autistische Kinder. Du warst bspw. der Meinung, dass du erst alle Buchstaben des Alphabets kennen musst, bevor du das Lesen und Schreiben erlernen kannst. Deine Lehrerin hielt das für pädagogischen Unfug und forderte von dir, das Lesen und Schreiben wie alle anderen Kinder zu erlernen. Dies funktionierte nicht und endete in endlosen Machtkämpfen zwischen dir, der Schule und uns. Letztendlich hast du das Lesen und Schreiben zu Hause auf deine eigene Art erlernt. Auch hier wäre es mir mit meinem heutigen Wissen zu diesem Thema sicherlich möglich gewesen, mit der Schule eine Einigung zu erzielen.

Ich möchte an dieser Stelle gern von dir wissen, wie du die Rolle der Eltern in der Kindheit (unabhängig von Autismus) beschreiben würdest. Was charakterisiert Eltern? Was müssen sie tun, was sollten sie tun, was dürfen sie tun?

Benjamin:
Die Rolle der Eltern ist es, ein Orientierungspunkt für die Kinder im Leben zu sein. Man wird in eine komplexe sowie leider auch gefährliche Welt hineingeboren, sodass man eine Anleitung braucht, um sich in dieser Welt zurechtzufinden. Die Rolle als wegweisende Person nehmen die Eltern ein und ihre Aufgabe ist es, ihre Kinder zu erziehen, sodass sie eines Tages als selbstständige Erwachsene in der Gesellschaft zurechtkommen. Deshalb bin ich auch kein Fan von Philosophien, die auf Erziehung verzichten bzw. sie stark einschränken, damit die Kinder sich »frei« entfalten können, denn Kinder haben noch keine Weitsicht und wissen nicht, was sie an Fähigkeiten später brauchen werden. Ja, ich würde sogar sagen, dass ihre spätere selbstständige Entfaltung eingeschränkt wird, wenn sie sich nicht in ihrer Kindheit die grundlegenden Fähigkeiten und entsprechendes Wissen angeeignet haben.

Ich halte aber auch nichts von dem anderen Extrem, in dem Sinne, dass man das Leben seiner Kinder im Voraus plant. Am schlimmsten finde ich das Beispiel von chinesischen Athleten, die sich ihre ganze Kindheit über hartem Training aussetzen müssen, damit sie die jüngsten Teilnehmer der Olympischen Spiele sein können. Hobbys und Leidenschaften sollten durchaus gefördert werden, aber nicht auf Kosten der Kindheit und der allgemeinen Schulbildung. Die Erziehung durch die Eltern sollte darauf hinauslaufen, dass dem Kind mit zunehmendem Alter mehr Selbstständigkeit gegeben wird und dass es mit dieser umgehen kann.

Inez:
Hat sich unser Elternsein in Bezug auf dich von dem in Bezug auf deine Brüder unterschieden? Wenn ja, wie? Was benötigen autistische Kinder von ihren Eltern zusätzlich?

Benjamin:
Euer Elternsein hat sich allein nur in dem Sinne unterschieden, dass ich das schlechte Gefühl hatte, dass ihr mit mir mehr Zeit verbracht als mit meinen Brüdern. Doch laut dir sollte dies nur eine Täuschung sein. Autistische Kinder benötigen mehr Aufmerksamkeit und Geduld wegen der Dinge, die dem autistischen Kind schwerfallen.

Inez:
Was beeinflusst das Handeln der Eltern, was schränkt es ein?

Benjamin:
Das Handeln der Eltern wird in erster Linie davon beeinflusst, was sie denken, wer

ihre Kinder sind. Schlechte Eltern sehen ihre Kinder oftmals als eine Möglichkeit an, sich selbst zu verwirklichen. Ihre Lehren und Lektionen werden sich deshalb mehr darauf richten, das Kind in die gewünschte Richtung zu lenken, anstatt sie zu selbstständigen Menschen zu erziehen. Dementsprechend ist solch eine Haltung pures Gift, wenn etwas Unerwartetes wie Autismus dazwischenkommt.

Deshalb weiß ich eure Art der Erziehung so sehr zu schätzen. Ihr habt mich und meine Brüder auf das Leben vorbereitet, ohne starre Erwartungen an uns zu haben oder rigide Forderungen an uns zu stellen.

Inez:
Was macht deiner Meinung nach gute Eltern in Bezug auf ein nicht-autistisches Kind aus? Und was macht gute Eltern in Bezug auf ein autistisches Kind aus?

Benjamin:
Ich beantworte beide Fragen zusammen, denn mir ist ein Element als das Wichtigste nun klar geworden: Flexibilität. Einen starren Plan zu haben, ist zum Scheitern verurteilt, weil es zu viele unvorhersehbare Faktoren gibt: Welche Vorlieben und Interessen wird mein Kind haben? Wird es in besseren oder schlechteren Zeiten aufwachsen als ich? Wird es anders denken als ich? Und so weiter und so fort.

2.1.8 Berufstätigkeit der Eltern

In vielen Familien mit einem autistischen Kind gibt ein Elternteil – meist die Mutter – seine Berufstätigkeit vorübergehend oder dauerhaft auf, um das betreuungsintensive Kind zu versorgen und zu fördern. Eine weitere Möglichkeit besteht darin, die Arbeitszeit zu verkürzen. Mehrere meiner Interviewpartner haben ebenso wie ich von diesen Möglichkeiten Gebrauch gemacht (▶ Kap. 3). Gründe für Veränderungen der Berufstätigkeit liegen einerseits darin, dass die Betreuung und die Versorgung des autistischen Kindes durch entsprechende Institutionen nicht sichergestellt werden können oder in einer Qualität erfolgen, die den Bedürfnissen der Eltern und des autistischen Kindes nicht entspricht. Andererseits ist das Wahrnehmen umfangreicher Therapieangebote oft nicht mit einer Vollzeitbeschäftigung beider Elternteile vereinbar.

Die Reduzierung oder Aufgabe der Berufstätigkeit wird von dem entsprechenden Elternteil meist zu Beginn als vorübergehend empfunden. Das autistische Kind fällt durch seine Reaktionen und durch sein Verhalten auf, weist aber i. d. R. keine körperliche Beeinträchtigung auf, sodass sich Eltern der Illusion hingeben können, dass sich die Probleme des Kindes mit dem Älterwerden bessern werden. Gestützt wird diese Illusion dadurch, dass die Autismus-Diagnose vieler Kinder immer noch sehr spät gestellt wird. Auch meine vorübergehende Aufgabe der Berufstätigkeit begann mit einem Verschieben des beruflichen Wiedereinstiegs um ein halbes Jahr. Ich war mir damals sicher, dass Benjamin im Laufe dieser Zeit die Kindergartentauglichkeit erreichen wird. Der nächste Aufschub hatte bereits eine Jahresfrist. Diese Aufschübe bewirkten, dass ich mich mental nicht von der Berufstätigkeit verabschieden, sondern lediglich etwas in Geduld üben musste. Erst Jahre später realisierte ich, dass eine Vollzeitbeschäftigung als wissenschaftliche Mitarbeiterin in einem Forschungslabor für mich nicht mehr möglich sein wird. Benjamins Entwicklung, die bedeutend positiver verlief, als uns prognostiziert wurde, entschädigte mich für meinen Verlust. Sobald die Betreuung und Förderung meines autistischen Sohnes mir etwas Freiraum ließ, begann ich, mich beruflich neu zu orientieren. Aus unzähligen Elterngesprächen weiß ich inzwischen, dass dies ein Erleben vieler Mütter und Väter autistischer Kinder ist. Eltern trauern nicht nur um ihre Berufstätigkeit, sondern ebenfalls um vielfältige Lebenspläne (▶ Kap. 3.2.2, ▶ Frage 8: Erwartungen und Hoffnungen).

Inez:
Ist die Aufgabe der Berufstätigkeit ein Opfer? Was ist überhaupt ein Opfer?

Benjamin:
Ein Opfer ist es, etwas aufzugeben, was man gern behalten hätte. Ob nun die Aufgabe der Berufstätigkeit ein Opfer darstellt, kommt damit also auf die einzelne Person an. Da du mir immer gerne und mit Freude von deinen Laborarbeiten erzählt hast, habe ich den Eindruck, dass du deine Arbeit als Biochemikerin genossen hast. Das Aufgeben von ihr würde damit in meiner Sicht ein Opfer darstellen.

Inez:
Käme es nicht ebenso dem gleich, was ein Opfer zu erbringen bedeutet, wenn das autistische Kind nicht in dem Rahmen, der möglich ist/war, gefördert werden würde?

Benjamin:
Ich muss eingestehen, dass dies der Fall ist, obwohl ich dir zuvor im persönlichen Gespräch andere Dinge gesagt hatte. Ich lag falsch, denn ich habe zuvor allein dem Verlust deiner Arbeit großen Wert zugemessen und die Schuldgefühle, die du verspüren würdest, wenn du mich in eine Einrichtung abgeschoben hättest, kleingeredet. Dein Argument, dass dies beides jeweils Opfer darstellen, verdeutlichte mir gerade diesen Denkfehler. Ich will mich dafür entschuldigen.

Inez:
Wenn das autistische Kind in eine Ganztageseinrichtung für behinderte Kinder gegeben wird, bei der Eltern das Gefühl haben, dass dort aufgrund der Probleme im Umgang mit dem Kind keine Entwicklung bzw. Förderung möglich ist, ist dann die Aufgabe der Berufstätigkeit kein Opfer?

Benjamin:
Ich denke nicht, dass man es so sehen muss. Die beiden entgegengesetzten Pfade einer Entscheidung können beide ein Opfer verlangen. Nur weil man eines als größer empfindet und es demnach meidet, muss man nicht das kleinreden, was man geopfert hatte. Vor allem, wenn es leicht vorzustellen ist, dass in einer besseren Welt keines der beiden Opfer notwendig gewesen wäre. In einer besseren Welt hätte die Alternative nicht sein müssen, mich in eine Ganztageseinrichtung zu geben. Viel-

2.1 Rückblick: Vergangenheit – Kindheit und Jugendzeit mit Autismus

mehr hättest du mich beruhigt im Kindergarten abgeben können, wo geschulte Erzieher mich gefördert hätten, während du deiner Laborarbeit nachgegangen wärst.

Inez:
Du hast einmal zu mir gesagt, dass ich vielleicht, wenn ich meine Berufstätigkeit nicht aufgegeben hätte, ein Medikament entdeckt oder eine Heilmethode entwickelt und damit vielen Menschen einen Dienst erwiesen hätte. Du fragtest mich, ob es gerechtfertigt ist, viele Leben zu opfern, um eines zu retten.

Benjamin:
Das ist Utilitarismus[16], welchen ich als Philosoph ablehne. Denn mit ihm kann man leicht zu einem Zweck gelangen – das maximale Wohlergehen aller –, der jedes Mittel erlaubt, wie z. B. die Einschränkung persönlicher Freiheiten. Es ist leicht zu fantasieren, dass man Utopia errichten könnte, wenn alle an einem, dem eigenen persönlichen Strang ziehen. Dabei ist es sehr fragwürdig, solch drastische Maßnahme mit einem ungewissen, weil weit in der Zukunft liegenden Auskommen zu rechtfertigen.

In deinem Beispiel besagte meine kindliche Logik wohl, dass du dein persönliches Verlangen, mich so gut wie möglich zu fördern, zurückstellen solltest, damit du dem Wohl aller dienen kannst. Hierbei ignorierte sie aber die Möglichkeit, dass das erwähnte Heilmittel, welches vielleicht von dir entwickelt werden könnte, ebenfalls hätte nicht zustande kommen können. Es war falsch gewesen, das, was du mit mir erreicht hast, mit dem Vergleichen eines imaginären Heilmittels herabzuwürdigen. Noch einmal: Es tut mir leid.

Inez:
Ich denke nicht, dass dir Gedanken, die du als Kind entwickelt hattest, leidtun müssen. Mich hat deine andere Sicht auf die Dinge damals fasziniert, denn sie zeigte uns, wie dein Denken funktioniert und in welchen Dimensionen es sich abspielt. Es steht außer Frage, dass du als Grundschüler die Bedeutung eines wirksamen Heilmittels erfassen konntest, jedoch noch nicht »das, was du mit mir erreicht hast«. Letzteres kann nur im Rückblick umfassend betrachtet werden.

---

16 Utilitarismus ist eine »Position der Ethik, welche die Richtigkeit einer Handlung nach der Nützlichkeit ihrer Folgen beurteilt. Die anthropologische Grundlage stellt das natürliche menschliche Streben nach Lust und Vermeiden von Unlust dar. Ein solches hedonistisches Prinzip gibt zwar den Beurteilungsmaßstab für den Nutzencharakter ab, stellt aber nicht das Handlungsziel dar. Das Handeln ist vielmehr an möglichst großer Erfüllung der menschlichen Bedürfnisse und Interessen ausgerichtet« (spektrum.de, o. D.).

2.2 Einblick: Gegenwart – Studium mit Autismus und Ablösung vom Elternhaus

Benjamin: »Ich wünschte, ich wäre manipulierbar. Dann könnte ich meine Dämonen steuern. Aber so fühlt es sich an wie eine grausame Naturgewalt.«
Inez: »Man kann auch bei Naturgewalten gegensteuern, z. B. Dämme bauen oder Blitzableiter legen.«
Benjamin: »Das ist eine schöne Metapher.«

Das folgende Kapitel beschäftigt sich mit der Zeit des jungen Erwachsenseins. Nach dem Abitur träumte Benjamin davon, Gamedesign zu studieren. Dieser Studienwunsch scheiterte daran, dass die einschlägigen Hochschulen vor einigen Jahren den Schwerpunkt der Ausbildung auf die künstlerische Gestaltung (Game Art), jedoch nicht auf den Bereich Storytelling legten. Benjamins Stärke ist das Erzählen von Geschichten (▶ Kap. 5). Damit rückte sein zweiter Studienwunsch in den Vordergrund und er absolvierte ein Studium der Philosophie an der Freien Universität Berlin.

2.2.1 Allgemeines Lebensgefühl

Inez:
Im ersten Unterpunkt dieses Kapitels geht es um dein allgemeines Lebensgefühl. Zeitlich fokussiert sich dieser Abschnitt ungefähr auf die Zeit des Studiums. Hier möchte ich keine konkreten Fragen stellen, sondern deinen Gedanken freien Lauf lassen. Gemeint ist damit im Wesentlichen, wer wen wie und warum beeinflusst, hilft, stört …

Benjamin:
Mir fällt es schwer, mich nach zwei Jahren Corona emotional an das Studium vor den Online-Seminaren zu erinnern. Rational weiß ich, dass es eine glückliche und lebhafte Zeit für mich war, doch ich kann die Gefühle nicht wieder hervorrufen. Generell fühle ich mich von Corona sozial zurückgeworfen, denn mir fällt es u. a. wieder schwer, nach draußen zu gehen – etwas, das dank der regelmäßigen Besuche von Seminaren zuvor nicht der Fall gewesen war. Anders als die Allgemeinheit vielleicht denken mag, taten mir als Autist die Online-Seminare im Ganzen nicht gut, denn mit den Präsenzveranstaltungen fielen auch die wenigen Möglichkeiten, vor die Tür zu treten, für mich weg.

Allerdings war auch der Anfang des Studiums schwer gewesen, da es zumeist vonnöten war, sich nicht nur mit Papierkram herumschlagen zu müssen, sondern auch diverse Büros für Beratung und Ähnliches aufzusuchen. Du und Vater halfen mir hier zwar bei den Unterlagen, doch die Besuche nahm ich allein vor, was mich generell stärker für solche offiziellen Angelegenheiten machte. Ich denke, ihr als Eltern habt mir hier genau genug Starthilfe gegeben, damit ich ins Studium hinein- und allein zurechtkomme.

Generell fühle ich mich aber nach Corona in solch einer zertrümmerten Verfassung, dass du und Vater wieder mehr für mich tun müsst, weil ich selbst aufgrund großer Verzweiflung Antrieb und Hoffnung verloren habe. Einerseits will ich keine Hilfe, weil es mir das Gefühl von Unselbstständigkeit gibt. Andererseits glaube ich aber auch, dass ich genau dies bin.

Meine Brüder, die in ihrem Leben viel weiter sind, was Arbeit oder Besitz angeht, bewundere ich sehr, aber auf eine blinde Art und Weise. Instinktiv denke ich, dass sie anders als ich keine dämlichen Schwächen haben und ihr Leben meistern. Ich stellte sie auf Podeste und widmete ihnen zwar Blicke, aber nicht Aufmerksamkeit, sodass mir ihre eigenen Probleme verborgen blieben. Deshalb überraschte es mich, als mein jüngerer Bruder mental stolperte und eine Notbremse ziehen musste.

Vielleicht liegt es daran, dass ich auch meine Brüder, wie fremde Menschen, nicht lesen kann. Zu euch als Eltern habe ich ein pures Urvertrauen, weshalb das nicht ins Gewicht fällt. Ihr sprecht mit mir Klartext und ich kann es für bare Münze[17] nehmen. Als wir noch jünger waren, fiel dies nicht ins Gewicht, weil ich mir dieser Problematik nicht bewusst war. Nun, als Erwachsener, stellt das für mich ein Problem dar.

Mit dem Ende des Studiums fällt jetzt auch die Gewissheit weg, für die Zukunft ausgeplant zu sein. Solange ich noch in einem Semester Leistungspunkte für den Abschluss zu sammeln hatte, musste ich mir keine Gedanken für das nächste Halbjahr machen. Nun aber habe ich meinen Master und muss erneut versuchen, mich auf dem Jobmarkt zu behaupten. Ich habe keine sonderlich optimistischen Erinnerungen an meine Versuche zwischen dem Abschluss meines Abiturs und dem Beginn meines Studiums. Natürlich, mit meinem Master habe ich nun mehr vorzuzeigen. Doch bin ich immer noch nicht davon überzeugt, wie beeindruckend ein Abschluss der Philosophie ist. Vor allem, wenn es spezifischere wie Filmwissenschaft oder Literaturwissenschaft gibt. Zudem habe ich nur zwei relevante Praktika vorzuzeigen. Ich fürchte, dass ich mich wieder auf viele Absagen einrichten muss.

Zudem fühle ich mich auch nicht wirklich wie ein Philosoph. Ich hatte kein großes Verlangen, mir ein Grundwissen abseits der Seminare anzulesen. Es hat auch vollkommen ausgereicht, nur zu lesen, was für das jeweilige Seminar beziehungsweise für die jeweilige Hausarbeit notwendig gewesen war. Philosophie ist in dem Sinne kein Lernfach. Zumindest für mich nicht, was aber auch das Problem aufwirft, dass ich kein konkretes philosophisches Wissen habe. Vielmehr habe ich mir all die Ideen und Theorien der verschiedenen Autoren einverleibt, sodass ihre Komponenten Teil meiner Weltanschauung darstellen. Dabei sind sie zumeist so stark miteinander verschmolzen, dass es schwerfällt, sie im Nachhinein wieder zu trennen.

Generell wird mir gerade klar, dass meine Stärke ist, dass ich viele Konzepte leicht begreifen und mir einverleiben kann. Und dass die dazugehörende Schwäche wiederum mein Schwertun mit dem Merken von Details und Fakten wie Namen, Jahreszahlen, Werten etc. ist. Selbstverständlich müssen die meisten Leute solche

---

17 Die Redewendung *etwas für bare Münze nehmen*, die auch in Frankreich und den Niederlanden geläufig ist, »wendet man auf jem. an, der etw. als ernst auffasst, das nur im Scherz gesagt wurde« (Röhrich, 2001, S. 1061).

trockenen Fakten auswendig lernen, doch in meinem Fall scheint es extremer zu sein. Und dies stellt ein Problem dar, denn Fakten und Details sind notwendig, um ein Konzept in der Wirklichkeit zu verankern, sodass es für etwas genutzt werden kann. Was nützt es mir zum Beispiel, das Konzept hinter dem Verlauf bestimmter historischer Ereignisse zu begreifen, wenn ich diese Ereignisse nicht einem Ort und einer Zeit zuordnen kann? So könnte es mir zum Beispiel entgehen, dass zwei Ereignisse zeitlich und örtlich nahe beieinander passierten und dass es Verbindungen geben könnte. Oder was würde es mir nützen, wenn ich Kernspaltung verstehen würde, mir aber nicht merken kann, wie viel Uran zu viel Uran ist. Deshalb bin ich sehr besorgt, denn ich denke, dieser Mangel an Detailwissen könnte an einem Arbeitsplatz fatal sein. Zuhause kann ich rasch irgendwo im Internet nachgucken, doch bei der Arbeit?

Inez:
Die Beschreibung deiner Empfindungen während der Corona-Pandemie deckt sich mit meinen Beobachtungen. Es tat und tut mir in der Seele weh, zusehen zu müssen, wie durch äußere, kaum beeinflussbare Zustände Erfolge zunichte gemacht werden. Ich bin froh, dass du diese Zeit nicht allein durchstehen musstest, sondern die unmittelbare Unterstützung aller Mitglieder unserer Wohngemeinschaft (▶ Kap. 2.2.9) hattest. Wir werden dich auch dabei unterstützen, einen erneuten Weg in eine solch »glückliche und lebhafte Zeit« wie die des Präsenzstudiums zu finden.

Du schreibst, dass du dich nicht wirklich wie ein Philosoph fühlst. Ich denke, das ist ein Gefühl, welches du unabhängig vom Autismus mit vielen Menschen teilst, die gerade eine Berufsausbildung oder ein Studium abgeschlossen haben. Auch ich fühlte mich unmittelbar nach dem Abschluss meines Studiums nicht wie eine Biochemikerin. Dieses Gefühl stellte sich erst nach einem oder zwei Jahren Berufstätigkeit ein.

In deinem Text verwendest du die Redewendung *etwas für bare Münze nehmen*. Unseren Lesern sollte ich an dieser Stelle erklären, dass du die Redewendung nicht in ihrem ursprünglichen Sinne (vgl. Fußnote) verwendest. Wie wir im Gespräch klären konnten, drückst du damit aus, dass du aus der Erfahrung gelernt hast, dass du Dinge, die wir dir mitteilen, nicht nachprüfen musst.

2.2.2 Umgang mit der Diagnose Autismus

Der Umgang mit der Diagnose *Autismus* hängt von vielen Faktoren ab. Zuerst einmal spielt das Alter der autistischen Person eine entscheidende Rolle, aber auch eine komorbide Intelligenzminderung beeinflusst, inwieweit die Diagnose von der entsprechenden Person verstanden wird. Ein Verstehen der Diagnose ist zugleich Voraussetzung, um entscheiden zu können, wem, wann und wie die Diagnose erklärt wird. Weiterhin spielen bei erwachsenen autistischen Personen die Persönlichkeitsmerkmale, die Vorerfahrungen aus der Kindheit und aktuelle Erfahrungen eine Rolle.

Ein Offenlegen der Diagnose kann in verschiedenen Kontexten unterschiedliche Wirkungen hervorbringen. Bei autistischen Kindern und Jugendlichen wirkt sich der Umgang mit der Diagnose nicht nur auf die autistische Person selbst aus, sondern auch auf alle anderen Mitglieder der Familie. Dies ist ein wichtiger Grund dafür, dass solche Themen offen in der Familie angesprochen werden sollten, damit alle über Bedenken, Sorgen, positive Effekte und Erfahrungen Bescheid wissen (vgl. ▶ Kap. 2.1.2).

Zumindest im Kindesalter sind es die Eltern oder Erziehungsberechtigten, die entscheiden müssen, wie mit der Diagnose ihres Kindes umgegangen wird. In einigen Kontexten wie bspw. Kindergarten oder Schule ist ein Offenlegen der Diagnose unbedingt zu empfehlen, um einen guten Umgang mit dem Kind zu erreichen und um Unterstützung in Anspruch nehmen zu können. In persönlichen Umfeldern sollten Eltern immer abwägen, wie viel sie von dem Autismus ihres Kindes preisgeben. Bei einer Geburtstags- oder Familienfeier kann es bspw. ausreichen, einige für das jeweilige Ereignis wichtige Punkte zu erwähnen. Somit wird verhindert, dass das autistische Kind das Gefühl entwickelt, keine Privatsphäre zu haben.

Inez:
Wie ist dein aktueller Umgang mit der Diagnose Autismus im beruflichen und im privaten Alltag?

Benjamin:
Ich falle zwar nicht direkt mit der Tür ins Haus[18], doch ich verschweige es auch nicht. Ich versuche den Personen zu erklären, was meine Schwierigkeiten sind, damit sie verstehen, dass mein Verhalten nicht unhöflich gemeint ist.

Inez:
Welche Vor- und Nachteile haben Offenlegen oder Verschweigen der Diagnose?

Benjamin:
Das Offenlegen der Diagnose lädt natürlich Vorurteile ein. Doch diese kommen auch, wenn man die Diagnose verschweigt, denn Menschen verfallen rasch in Vorurteile, vor allem, wenn man sich auf eine unerwartete Art und Weise verhält. Ich denke aber, dass viele Menschen bemüht sind, ihre Vorurteile zu revidieren, und denen kann man dies erleichtern, indem man ihnen die Gründe für ein Verhalten offenlegt. Außerdem erleichtert dies auch die Rücksichtnahme.

Allerdings könnte das Offenlegen vielleicht von anderen auch als eine Rechtfertigung für schlechtes Verhalten und die Einforderung von Toleranz für jenes verstanden werden.

---

18 Die Redewendung *mit der Tür ins Haus fallen* beschreibt, dass jemand etwas unvorbereitet vorbringt bzw. sagt, »wie einer, der, anstatt erst an die Türe zu klopfen und dann ins Haus zu treten, die Tür einstürmt« (Röhrich, 2001, S. 1649).

Inez:
Wie handhabst du das, wie planst du es zu handhaben?

Benjamin:
Mein Plan war es bislang, mit dem Offenlegen der Diagnose zu warten. Dies würde ich aber nun je nach Fall nicht mehr tun. Vermutlich werde ich meine Diagnose bei einmaligen Treffen mit Personen weiterhin verschweigen, solange es keinen guten Grund dafür gibt, sie offenzulegen. Sollte es sich jedoch abzeichnen, dass ich mit einer Gruppe von Menschen öfter zu tun habe, vor allem im privaten Kontext, würde ich das Offenlegen nicht mehr lange verzögern. Meine Eigenheiten können nicht unbemerkt bleiben und sollten offengelegt werden, damit nicht falsche Urteile die Beziehungen vergiften.

2.2.3 Autismus – Neurodiversität oder Störung?

Die Prägung des Begriffes *Neurodiversität* wird der australischen Soziologin Judy Singer zugeschrieben, die selbst im autistischen Spektrum ist. Judy Singer wollte damit bereits in den 1990er-Jahren erreichen, dass Menschen mit abweichenden neurologischen Mustern nicht als krank oder eingeschränkt betrachtet werden, sondern als Bereicherung für die Gesellschaft, indem sie eine andere Art, die Welt zu interpretieren, einbringen.

Ungefähr zeitgleich mit Judy Singer äußerte auch der US-amerikanische, autistische Aktivist Jim Sinclair den Gedanken, dass Autismus nicht etwas ist, was eine Person hat, oder dass es eine Hülle ist, in der die Person gefangen ist. In einer Rede im Jahr 1993 setzte er sich mit der Trauer von Eltern autistischer Kinder auseinander und verdeutlichte den Eltern folgendermaßen, wie ihre Trauer aus der autistischen Perspektive wirkt: Hinter Autismus verbirgt sich kein normales Kind. Autismus ist eine Art zu sein. Er ist allgegenwärtig, er färbt jede Erfahrung, jede Empfindung, Wahrnehmung, jeden Gedanken, jedes Gefühl und jede Begegnung, jeden Aspekt der Existenz. Es ist nicht möglich, den Autismus von der Person zu trennen (Sinclair, 1993)[19].

Die Neurodiversitätsbewegung, die in den 1990er-Jahren entstand, propagiert, »dass neurologische Unterschiede von Menschen mit Autismus, Hyperaktivität oder Lernbehinderungen nicht krankhaft sind. Ein Gehirn zu haben, das die Realität auf andere Weise verarbeitet, ist keine negative Sache, sondern eine alternative Art, die Welt zu betrachten und zu interpretieren. Es geht um Respekt, Verständnis und Inklusion« (Steuer, 2021).

Neurodiversität ist also ein Konzept, welches typische und atypische neurobiologische Entwicklungen als menschliche Disposition ansieht. Nach diesem Konzept sind alle Menschen als neurodivers zu betrachten, weil sich alle Gehirne in ihrem Aufbau und in ihrer Struktur ähneln, aber unterschiedlich funktionieren können.

---

19 Originalzitat: »There's no normal child hidden behind the autism. Autism is a way of being. It is *pervasive*; it colors every experience, every sensation, perception, thought, emotion, and encounter, every aspect of existence. It is not possible to separate the autism from the person […]«.

Menschen, die sich entsprechend den medizinischen und psychologischen Normen entwickeln, werden als neurotypisch bezeichnet. Menschen, deren Entwicklung von diesen Normen abweicht, sind neurodivergent. Unter dem Begriff Neuro-Minderheit (neurominority) werden Menschen zusammengefasst, die eine gemeinsame Form der Neurodivergenz aufweisen.

Kritik an der Neurodiversitätsbewegung kommt insbesondere von Eltern schwer beeinträchtigter autistischer Kinder, weil ohne das Stellen einer Diagnose – also das Anerkennen einer Störung, Krankheit, Dysfunktion, Abweichung oder eines Defizites – keine Hilfen und Fördermöglichkeiten beantragt werden können. Hier prallen allerdings sozialstaatliche Sicherung und ein Konzept zum Ablegen einer Defizitperspektive aufeinander.

Die Frage, ob Autismus eher bzw. überwiegend als Neurodiversität oder als Störung empfunden wird, habe ich auch meinen Interviewpartnern gestellt (▶ Kap. 3.2.2, ▶ Frage Nr. 15: Neurodiversität versus Störung).

Inez:
Empfindest du Autismus eher/überwiegend als Neurodiversität oder als Störung? Hier sind deine Gedanken zu diesem Thema gefragt.

Benjamin:
Dies wird vermutlich kontrovers sein, doch ich finde den Begriff *Neurodiversität* ein bisschen verharmlosend. Zwar würde ich nicht Störung, sondern vielmehr Behinderung als Umschreibung für Autismus verwenden, doch selbst dieser Begriff gilt heutzutage als nicht mehr ganz korrekt. Ich verstehe durchaus die Idee dahinter: Autismus als eine andere Art und Weise des Denkens zu sehen, die nicht nur ihre Schwächen, sondern auch ihre Stärken hat, ist besser und näher an der Wahrheit als es als eine bloße Benachteiligung zu sehen. Zudem wäre es für Autisten und generell für Behinderte besser, wenn die Allgemeinheit Behinderungen nicht als eine Last, sondern mehr als eine benachteiligte, aber mit ihren eigenen Sonderheiten bestückte Art des Lebens ansieht, die sich in den Alltag integrieren lässt.

Trotzdem sollte man nicht vergessen, dass Autisten und andere Behinderte es mit Hindernissen zu tun haben, für deren Überwindung sie Hilfe benötigen. Ich wäre nicht so weit gekommen, wenn du und Vater mich nicht so viel gefördert und Förderungen für mich erkämpft hättet. Ihr wart bereit, den zusätzlichen Aufwand, den ein gewöhnliches Kind nicht benötigt hätte, aufzubringen. Allein euer Opfer ist für mich Grund genug, meinen Autismus nicht als Neurodiversität, als eine simple Alternative anzusehen. Ich bin behindert, weshalb ich Hilfe brauchte und brauche. Deshalb habe ich eine Behinderung, bin aber nicht gestört. (Anmerkung: Ausführungen zu unserem »Opfer« finden sich im Kapitel *Berufstätigkeit der Eltern*, ▶ Kap. 2.1.8)

2.2.4 Bonus – Theory of Mind

Theory of Mind bedeutet, dass man anderen Menschen mentale Zustände wie bspw. Gedanken, Wünsche, Gefühle oder Hoffnungen zuschreiben kann und dass man demzufolge auch weiß, dass diese anderen Zustände mit den eigenen mentalen Zuständen nicht identisch sind. Kinder entwickeln diese Fähigkeit ab einem Alter von ungefähr vier Jahren (Wellman, Cross & Watson, 2001). Ab diesem Alter sind sie in der Lage, diese anderen Bewusstseinsvorgänge zu erkennen, in ihre Überlegungen einzubeziehen und ihr Handeln diesen Erkenntnissen anzupassen. Zuvor müssen Kinder aber in der Lage sein, die eigenen Gedanken und Vorstellungen zu erfassen.

Bis vor einigen Jahren wurde autistischen Menschen eine Theory of Mind abgesprochen. Uta Frith untersuchte in den 1980er-Jahren, ob autistische Kinder über eine Theory of Mind verfügen, und bezweifelte aufgrund ihrer Experimente, dass autistische Kinder ein Konzept von mentalen Zuständen haben. Die sozialen Defizite autistischer Kinder sind daher durch ihre Unfähigkeit bedingt, sich in die Gedanken anderer Personen hineinzuversetzen und deren Gefühle zu erkennen (Frith, 1989).

Inzwischen gehen Fachpersonen davon aus, dass sich die Theory of Mind bei autistischen Kindern später und/oder langsamer entwickelt und eher über die Kognition als über die Intuition realisiert wird. Kognitiv nicht oder wenig eingeschränkte, autistische Menschen weisen oft eine spät erworbene, explizite Theory of Mind auf, die das Resultat von fleißigem Lernen zu sein scheint (Frith & Happé, 1999).

Inez:
Wir saßen einmal in der S-Bahn, als einer Frau im Nachbarabteil die Handtasche geraubt wurde. Du sagtest daraufhin zu mir, dass niemand deinen Rucksack stehlen würde, weil dort nichts drin ist, was für Erwachsene einen Wert hätte. Du hast also damals (Grundschulzeit) angenommen, dass auch ein potenzieller Dieb diese Information über den Inhalt deines Rucksacks hat. Auf meine Frage, ob du mir sagen kannst, was sich in Conrads Rucksack befindet, hast du »Nein« geantwortet. Danach war auch dir klar, dass eine fremde Person den Inhalt deines Rucksacks nicht kennt. Bei deiner intuitiven Spontanreaktion hat die Theory of Mind nicht funktioniert, bei der kognitiven Anforderung (die Frage beantworten) dagegen sehr wohl.

Was fällt dir zu diesem Thema ein?

Benjamin:
Ich wundere mich, ob dieser Instinkt, andere Menschen hauptsächlich über Intuition einzuschätzen, was ihren Charakter und ihre Absichten betrifft, nicht ein zweischneidiges Schwert für die Menschheit darstellt. Einerseits ist es sicher ein mächtiges Werkzeug, um rasch in einer Gruppe von Menschen einen Zusammenhalt zu bilden. Doch andererseits glaube ich auch, dass dies dafür verantwortlich ist, warum so viele Menschen zu einem Wir-gegen-sie-Denken neigen. Intuition scheint, soweit ich als Laie urteilen kann, hauptsächlich in der Kindheit durch Umgebung und Erziehung gebildet zu werden. Wenn ein Kind also von christlichen Extremisten erzogen wird und einen Hass auf Homosexuelle eingetrichtert bekommt, dann fällt es ihm als Erwachsener schwer, diesen abzulegen, ganz gleich, welche guten Argumente die Kognition vorlegen kann. Tatsächlich denke ich, dass die Moral, die laut den Christen Gott einem auf das Herz geschrieben hat, in Wahrheit

nur das Dogma ist, welches sie als Kinder pausenlos vorgepredigt bekamen, ohne oder mit wenig Möglichkeiten, es hinterfragen zu dürfen.

Inez:
Realisierst du deine Theory of Mind über Kognition oder Intuition? Oder bist du kognitiv auf diesem Gebiet inzwischen so gewandt, dass du keinen Unterschied ausmachen kannst?

Benjamin:
Ich würde sagen, bezüglich des Sozialen realisiere ich meine Theory of Mind hauptsächlich über die Kognition. In allen anderen Gebieten hingegen haben meine Kognition und Intuition eine eher symbiontische Beziehung[20], denn meine Kognition prägt eindeutig meine Intuition. Ein Beispiel: In der Schule musste ich mich zuerst abmühen zu lernen, wie Gravitation wirkt, denn meine Intuition war damals einfach, dass Objekte nach unten fallen. Doch heute lautet sie, dass Objekte hin zu anderen Objekten fallen, deren größere Masse sie anzieht. (Oder um genauer zu sein, den vierdimensionalen Raum mit ihrer Masse krümmen.) Meine Kognition muss hier nicht mit meiner Intuition ringen, weil diese bereits von dem neuen Wissen angepasst wurde. Damit kann mir meine Intuition im Alltag helfen, mich rasch zu orientieren, sodass ich nicht ständig mich hinsetzen und über alles nachdenken muss. Sie ist es letztendlich auch, die, wenn mehrere ihrer raschen Annahmen zusammen keinen Sinn ergeben, die Kognition ruft, um alles zu sortieren und zu ergründen.

Ich kann leider nicht sagen, dass ich gewandt bin auf diesem Gebiet, weder mit Kognition noch Intuition. Meine Kognition funktioniert im Sozialen nur sehr eingeschränkt und meiner Intuition vertraue ich überhaupt nicht. Ehrlich gesagt bin ich mir nicht einmal sicher, ob ich eine soziale Intuition habe. Es ist nicht so, dass ich etwas über jemand anderen fühle und diesem Eindruck nicht vertraue. Ich spüre nichts, andere Menschen sind in meiner Intuition blank. Ich weiß nicht, ob ich überhaupt keine soziale Intuition habe oder ob mein massives Misstrauen sie verstummen ließ.

Inez:
Wie ergründest du Gedanken, Wünsche, Gefühle anderer Menschen? Bei welchen Menschen machst du das, bei welchen nicht?

Benjamin:
Ich ergründe mentale Zustände anderer Menschen allein basierend auf dem, was sie sagen, ausdrücken. Nur wenn jemand mir etwas von sich erzählt, kann ich versuchen, diese Zustände zu ergründen. Personen, die ich nur kurz treffe, sind deshalb

---

20 Der Begriff *Symbiose* wird hier in seiner ursprünglichen biologischen Bedeutung verwendet. In der Biologie versteht man unter Symbiose das funktionale Zusammenleben von Individuen verschiedener Arten zum gegenseitigen Vorteil.

für mich ein Buch mit sieben Siegeln[21]. Und auch jene, die mir etwas erzählen, geben mir nur ein Lichtlein in der Dunkelheit, die ihre Persönlichkeit verbirgt. Vielleicht fällt es mir nicht nur schwer, andere Menschen im Gedächtnis zu halten, weil ich mir die Gesichter nicht merken kann, sondern auch, weil ich ihnen keine oberflächliche Persönlichkeit vergebe. Wenn jemand z. B. grob zu mir ist, verärgert es mich natürlich, doch ich behalte ihn nicht als den wütenden Würstchenverkäufer im Gedächtnis.

Inez:
Hat sich bei deiner Theory of Mind von der Kindheit über Jugend zum Erwachsenensein etwas geändert?

Benjamin:
Nur, dass ich mir bewusster bin, warum ich nicht den direkten Zugang zu anderen habe.

Inez:
Beeinflusst dein Umfeld deine Theory of Mind?

Benjamin:
Mein Umfeld verdeutlicht mir meinen Schmerz, dass ich die Erfahrungen, Ideen und Wünsche anderer immer nur über das Geschriebene oder Ausgedrückte, also aus zweiter Hand[22], erfahren kann. Ehrlich gesagt wundere ich mich nun auch, ob ich überhaupt lieben kann. Natürlich liebe ich meine Familie, aber dies ist eine Beziehung genährt über Jahrzehnte des Vertrauens. Ich denke, dass ich als Erwachsener euch mehr liebe als ich es als Kind tat. Doch die romantische Liebe zu einem anderen Menschen scheint zumindest für den Anfang eine gewisse Kopflosigkeit zu verlangen. Natürlich sollte romantische Liebe im idealen Fall in eine langfriste Beziehung, die auf aufgebautem Vertrauen basiert, münden, wo Kognition hilfreich sein kann, doch am Anfang scheint es in den heißblütigen Momenten eher auf Intuition oder sogar auf blanken Instinkt anzukommen. Vielleicht bin ich zu verkopft und es steckt zu wenig Tier in mir.

Inez:
Schimpansen weisen einige Aspekte einer Theory of Mind auf (Call & Tomasello, 2008). Da Schimpansen phylogenetisch eng mit den Menschen verwandt sind, verwundert diese Tatsache nicht. Viele vermuten, dass die Theory of Mind durch das Zusammenleben von Individuen entstanden ist, wo Tiere einander beobachten und voneinander lernen.

---

21 Die Redensart *ein Buch mit sieben Siegeln* kann ein geheimnisvolles Buch beschreiben. Im übertragenen Sinn ist damit etwas »Schwerverständliches, Unergründliches« gemeint, »hergeleitet aus der Offenbarung Joh. 5, 1–5« (Röhrich, 2001, S. 275).
22 Die Formulierung *etwas aus zweiter Hand haben* beschreibt, dass ein Gegenstand, den man erhalten oder gekauft hat, zuvor von einer anderen Person benutzt wurde. Wenn man *etwas aus zweiter Hand erfährt*, hat man keinen Zugang zur Originalquelle der Information, sondern nur zu einer Sekundärquelle.

Vor ein paar Tagen habe ich allerdings gelesen, dass ein bestimmter Oktopus auch eine Theory of Mind hat. Oktopusse besitzen ein zentrales donutförmiges Gehirn im Kopf und ein untergeordnetes Minigehirn in jedem der acht Beine. Der einsam lebende Zwergzebra-Oktopus nutzt die Theory of Mind, um zu jagen, und passt seine Herangehensweise an die Art der Beute an. Er greift bspw. direkt von hinten an, wenn er Jagd auf Krabben macht, oder er stellt eine Falle für schnelle Garnelen. Der Zwergzebra-Oktopus scheint die Theory of Mind eher aus räuberischem als aus sozialem Selektionsdruck heraus entwickelt zu haben (Hess, 2022).

Möchtest du etwas zu dem Oktopus schreiben?

Benjamin:
Nun, was du mir über den Oktopus erzählst, demonstriert, wie meine Kognition und Intuition zusammenarbeiten. Ich hatte nämlich ursprünglich angenommen, dass diese Theory of Mind nur in Spezies aufkommen könnte, die in Gruppen, Rudeln oder Herden leben, weil es in diesen oft auf Zusammenarbeit ankommt. Doch der Oktopus beweist, dass die Theory of Mind in anderen Kontexten mit anderem Nutzen vorkommen könnte, weshalb ich eine alte Denkweise von mir revidieren muss. Wenn ich von intelligenten Fantasy-Spezies ausgehe, so nehme ich an, dass sie wie der Mensch in größeren Gruppen agieren und dass diese Theory of Mind notwendig ist für höhere Intelligenz, welche wiederum für Kooperation erforderlich ist. Deshalb hielt ich es für unplausibel, dass zum Beispiel Drachen hohe Intelligenz erlangen können, denn sie werden zumeist – vor allem die riesigen – als eine einzelgängerische Spezies dargestellt, die mit Artgenossen nur zur Paarung zusammenkommt. Warum sollten sie also höhere Intelligenz entwickeln, wenn sie keinen Nutzen in Kooperation sehen? Nun, der Oktopus beweist, dass auch Drachen eine Theory of Mind zum Einschätzen der Reaktionen ihre Beute gut gebrauchen könnten, was zudem zu höherer Intelligenz führen könnte. Tatsächlich kommt mir noch folgende Idee: Ein Drache könnte auf instinktiver Ebene merken, dass es für das eigene Überleben nützlich sein könnte, sich mit einer Gruppe Menschen/Humanoiden zusammenzutun. Er schützt sie vor anderen Raubtieren und sie jagen für ihn, bewachen ihn, wenn er verletzt ist, oder behüten seine Brut. Es könnte eine Symbiose[23] wie zwischen Mensch und Hund sein, die für beide Spezies zudem den Weg zur höheren Intelligenz ebnen würde.

Inez:
Nicht nur Fantasy-Welten lassen sich mithilfe des Oktopusses besser erklären, sondern vielleicht auch die molekularen Grundlagen der Theory of Mind. Dies glaubt zumindest die Neurowissenschaftlerin Gül Dölen von der Johns Hopkins University in Baltimore, Maryland. Sie möchte möglichst unterschiedliche Tiere, die konforme Probleme lösen, vergleichen, um ein Tiermodell für Autismus zu schaffen. Die

---

23 Der Begriff *Symbiose* wird hier ebenfalls in seiner ursprünglichen biologischen Bedeutung verwendet. In der Biologie versteht man unter Symbiose das funktionale Zusammenleben von Individuen verschiedener Arten zum gegenseitigen Vorteil. Von einer Symbiose zwischen Mensch und Hund kann man eigentlich nicht sprechen, denn der Hund ist diese Verbindung nicht freiwillig eingegangen.

Wissenschaftlerin plant, durch gezielte Genmanipulationen das Jagdverhalten der Oktopusse zu manipulieren, um zu verstehen, wie die Fähigkeit der Theory of Mind bei Autismus verändert sein kann (Deweerdt, 2021).

2.2.5 Schwierigkeiten und Stärken

Ich plädiere in meinen Fortbildungen, in meinen Beratungen und natürlich auch beim Agieren im häuslichen Umfeld immer dafür, dass die Stärken autistischer Menschen mehr Beachtung im Umgang mit diesen Menschen finden. Die unten stehende Tabelle listet Beispiele für Stärken autistischer Menschen auf (▶ Tab. 2.4). Diese Stärken resultieren aus der autistischen Persönlichkeitsstruktur und stehen i. d. R. in direktem Bezug zu den damit verbundenen Schwächen oder Schwierigkeiten. So bewirkt bspw. eine mangelnde oder eingeschränkte Fähigkeit zur Automatisierung von Handlungen, dass kein Konzentrationsverlust bei Routineaufgaben auftritt. Sie führt aber dazu, dass alltägliche Aufgaben oft nicht in befriedigendem Maße automatisiert werden können und damit viel Energie verbrauchen. Die Fähigkeit zum Automatisieren von Handlungen bewirkt bei nicht-autistischen Menschen, dass sie bei Routineaufgaben Fehler machen oder ermüden und dann ebenfalls viel Energie benötigen, um diese Aufgaben in guter Qualität erledigen zu können.

Tab. 2.4: Beispiele für Stärken autistischer Menschen

Bereich	Stärken autistischer Menschen
Wahrnehmung und Denken	Gute Detailwahrnehmung Logisches Denken inkl. Finden von Logikfehlern Wissen und Motivation auf Spezialgebieten Kein Konzentrationsverlust bei Routineaufgaben Finden von Ausnahmen und Abweichungen
Umgang mit Veränderungen, Streben nach Gleicherhaltung der Umwelt	Genaue und perfekte Erledigung von Aufgaben Hohes Regelbewusstsein Pünktlichkeit
Soziale Interaktionen	Gerechtigkeitssinn Ehrlichkeit Keine Intriganz Loyalität

Inez:
Einiges zum Thema *Schwierigkeiten und Stärken* findet sich bereits in mehreren deiner anderen Antworten. Ich könnte mir daher hier eine Tabelle als Gegenüberstellung vorstellen (Benjamins Antwort findet sich in ▶ Tab. 2.5).

Benjamin:

Tab. 2.5: Stärken und Schwächen – Benjamins Auskunft

Stärken	Schwächen
	Soziale Unbeholfenheit
	Reizüberflutung

Ich weiß, dass dies, was ich in die Tabelle geschrieben habe, wenig ist. Doch ich will nicht den Fehler machen, meine persönlichen Stärken und Schwächen einfach dem Autismus zuzuschreiben. Ich denke, dass da eine kleine Diskussion zwischen uns beiden hilfreicher wäre, denn du wirst sicher eine andere Sicht darauf haben.

Inez:
Du hast recht, ich habe eine andere Sicht auf dieses Thema und nehme die Einladung zur Diskussion gern an. Am Anfang des Kapitels befindet sich bereits eine von mir erstellte Tabelle mit Stärken autistischer Menschen, die ich den entsprechenden autismustypischen Besonderheiten, die diese Stärken maßgeblich hervorbringen, zugeordnet habe. Dies kann uns als Grundlage für das Gespräch dienen. In einer zweiten Tabelle halten wir unsere gemeinsamen Ergebnisse fest (▶ Tab. 2.6).

Tab. 2.6: Stärken und Schwierigkeiten – Ausarbeitung von Benjamin und Inez

Stärken	Schwierigkeiten
Gute Detailwahrnehmung	Soziale Unbeholfenheit
Wissen und Motivation auf Spezialgebieten	Reizüberflutung
Finden von Ausnahmen und Abweichungen	Wenig Automatisierung von Handlungen
Logisches Denken inkl. Finden von Logikfehlern	Motorische Unbeholfenheit
Pünktlichkeit	Festhalten an Routinen
Ehrlichkeit	
Gerechtigkeitssinn	
Keine Intriganz	

Inez:
Ich gebe dir recht, dass nicht jede Stärke oder Schwierigkeit, die autistische Menschen haben, zwangsläufig auf ihren Autismus zurückzuführen ist. Kreativität ist bspw. eine Stärke, die bei autistischen und nicht-autistischen Menschen gleichermaßen vorkommen kann (▶ Kap. 2.2.8). Deine Kreativität wird jedoch von deinem Autismus bereichert, bspw. indem du deine Sicht auf die Welt und deine besondere Wahrnehmung als Persönlichkeitsaspekte einiger deiner Figuren einfließen lässt.

Somit entstehen authentische und interessante Figuren, ohne dass in der jeweiligen Geschichte jemals das Wort *Autismus* erwähnt wird.

Zum Thema *Ehrlichkeit* habe ich lange darüber nachgedacht, ob es eine Stärke ist, ehrlich zu sein, wenn dieses Ehrlichsein aus einer Schutzreaktion heraus entsteht. Eine Lüge zu verbreiten, ist eine komplexe soziale Handlung, die autistischen Menschen viel Stress bereiten kann. Das Vermeiden von Lügen dient damit also dem Selbstschutz. Es geistert immer noch der Irrglaube umher, dass autistische Menschen nicht lügen können, jedoch verstehen die meisten autistischen Menschen (mit Ausnahme von schwer kognitiv beeinträchtigten Menschen) das Konzept der Lüge. Inzwischen bin ich der Meinung, dass die Ursache der Handlung nicht über die Einstufung als Stärke entscheiden sollte. Jemand, der zum Selbstschutz nicht lügt – also als Resultat des Umgangs mit einer Schwäche –, ist ein genauso tugendhafter Mensch wie jemand, der die mentale Stärke besitzt, nicht zu lügen, oder jemand, der sich einem bestimmten Handlungskodex verschrieben hat.

Benjamin:
Wie ich bereits angedeutet habe, fällt es mir schwer, Stärken, die ich nicht in direkte Verbindung zu meinen Sonderheiten setzen kann, meinem Autismus zuzuschreiben. Ich war zugegebenermaßen bei meinen ersten Gedanken etwas pessimistisch, denn die Sonnenseite der Reizüberflutung ist z. B., dass ich dafür generell sehr scharfe Sinne habe. Zu den Stärken könnte man auch zählen, dass ich mir wegen meiner Motorik große Vorsicht angeeignet habe, was auch ein Vorteil sein kann. Und ich kann auch Pünktlichkeit als ein Vorteil dank dem Verlangen nach festen Strukturen verstehen.

Nur bei Dingen wie Kreativität und Gerechtigkeitssinn fällt es mir schwer, eine Verbindung zu Autismus zu sehen und nicht stattdessen von der Bandbreite menschlichen Seins auszugehen. Ich weiß, dass der starke Gerechtigkeitssinn bei Autisten belegt ist, doch hat man eine Erklärung dafür, wie es zusammenhängt? Die anderen Dinge kann ich von den Stärken und Schwächen bei Autismus ableiten, doch ich sehe nicht, wie meine Kreativität da hervorgegangen sein könnte, außer halt, dass sie durch eine spezielle Sichtweise besonders ist. Bin ich dann aber wirklich kreativer als der Durchschnitt, was pure Menge angeht?

Außerdem denke ich, dass mein Gerechtigkeitssinn schwächer ist als bei anderen. Auch ich kann egoistisch sein.

Inez:
Strukturen haben dir seit deiner Kindheit das Leben erleichtert und entscheidende Entwicklungsfortschritte ermöglicht. Mit zunehmendem Alter spielten vor allem geistige Strukturen wie Definitionen eine wichtige Rolle für dich, wogegen die physischen Strukturen von uns weitgehend zurückgenommen werden konnten. Inwieweit vermögen Definitionen die Welt zu strukturieren und wie verhält es sich mit den Ausnahmen von der Regel?

Benjamin:
Anstatt sofort darauf einzugehen, welchen Nutzen für mich, einen Autisten, Definitionen haben, möchte ich zuerst darauf eingehen, welchen Nutzen sie für die

Menschheit insgesamt haben, denn es kann keine Sprache und damit keine Kommunikation ohne Definitionen geben. Vielleicht nicht einmal eine vernünftige Wahrnehmung, denn ich würde vermuten, dass selbst das Gehirn eines Menschen oder eines Tieres, der oder das nie mit einem anderen Wesen kommuniziert hat, in der Lage sein muss, Eindrücke in Schubfächer verteilen zu können, um aus all den Wahrnehmungen einen Sinn herauslesen zu können. Auf jeden Fall müssen wir aber ein Wort verwenden, um einem anderen ein gewisses Wahrnehmungsgeflecht indirekt zu vermitteln. Und damit das Wort jenes Wahrnehmungsgeflecht vermitteln kann, muss man sich zuvor auf eine Definition geeinigt haben. Die Laute »ro-ter Schrau-ben-zie-her« machen für mich nur Sinn, wenn ich mit den Definitionen von Rot und Schraubenzieher vertraut bin.

Damit würde ich zumindest für mich als Autisten behaupten, dass Definitionen für mich die Welt auf eine elementare Art und Weise strukturieren, die für alle anderen Menschen und vermutlich auch für andere wahrnehmungsfähige Wesen zutrifft. Dabei gibt es auch keine Ausnahme von der Regel, außer in dem Sinne, dass ich etwas vollkommen Neues zu Gesicht bekomme, für das ich noch keine Definition kenne. Doch dies würde nur darauf hinauslaufen, dass ich ein neues Wort erlerne und eine Definition entwickle, die auf mir bereits Bekanntem fußt. Ein schuppiges Wesen mit einem langen, beinlosen Körper, welches Federn am Körper aufweist, würde ich zum Beispiel einfach auf die Schnelle als gefiederte Schlange definieren.

Ich denke aber, dass es zumindest einen wichtigen Unterschied zwischen mir und Nichtautisten gibt: der Umgang mit beiläufigen Definitionen, denn jedes Wort hat mehrere Definitionen, von denen viele nicht im Duden stehen. Was ein Wort in einer bestimmten Situation bedeutet, hängt von vielem ab: dem Kontext, der Kultur, der persönlichen Vergangenheit der Sprechenden etc. Was das Ganze so kompliziert macht, ist, dass es neben den »offiziellen« Definitionen eben auch die »kleineren« und »einzigartigen« gibt, die sich aus der Situation ergeben. Ich denke, dass Nichtautisten diese kleineren und einzigartigen Definitionen viel einfacher durch das Sozialisieren unbewusst erfassen und anwenden können – so, wie sie auch Mimik und Gestik besser lesen können als Autisten. Für mich als Autist hat sich mein Verständnis des menschlichen Miteinanders sehr vertieft, als ich begriff, wie beliebig und weich Definitionen sein können und wie sehr sie davon abhängig sind, wie der Nutzer denkt oder fühlt. Ein Satz kann sich in seinem Ausdruck allein dadurch stark verändern, indem jemand ihn sarkastisch anstatt neutral ausspricht. »Toll gemacht!«, wird so schnell vom Lob zur Schmähung.

2.2.6 Erfahrungen an der Universität

Autistische Studenten an der Universität oder einer Hochschule sind heutzutage keine Seltenheit mehr. Aber was erwartet sie an einer Hochschule oder Universität? Inzwischen kennen nahezu alle Menschen der Allgemeinbevölkerung den Begriff *Autismus*, nur was sich die einzelnen Personen darunter vorstellen, ist höchst unterschiedlich. Mitarbeiter von Universitäten und anderen Bildungseinrichtungen bilden hier häufig keine Ausnahme.

2 Gedankenaustausch über Autismus zwischen Mutter und Sohn

Generelle Annahmen über Autismus leiten sich oft aus der zunehmenden Präsenz autistischer Protagonisten in Film und Fernsehen sowie in belletristischen Werken ab, aber auch daraus, dass häufig aus der Bekanntschaft eines autistischen Menschen vermeintlich allgemeingültige Merkmale geschlussfolgert werden. Dieses Wissen der Bevölkerung über Autismus konzentriert sich entweder auf die negativen Aspekte der Diagnose oder auf die positiven Merkmale, die dann glorifiziert werden.

> Die Literatur, in der autistische Student/innen beschrieben werden, geht oft davon aus, dass Autismus und vielleicht damit verbundene Lernschwierigkeiten und geistige Störungen die einzigen oder die dominierenden Probleme sind, die einen Einfluss auf den Erfolg an der Hochschule haben. Autistische Student/innen können sich jedoch einer Reihe von Faktoren gegenübersehen, die sich auf ihre Erfahrungen an der Universität auswirken. (Fabro, Andrews & Pukki, 2016a, S. 12)

Zu dieser Reihe von Faktoren, die sich auf das Meistern des Studiums auswirken können, zählen bspw. vielfältige Komorbiditäten, die bei Autismus auftreten können. Häufige Begleiterkrankungen sind Angststörungen, Depression, Dyslexie, Dyspraxie, Probleme mit der Muskelspannung, Sehbeeinträchtigungen, Migräne, ADS oder ADHS sowie Verdauungsstörungen und Fehlfunktionen des Magen-Darm-Traktes (ebd., S. 12).

An Universitäten und Hochschulen ist die Situation ähnlich wie an Schulen. Es gibt Bildungseinrichtungen, die autistischen Lernenden oder Studierenden ein Netz an guter sowie sinnvoller Unterstützung und Begleitung bieten, und es gibt Einrichtungen, bei denen die Unterstützungsbedürftigen um jede Hilfe kämpfen müssen. Die Energie, die dabei verlorengeht, führt oft zu einem Studienabbruch.

> Autistische Student/innen und die Menschen und Organisationen, die sie unterstützen, haben uns mitgeteilt, dass es eine Herausforderung war, Uni-Mitarbeiter/innen davon zu überzeugen, geeignete Anpassungen an der Gestaltung der Kurse, den Fristen und der üblichen Lehrpraxis vorzunehmen.
>
> Natürlich finden viele Student/innen Gruppenarbeit herausfordernd und viele hätten gerne spätere Abgabetermine oder Aufgaben, bei denen von ihnen keine Interpretation verlangt wird, etc. Der Unterschied zu autistischen Student/innen besteht jedoch darin, dass diese nur begrenzt dazu in der Lage sind, diesen Herausforderungen zu begegnen und dass ihr Maß an Angst deutlich höher ist. (Fabro, Andrews & Pukki, 2016b, S. 12)

Benjamin studierte ohne die Inanspruchnahme von entsprechenden Nachteilsausgleichen. Seine Diagnose teilte er den entsprechenden Behörden der Universität mit, falls er im Laufe des Studiums doch auf Unterstützung angewiesen sein sollte. Unterstützung holte er sich im Wesentlichen in Form von Beratung oder Hilfe beim Ausfüllen von Dokumenten von uns Eltern, wenn es um bürokratische Dinge ging. Alle notwendigen Gänge zum Beginn des Studiums und auch während seiner Studienzeit erledigte er ohne Begleitung. Zu praktischen Fragen der Studienorganisation und zum Ablauf der einzelnen Studienabschnitte suchte er stets Rat bei seinen Brüdern.

Für den konkreten Studienalltag nahm sich Benjamin vor, seine Diagnose weder den Dozenten noch den Kommilitonen mitzuteilen. Er wollte ein Student wie jeder andere sein. Dieses Prozedere wandelte er recht schnell ab. Sowie ein Dozent etwas über Autismus, was nicht der Wahrheit entsprach, erzählte – was im Philosophiestudium häufiger vorkam –, meldete er sich zu Wort, erwähnte seinen Autismus und stellte die Sache richtig dar. Kommilitonen, die sich über einige seiner Verhaltensweisen wunderten, klärte er ebenfalls auf. Diese Vorgehensweise stellte für ihn einen guten Kompromiss dar. Er kam auf diese Art und Weise mit denen ins Gespräch, die wirklich am Thema interessiert waren, wurde aber nicht von Vornherein aufgrund seines Autismus in eine beliebige Schublade gesteckt.

Inez:
Du erzähltest vor wenigen Tagen, dass du deine Kommilitonen fragst, wie du als Autist auf sie wirkst. Wann und wie bist du auf diese Idee gekommen? Hast du bereits mehrere befragt oder nur den einen, über den wir sprachen? Planst du die Befragung(en) im Voraus oder sind dies spontane Ideen am Rande der üblichen Seminaraktivitäten? Was versprichst du dir oder was erwartest du von diesen Gesprächen? Gibt es bereits Erkenntnisse oder Resultate? Wirst du mit diesen Befragungen fortfahren?

Benjamin:
Warum ich frage
Das Ganze ist eher spontan, vor allem, da es nichts ist, was mich andauernd beschäftigt, sondern mir viel mehr in bestimmten Situationen einfach dämmert. Ich habe nicht viel Kontakt mit anderen und häufig ist er mehr von geschäftlicher Natur in Form des Studiums oder Ähnlichem. Deshalb kommt mir diese Dämmerung zumeist nur in den wenigen Fällen, in denen ich mit Menschen auf gleicher Stufe und in einer mehr privaten Situation bin. Dies ist zumeist der Fall, wenn ich Gruppenarbeiten außerhalb der Seminare habe, wo Treffen oft locker und ohne Zeitdruck sind. Während des Studiums oder anderer geschäftlicher Angelegenheiten bin ich zumeist damit beschäftigt, den Tag auf die Reihe zu kriegen[24], sodass ich nicht darüber nachdenken kann, was ich glaube zu fühlen, was in den Köpfen anderer vorgeht. Doch in diesen kleineren Treffen dämmert es mir. Wenn ich etwas sage und meine Kommilitonen sehen mich für einen Moment nur an oder erwidern nur einen oder zwei Sätze, dann kann ich nicht sagen, ob sie zum Beispiel nachdenklich sind oder meinen, ich hätte Unsinn von mir gegeben. Die Interpretationsleere ihrer Gesichter wird im Privaten für mich einfach offensichtlicher, weil ich nicht zu sehr mit anderen Dingen beschäftigt bin. Deshalb frage ich, weil ich diese Leere nicht ertragen kann, sobald sie sich in mein Bewusstsein gedrängt hat. Zumeist frage ich in solchen Gruppentreffen, aber ich entsinne mich auch, einmal während des Praktikums gefragt zu haben.

Inez:
Das Reden über die Gruppenarbeiten im Studentenkollektiv hat uns zu einem

---

24 Die Redewendung *etwas auf die Reihe bekommen/kriegen* beschreibt, dass jemand eine bestimmte Aufgabe bewältigt, bewerkstelligt, erfolgreich erledigt oder schafft. Im umgekehrten Fall spricht man von *etwas nicht auf die Reihe bekommen/kriegen*. Die Formulierung geht vermutlich darauf zurück, dass eine Aufreihung bestimmter Dinge eine erfolgreich erledigte Aufgabe symbolisiert.

Austausch über kollektives Erleben, kollektive Schuld und kollektive Leistung angeregt, dessen Kerngedanken du aufgeschrieben hast.

Sind kollektive Schuld und kollektive Leistung voneinander getrennt zu betrachten (und damit auch auf verschiedene Kontexte unabhängig voneinander anwendbar) oder bilden sie eine untrennbare Einheit?

Benjamin:
Sie sind miteinander verbunden, doch das Verhältnis zwischen ihnen schwankt stark je nach Kontext. Die kollektive Leistung letztendlich ist das gebündelte Ergebnis aller Leistungen und jeder kann sich dafür rühmen, dass er seinen Beitrag geleistet hat. Ich würde deshalb zum Beispiel einen Baumeister nicht dafür rühmen, dass er allein ein Haus gebaut hat, sondern dass er mit seiner Anleitung dafür gesorgt hat, dass die Maurer die Steine allesamt an die richtigen Stellen legten.

Bei kollektiver Schuld hingegen spielt es für mich eine wichtige Rolle, wer die Macht in der Gruppe hat. Wenn jeder gleichberechtigt ist, dann hat er zu gleichem Anteil Schuld an Untaten. Wenn jedoch jemand aus der Gruppe der Bestimmende ist und dies mit Zwang und Druck durchsetzt, dann kommt auch ihm mehr Schuld zu als dem einzelnen Dienenden, der eventuell seine Untaten unter der Androhung des Todes begehen musste.

Inez:
Gibt es deiner Meinung nach ein kollektives Erleben oder bleibt ein Erlebnis – auch wenn viele Menschen gleichzeitig dasselbe Ereignis erleben – immer etwas Individuelles?

Benjamin:
Ich würde sagen, dass es immer ein individuelles Erleben gibt, aber nicht zwangsläufig ein kollektives. Wenn eine Gruppe von Menschen etwas erlebt, so wird jeder seinen eigenen Eindruck von dem Erlebnis haben. Ein kollektives entsteht aber dann erst, wenn sich die Leute darüber austauschen. Das Kollektive kann man dann als etwas ansehen, das das Individuelle im besten Fall ergänzt oder im schlimmsten Fall fälschlicherweise überschreibt. So ist es z. B. beim Miterleben von Verbrechen häufig der Fall, dass Augenzeugen sich von den Berichten anderer unbewusst inspirieren lassen und sich dadurch ihr eigener Eindruck verfälscht. Dies ist einer der Gründe, warum Augenzeugenberichte als das schwächste aller Beweismittel angesehen werden.

Inez:
An dieser Stelle möchte ich wieder konkret zu deinem Studium zurückkehren. Warum hast du Philosophie als Studienfach gewählt?

Benjamin:
Ich wollte etwas studieren, was meinen geistigen Horizont im Allgemeinen erweitert, um tiefgründigere Geschichten zu schreiben. Da meine Interessen sehr breit gefächert sind, erschien Philosophie als ein bindendes Element zwischen allen

2.2 Einblick: Gegenwart – Studium mit Autismus und Ablösung vom Elternhaus

Wissenschaften eine naheliegende Wahl zu sein, ergänzt durch Kunstgeschichte und Geschichte als Nebenfächer.

Inez:
Was war einfach, was war schwierig?

Benjamin:
Einfach war nichts wirklich. Schwierig hingegen war vieles – anfangs vor allem die Selbstorganisation. Auch wenn es Einführungsveranstaltungen gab, so gab es kein An-die-Hand-nehmen wie in der Schule mehr. Allerdings muss ich hier auch eingestehen, dass ich aufgrund meiner sozialen Zurückhaltung die Veranstaltungen, die von Studenten für die Neulinge organisiert wurden, nicht wahrgenommen hatte.

Schwierig war es auch, dem Stoff in den Seminaren zu folgen in dem Sinne, wie man es für sich selbst in Notizen aufarbeitet und konserviert. Tatsächlich hatte ich mit der Zeit gemerkt, dass ich nie meine Notizen zu Rate zog, nicht einmal, wenn ich meine Hausarbeiten verfasste. Stattdessen las ich die Texte erneut mit einem neuen, durch das Seminar geformten Blick. Deshalb hörte ich früh auf, mir Notizen zu machen. In Philosophie, welches kein Lernfach ist und nahezu nur Hausarbeiten und keine Klausuren hat, geht das.

Inez:
Wie gestaltete sich der Umgang mit den Dozenten, wie mit den Kommilitonen?

Benjamin:
Generell verlief der Umgang mit den Dozenten gut und es hat keine Probleme gegeben. Auch mit meinen Kommilitonen kam ich zurecht, aber nur in dem Sinne, dass es keine Probleme gab. Leider gelang es mir nicht, Bekanntschaften zu schließen. Ich blieb nirgendwo haften.

Inez:
Welche Rolle hat dein Autismus während des Studiums gespielt?

Benjamin:
Einige Male erwähnte ich meinen Autismus, wenn es sich für das aktuelle Thema anbot. Das war zumeist bei Fragen über Wahrnehmung, worauf immer mit Interesse reagiert wurde. Am eindrücklichsten war aber die Reaktion eines Dozenten, der ein Rhetorik-Training für die Allgemeine Berufsvorbereitung durchführte. Als ich in einem persönlichen Gespräch sagte, dass ich als Autist nie ein guter Redner sein würde, sagte er direkt, dass es nichts mit Autismus zu tun habe. Viele täten sich mit dem Reden und Präsentieren schwer und jeder könne sich verbessern. Dies verrückte meine Perspektive auf die Dinge, die ich als Autist nicht gut kann, und mir wurde klar, dass es auch wert ist, in den Dingen, die man nie meistern kann, zumindest mit Mühe und Anstrengung ein solides Grundniveau zu erreichen. (Die Begebenheit wird weiter unten unter »Der fliegende Fisch« ausführlich beschrieben.)

Inez:
Wie hast du Gruppenarbeiten vor Beginn der Pandemie gemeistert?

Benjamin:
Indem ich sie einfach durchzog. Soziale Interaktionen stellen für mich kein Problem dar, wenn es ein eindeutiges Ziel gibt, so wie es bei einer Gruppenarbeit immer vorgegeben ist.

Inez:
Wie hast du die Zeit des Homestudying empfunden/durchgestanden?

Benjamin:
Nicht wirklich gut. Anfangs war es nett, die lange Fahrt zur Universität einsparen zu können, doch ich glaube, das fehlende Herausgehen hat mich in meiner Entwicklung wieder ein Stück zurückgeworfen. Ich glaube, dass es schwieriger sein wird, nun an einem Arbeitsplatz anzufangen, als wenn ich durchgehend Präsenz-Seminare gehabt hätte.

Inez:
Gibt es Dinge, die sich im Laufe des Studiums geändert haben (nicht auf die Pandemie bezogen)?

Benjamin:
Mein Blick auf die Welt hat sich auf jeden Fall geändert. Es gab zwar keine Umwälzung meiner Weltansicht – ich ging als materialistischer Atheist hinein und kam als einer wieder heraus –, doch meine ursprünglichen Gedanken bezüglich vieler Punkte erwiesen sich als unausgegoren und wurden durch das Studium präzisiert.

Zudem hat sich meine Sicht auf Kunst geändert. Zuvor war sie oberflächlich und dies trifft auch zu auf mein Interesse bezüglich bestimmter Maltechniken oder Notenfolgen, welches immer noch quasi nicht vorhanden ist. Doch nun versuche ich die kulturellen Fäden zu sehen, die ein Kunstwerk mit seiner Umwelt und Epoche verbindet. Es gibt eine gewisse Schönheit in solch einer Verbindung, die zum Beispiel zwischen den Niederlanden der frühen Neuzeit und den Stillleben jener Zeit besteht, die mit Seekarten das erblühende Handelsimperium ehren.

Inez:
Haben wir oder deine Brüder deinen Studienwunsch und deine Studienzeit in irgendeiner Weise beeinflusst?

Benjamin:
Ich denke nicht, dass ich mein Wunschfach Philosophie studiert hätte, wenn ihr mich nicht so bedingungslos unterstützt hättet.

Inez:
»Ich fühle mich wie ein Fisch, dem gezeigt wurde, dass zwei seiner Flossen sich als Flügel eignen und dass er in Wirklichkeit ein fliegender Fisch ist« – mit diesem Zitat

beginnt das Vorwort meines *Kompetenzmanuals Autismus (KOMMA)* (Maus, 2020, S. 9). Seit der Veröffentlichung bin ich schon oft gefragt worden, welche Geschichte sich hinter dem Zitat verbirgt. Das KOMMA gibt dazu nur Folgendes preis: »Inzwischen studiert Benjamin und beglückt Dozenten, die durch angepasste Bedingungen ermöglichen, dass er Leistungen erbringt, die er sich selbst nicht zugetraut hätte, mit fischfreudigen Aussprüchen. [...] Das KOMMA erleichtert es herauszufinden, welche Flossen sich als Flügel eignen, um bei dem Bild meines autistischen Sohnes zu bleiben. Ich hoffe, dass der Einsatz des KOMMAs viele fliegende Fische zum Auftauchen bringt« (ebd., S. 9f.). Da die Begebenheit, die zu diesem Zitat führte, ein Erlebnis aus deiner Studienzeit ist, bitte ich dich, sie für unsere Leser zu erzählen.

Benjamin:
Der fliegende Fisch
Während meines Bachelors in Philosophie musste ich ABV-Kurse (Allgemeine Berufsvorbereitung) besuchen. Wie die Bezeichnung schon verrät, bestand das Ziel dieser Kurse darin, sich Fähigkeiten für das Berufsleben anzueignen. Hierbei gab es eine große Auswahl, die sich beispielsweise von dem Halten von Präsentationen, dem Erlernen von Fremdsprachen, Genderstudien bis zum IT-Training erstreckte. Einer der Kurse, den ich besucht habe, stellte ein Rhetoriktraining dar. Da bereits einige Semester seitdem vergangen sind, weiß ich nicht mehr genau, wie sich meine Motivation für diesen Kurs konkret zusammensetzte. Es dürfte jedoch eine Kombination von »Dies ist meine größte Schwäche, also brauche ich dringend etwas Nachhilfe« und »Ich habe in meinen anderen gewünschten Kursen keinen Platz bekommen« gewesen sein.

Ich ging mit gemischten Gefühlen in den Kurs, da ich mich nicht nur für einen schlechten Redner hielt, sondern mir auch allgemein jegliche Redegewandtheit absprach. Dementsprechend nervös war ich, als ich eine Proberede halten sollte, anhand derer der Dozent abschätzen wollte, wie gut meine Rhetorik bereits ist. Der Inhalt dieser Rede sollte ein Buch, ein Film oder Ähnliches sein, das uns gefällt und welches wir bewerben mussten. Ich hatte mir ein Videospiel ausgesucht. Diese Proberede war einfach schlecht, was mir sowohl mein Dozent als auch die Kommilitonen klar mitteilten.

Meine ohnehin schon im Keller hockende Motivation begann dort zu graben und hätte vermutlich den Erdkern erreicht, wenn der Dozent nicht so ermutigend und inspirierend gewesen wäre. In den darauffolgenden Sitzungen ging er nicht nur mit der ganzen Gruppe verschiedene Aspekte des Haltens von Reden durch, sondern er redete auch mit jedem Studenten einzeln über seine oder ihre Schwächen. Ich hatte bereits am Anfang des Seminars erwähnt, dass ich Autist bin, und in dem persönlichen Gespräch erwähnte ich deshalb auch, dass mir als solcher jegliche Begabung fehlt. Er widersprach mir einfach: »Das hat nichts mit Autismus zu tun.« Dann erklärte er, dass viele Leute mit dem Halten von Reden ringen und dass aber jeder daran arbeiten kann. Dies stellte meine bisherige Selbsteinschätzung auf den Kopf und ermutigte mich.

Wenn ich nun zurückblicke, verstehe ich auch, warum meine Proberede so schlecht war. Bislang hatte ich gedacht, dass es besser ist, Fakten anstatt Gefühle zu präsentieren, da zweiteres Blendwerk ist, welches das Publikum an der Nase herumführt. Deshalb hatte ich über das Videospiel nur ein paar Fakten zum Gameplay und zur Geschichte herabgerattert, ohne darauf einzugehen, was mir persönlich am Spiel gefiel. Dies machte meine Rede trocken und leblos. Der Dozent verdeutlichte mir, dass ich dem Publikum einen Zugang zu dem Thema meiner Rede ermöglichen kann, indem ich es mit meiner eigenen Leidenschaft heranführe.

Ich verstand, dass es einen wichtigen Unterschied zwischen dem Einbringen von Ansichten und Leidenschaft, die einer Rede Persönlichkeit einhaucht, und gefühlten Fakten, die das Argument verwässern, gibt. Ich kam zu der Einschätzung, dass diese Erkenntnis mir auch außerhalb des Haltens von Reden hilft und dass sie mich entspannter werden ließ beim Einbringen meiner persönlichen Ansicht in die Hausarbeiten, die ich schrieb. Warum war mir das nicht früher aufgefallen? Weil ich mich selbst blockiert habe: Ich konnte keine Reden halten, also brauchte ich mir keine Gedanken darüber zu machen, wie meine Reden besser werden können. Sobald diese Blockade verschwand, konnte ich mich verbessern. Natürlich werde ich kein Meister der Rhetorik werden, doch ich kann mich zumindest auf ein gutes Niveau hinaufarbeiten.

Dank dieser neuen Zuversicht kam meine Abschlussrede für den Kurs viel besser an als die Proberede. Meine Kommilitonen sagten mir, dass ich diesmal vor Leidenschaft geglüht hätte. Das alles hatte ich dem Dozenten zu verdanken und dies drückte ich am Ende des Kurses folgendermaßen aus: Ich hielt mich für einen Fisch, der niemals fliegen kann, weil er einfach nicht dafür gemacht worden war. Doch nun konnte ich dank des Dozenten erkennen, dass ich in Wahrheit ein fliegender Fisch bin. Ich werde zwar nie so hoch fliegen können wie die Vögel, doch dafür kann ich rasch über das Wasser hinwegflitzen.

Inez:
Du hast während deines Studiums ein Praktikum bei einem Filmdreh absolviert. Warum wähltest du dieses Praktikum, wie hat es dir gefallen und was konntest du daraus mitnehmen?

Benjamin:
Das Praktikum wählte ich für mein Modul »Berufsbezogenes Praktikum – A«. Hierbei half ich bei dem Dreh eines Filmes des Firmenbesitzers und Regisseurs R., wobei ich Teil einer kleinen Crew war. Mein Aufgabenbereich deckte das Aushelfen bei der Vorbereitung der Drehs, das Assistieren währenddessen und die Betreuung der Schauspieler ab. Ich bitte um Verständnis dafür, dass ich weder den Titel noch Details des Filmes nenne.

Die Zahl meiner Kollegen schwankte je nach Drehtag um ein Dutzend, da es sich bei allen um befristet Beschäftigte handelte, die nur anwesend waren, wenn ihre Expertise benötigt wurde. Dasselbe galt auch für die Schauspieler: An manchen Tagen wurden Szenen mit nur einer einzigen Schauspielerin gedreht, an anderen konnten es bis zu vier sein, wobei des Öfteren einige Komparsen dazukamen. Die Drehorte umfassten sowohl Wohnungen für die Innenszenen als auch öffentliche Plätze für die Außenszenen in Berlin. Es fanden auch Drehtage außerhalb von Berlin statt, an denen ich aber nicht direkt teilgenommen habe. Jedoch war ich ebenso an den Vorbereitungen jener beteiligt.

Ich hatte in meinem dritten Fachsemester begonnen, mich an der Universität nach einem Praktikumsplatz zu erkundigen. Hierbei stellte es sich von Anfang an als Student der Philosophie als schwierig heraus, ein passendes Praktikum zu finden. Nicht nur bezüglich der Frage, in welchen Tätigkeitsfeldern ein Philosoph überhaupt aktiv werden kann. In der Sprechstunde des ABV-Bereiches des Fachbereiches Philosophie und Geisteswissenschaften klärte man mich darüber auf, dass es für Philosophen keine direkt passende Tätigkeit gibt, sodass sie als Geisteswissenschaftler quer einsteigen müssen. Da diese Frage also nicht eindeutig beantwortet werden konnte, versuchte ich, mich an meinen Nebenfächern Kunstgeschichte und Geschichte zu orientieren, und bewarb mich bei verschiedenen Museen. Leider wurde ich jedes Mal abgelehnt, einmal sogar mit dem Hinweis, dass man einen Studenten, der Geschichte oder ein ähnliches Fach als Hauptfach gewählt hatte, vorziehen würde.

Ich hatte im selben Semester, in dem ich begann, nach einem Praktikumsplatz zu suchen, für das ABV-Modul »MP-Team- und Projektarbeit« das Projektseminar »Life with the dull bits cut out: Eine Einführung in das Drehbuchschreiben« besucht. Jenes Seminar war von Herrn R. geleitet worden, der neben der Tätigkeit als Produzent und Regisseur auch eine Lehrtätigkeit an der Universität ausübt.

In diesem Seminar wurden die Teilnehmer, wie es der Titel schon ausdrückt, in die Tätigkeiten eines Drehbuchautors eingeführt. Dazu machte uns der Dozent mit den einzelnen Schritten vertraut, die ein Drehbuch in seiner Erschaffungszeit durchmacht – begonnen mit dem Pitch, bei dem man einem Produzenten seine Idee für einen Film in knappen Worten vorstellt, bis zum vollendeten Skript, wobei es mehrere Zwischenstufen gibt. Zudem konnten sich die Teilnehmer mit der Struktur eines solchen Skriptes vertraut machen. Nicht nur, indem wir uns die Drehbücher von Filmen ansahen, sondern auch, indem wir ein eigenes kurzes Skript für einen Dialog schrieben. Diese Dialoge wurden dann sogar von zwei professionellen Schauspielern während einer Sitzung gespielt, sodass man recht plastisch über sein eigenes kleines Werk urteilen konnte. Dies machte das Seminar zu einem recht anschaulichen, das nicht in grauer Theorie versank.

Nach Ende des Seminars und des Semesters fragte Herr R. in einer Rundmail die Teilnehmer, ob jemand Interesse an einem Praktikum bei seinem Filmdreh hätte. Ich bekundete Interesse und nach einem Gespräch bekam ich den Praktikumsplatz.

Nun mag es etwas seltsam wirken, dass ich als Student der Philosophie ein Praktikum bei einem Filmdreh absolviert habe. Dies scheint passender für einen Studenten der Filmwissenschaften zu sein und solch einer war tatsächlich mein Mitpraktikant. Um zu erklären, warum ich dieses Praktikum genommen habe, muss ich etwas weiter ausholen und darlegen, warum ich überhaupt dieses Studium begonnen habe. Ich bin Schriftsteller und schreibe Geschichten in den Genres Fantasy und Science-Fiction. Meine Berufung und Leidenschaft fordern Inspirationen in vielerlei Form. Ich ziehe meine Inspiration hauptsächlich aus Wissen, weshalb ich beschlossen hatte, meinen geistigen Horizont durch die Philosophie zu erweitern und meine Kenntnisse über Kultur und Geschichte durch meine Nebenfächer Kunstgeschichte und Geschichte zu vertiefen. Da ich mich also hauptsächlich als

Künstler verstehe, war es für mich selbstverständlich, ein Seminar über das Drehbuchschreiben zu besuchen, da ich mir neuartige Erfahrungen versprach und auch erhielt, die für mein Schreiben einzigartigen Wert haben werden. Das Absolvieren jenes Praktikums war nur eine logische Fortführung meines Strebens. Mein Wollen also, in einem mir fremden Teil der Kunst neue Erfahrungen zu sammeln, die mich als Schriftsteller voranbringen, gaben letztendlich den Ausschlag dafür, dass Herr R. mir den Praktikumsplatz gab.

Meine Aufgaben während des Praktikums waren vielfältig. Vor dem Dreh ging ich zur Hand, indem ich zum einen beim Transport der Ausrüstung und der Requisiten half. Zum anderen beteiligte ich mich bei dem Einrichten der Drehorte in den Wohnungen. In einer der Wohnungen, in der die meisten Szenen gedreht wurden, wurde ich sogar handwerklich tätig, da deren Wände in einer für den Film nicht passenden Farbe gestrichen waren. Grundsätzlich wurden die Requisiten sehr oft zwischen den Drehorten transportiert und auch an diesen umgestellt, da die einzelnen Szenen nicht in chronologischer Reihenfolge gedreht wurden. Deshalb musste auch darauf geachtet werden, dass dieselbe Szeneneinrichtung exakt dem ersten Aufbau entsprach. Dies wurde unter anderem von mir mit Fotos sorgfältig dokumentiert und somit sichergestellt. Bezüglich der Ausrüstung wurde ich vornehmlich für die Aufstellung der Beleuchtung in Anspruch genommen. Während des Drehs sorgte ich mit anderen für dessen ungestörten Verlauf, indem ich mehrere Aufgaben erfüllte. Dazu gehörten unter anderem das kurzfristige Besorgen von kleineren Requisiten – wie z. B. einer Flasche Wein, wenn die mitgebrachten sich als nicht ganz passend zu der künstlerischen Vision des Regisseurs erwiesen – sowie diversen Hilfsmitteln – wie z. B. Fußwärmer für die Schauspieler, die wegen der vom Drehbuch vorgeschriebenen Kleidung nicht immer passend zum aktuellen Wetter gekleidet waren. Bei Innenszenen unterstützte ich den Dreh, indem ich kleinere Effekte ausführte, beispielsweise, dass eine Lampe im richtigen Moment angeht. Einmal übernahm ich in einer Szene die Nebenrolle einer Person im Hintergrund. Wenn der Dreh auf einem öffentlichen Platz wie dem Vorplatz einer Kirche oder an einem semiöffentlichen Ort wie dem Treppenhaus eines Wohnhauses stattfand, sorgte ich zudem dafür, dass Passanten nicht ins Bild liefen, nicht zu viel Lärm machten oder bei einer Szene im Dunkel nicht das Treppenhauslicht betätigten. Außerdem übernahm ich einige Aufgaben bezüglich der inneren Kommunikation des Drehteams, indem ich den entsprechenden Mitgliedern Bescheid gab, wenn ihre Expertise benötigt wurde. Das war deshalb sehr wichtig, weil wie schon erwähnt alle Mitglieder befristet angestellt waren und manche von ihnen zeitgleich noch für andere Klienten arbeiteten.

Grundsätzlich forderte dieses Praktikum von mir, sich schnell und gewissenhaft mit dem anderen Praktikanten und mit jedem, der gerade eine Hand frei hatte – denn bei solch einem kleinen Team hilft jeder auch bei Aufgaben neben seiner Haupttätigkeit aus –, um die anfallenden Nebenaufgaben zu kümmern, deren Nichterledigung den Ablauf des Drehs verlangsamt hätte. Meine geschulten Fähigkeiten aus meinem Philosophie-Studium fanden hier keine Anwendung. Dafür verschaffte mir das Praktikum nicht nur einen Einblick in den Filmbetrieb, sondern ergänzte auch die soziale Erfahrung, Teil einer Gruppe zu sein, die gemeinsam eine künstlerische Vision verwirklicht.

2.2 Einblick: Gegenwart – Studium mit Autismus und Ablösung vom Elternhaus

Tatsächlich konnte ich sehr viel über mich selbst als Künstler lernen, indem ich meine Beobachtungen über Herrn R.s Vorgehen beim Drehen reflektierte. Die Art und Weise, wie er vor dem eigentlichen Dreh genau den Szenenaufbau betrachtete, einzelne Gegenstände um Zentimeter verrückte und viel darüber nachdachte, welcher Kamerawinkel genutzt werden sollte – dies alles, damit die Szene den richtigen Ausdruck bekommen würde –, erinnerte mich sehr an mein eigenes eifriges Grübeln darüber, welche Elemente in einer Szene in meinen geschriebenen Geschichten wie umschrieben werden sollten, damit die gesamte potenzielle emotionale Kraft entfesselt werden kann. So, wie ich einzelne Sätze und ganze Seiten mehrmals lese und umschreibe, damit die eleganteste Satzmelodie sich entfalten kann, so drehte Herr R. eine Szene mehrmals und ließ die Schauspieler verschiedene Sätze mit unterschiedlichen Betonungen sprechen, damit die Szene die stärkste Wirkung hat. Grundsätzlich bin ich von dem Aufwand sehr beeindruckt gewesen, den das gesamte Team – mich eingeschlossen – bewältigte, damit die perfekte Szene gedreht werden kann. Es mag seltsam klingen, denn obwohl ich selbst viel Kraft und Zeit in meine Geschichten investiere und oft mit meinem Werk unzufrieden bin, hatte ich immer den Eindruck, dass andere Künstler gekonnter und schneller sowie vor allem ohne Zweifel ihr Schaffen voranbringen. Zeuge von Herrn R.s Engagement und Teilhabender der Anstrengungen des Teams geworden zu sein, hilft mir sehr, meine eigene Position als Künstler zu verorten.

Zudem habe ich so erste Erfahrungen mit einem extrem unregelmäßigen Arbeitsplan gemacht. Da vor allem die Außenszenen zu einer bestimmten Tageszeit gedreht werden mussten und ich nicht für jeden Drehtag gebraucht wurde, variierte es stark, an welchen Tagen der Woche ich arbeitete. Auch die Zeit variierte: An manchen Tagen wurde ich bereits am frühsten Morgen gebraucht, an anderen erst am Nachmittag. Zumeist dauerten die Dreharbeiten dann bis spät in die Nacht an, oft auch bis nach Mitternacht. Ich wurde aber immer vor Mitternacht entlassen, da ich als jemand ohne Auto auf die öffentlichen Verkehrsmittel angewiesen bin, die nach Mitternacht nur eingeschränkt oder gar nicht mehr fahren.

Bezüglich der Betreuung muss ich sagen, dass sie optimal war. Immer war jemand in der Gruppe ansprechbar, zu dem ich mit einem Problem kommen konnte. Einzige Ausnahme waren die Drehs, bei der jeder volle Konzentration benötigte. Bei der Abholung der Requisiten und dem Transport jener sowie der Ausrüstung war ich regelmäßig mit jemand anderem unterwegs. Die Aufgaben, die man mir zuteilte, wurden mir, wenn notwendig, zuvor immer ausführlich erklärt. Generell funktionierte die Zusammenarbeit zwischen allen Mitgliedern des Teams hervorragend und zeichnete sich vor allem durch die Kreativität aus, mit der man trotz beschränkter Mittel diverse kleinere Herausforderungen – wie zum Beispiel die Beleuchtung aus einer ungewöhnlichen Richtung – meisterte.

Grundsätzlich fühlte ich mich auch stark in das soziale Gefüge des Drehteams eingebunden, da ich nicht nur einfach eine helfende Hand war, sondern auch an den Vorbesprechungen teilgenommen habe, bei denen ich meine Gedanken zu diversen Dingen äußern konnte. Auch bei den verschiedenen Mahlzeiten, die während eines Drehtages als Stärkung und am Ende eines solchen als feierlicher Abschluss dienten, war ich zugegen. Die Krönung des gesamten Drehs war ein großes Abschlussessen, an dem die Mitglieder des Teams sowie Freunde und Familienmitglieder teilnehmen konnten.

Ich bin mit dem Praktikum sehr zufrieden und habe genau das bekommen, was ich erwartet hatte: einen Einblick in den Dreh eines Filmes. Der einzige Wermutstropfen[25], den ich zu beklagen habe, ist der Umstand, dass ich keine anspruchsvolleren Aufgaben, die direkt mit dem Filmen zu tun haben, übernehmen durfte. Doch das ist verständlich, da ich nicht wie mein Mitpraktikant ein Student der Filmwissenschaft bin.

Wie ich bereits betont habe, bin ich Schriftsteller. Ich will mit meiner Berufung meinen Lebensunterhalt verdienen, doch der Erfolg ist für den Schreiberling nicht garantiert. Deshalb werde ich nach dem Studium dafür offen sein, eine andere Tätigkeit mit sicherem Einkommen auszuüben, während ich weiter an meinen Geschichten schreibe. Das Praktikum zeigte mir die Möglichkeit, Teil einer Filmcrew zu sein. Eine Möglichkeit, die ich durchaus ergreifen würde, wenn sich die Gelegenheit ergibt – wohl eher als helfende Hand eines Regisseurs, denn ich möchte mich mit meiner Kreativität voll und ganz auf das Schreiben als künstlerische Tätigkeit fokussieren.

Inez:
Du erwähntest im Text das große Abendessen als krönenden Abschluss des Drehs. Ich habe mich sehr gefreut, als du uns fragtest, ob wir dich dorthin begleiten, auch wenn du deiner Anfrage die Bemerkung »Ihr seid ja vorzeigbar« hinzufügtest. Es war somit auch ein Familienevent und ein wundervoller Abend, weil wir die Mitglieder der sensiblen und aufgeschlossenen Crew kennenlernen durften, die auf deine Schwierigkeiten so verständnisvoll eingegangen sind und die dafür gesorgt haben, dass das Praktikum trotz der vielen unvorhersehbaren und unstrukturierten Situationen von dir so gut gemeistert werden konnte. Wie sie während des Essens über dich gesprochen haben, hat uns gezeigt, dass du ein gewolltes und vollwertiges Mitglied des Teams warst.

2.2.7 Heutige Rolle der Geschwister

Die Art und Weise, wie Geschwister von autistischen Kindern während ihrer gemeinsamen Kindheit behandelt werden, wirkt sich entscheidend auf ihr Leben als Erwachsene aus. Diese Auswirkungen beziehen sich nicht nur auf das Verhältnis zu der autistischen Schwester oder zu dem autistischen Bruder, sondern auch auf die Beziehung zu den Eltern. Ebenso beeinflussen diese Auswirkungen bestimmte Lebensentscheidungen wie bspw. die Frage, ob die Geschwister Kinder haben möchten oder nicht.

---

25 Die Formulierung *der einzige Wermutstropfen* beschreibt einen Aspekt eines als schön oder angenehm empfundenen Erlebnisses, der das Gesamterleben ein wenig trübt, weil er als nicht so gelungen wie der Gesamteindruck erlebt oder empfunden wird. Wermut ist ein alkoholisches Getränk, dessen Geschmack durch die Bitterstoffe des Wermutkrauts deutlich geprägt wird.

2.2 Einblick: Gegenwart – Studium mit Autismus und Ablösung vom Elternhaus

Die folgenden Rückmeldungen einer Leserin meines Buches *Geschwister von Kindern mit Autismus* zeigt einerseits sehr deutlich, welche Probleme im Erwachsenenleben auftreten können, wenn Geschwister in der Kindheit nicht genug Beachtung und Aufklärung erfahren haben. Anderseits wird aber ebenso deutlich, dass es auch im Erwachsenenalter noch Möglichkeiten gibt, die Thematik aufzuarbeiten, und dass sich dies auf jeden Fall lohnt.

> Liebe Frau Maus,
> ich habe mir im Nachgang zu Ihrer Lesung auf dem BM-Kongress [BM: Bundesverband Mediation, Anm. d. Verf.] Ihr Buch »Geschwister von Kindern mit Autismus« gekauft und lese es gerade. Auch wenn ich noch nicht am Ende bin, bewegt es mich schon jetzt sehr und öffnet mir immer wieder die Augen. So oft denke ich: »So ist das auch bei mir, bei uns!« »Ach deshalb reagiere ich so!« Zum ersten Mal in meinem Leben kann ich wirklich Erlebnisse aus meiner Kindheit und Jugend mit meinem eigenen Erleben und meinen Verhaltens- und Reaktionsmustern aus der Vergangenheit und Gegenwart verknüpfen. Das haut mich sehr um, entlastet mich, lässt mich in kleinen Schritten begreifen und macht den Wunsch immer größer, mehr zu verstehen.
>
> Ich habe in der Vergangenheit immer wieder versucht, dieses Geschwisterverhältnis aufzuarbeiten und mir dafür Hilfe zu holen. Aber bisher ist es mir nicht gelungen, dafür adäquate therapeutische oder psychosoziale Beratung zu erhalten. Immer sind die Angebote auf die Eltern oder Betreuungspersonen zugeschnitten, an Geschwisterkinder wird, wenn, dann im Kinder- oder Jugendalter gedacht.
>
> Noch ein Hinweis aus Ihrem Buch, der mich auf den letzten Seiten noch sehr bewegt hat: Auch ich bin weggezogen und will keine eigenen Kinder. Bisher habe ich das nur bedingt an meinem Familiensystem festgemacht. […] Aber die Vorstellung, ein behindertes, ggf. autistisches Kind zu bekommen (mein Cousin hat außerdem Asperger-Autismus), hat mich, so glaube ich jetzt, immer emotional davon abgehalten und NIE den Wunsch erzeugt, eigene Kinder haben zu wollen. Das ist ok und ist, wie es ist. Aber mittlerweile glaube ich, dass es auch ganz viel mit diesem Geschwister-Verhältnis zu tun hat. Weil ich weiß, wie es ist, mit einem Menschen aufzuwachsen, der sehr viel Aufmerksamkeit braucht. Da gibt es innerlich bei mir so viel Gegenwehr, das noch mal aushalten zu müssen (auch wenn es vielleicht gar kein Aushalten wäre, wer weiß).[26]

Geschwister von autistischen Kindern, welche das familiäre Miteinander als positiv erlebt und das Gefühl entwickelt haben, dass Probleme, egal welcher Art, zu handhaben sind, werden auch im Erwachsenenalter eine stabile Beziehung zu den anderen Familienmitgliedern haben. Sie werden selbstbestimmt entscheiden, welchen Anteil sie an einer eventuell notwendigen Versorgung und Unterstützung des autistischen Bruders oder der autistischen Schwester übernehmen wollen bzw. können.

Ein Gastbeitrag von Benjamins jüngerem Bruder mit Gedanken über unsere Familie findet sich im Kapitel *Der jüngere Bruder* (▶ Kap. 2.4.1). Benjamins Aussagen über das Verhältnis zu seinen Geschwistern in der Kindheit sind im Kapitel *Rückblick in die Vergangenheit* (▶ Kap. 2.1.6) versammelt. Zudem ist einer meiner Interviewpartner die erwachsene Schwester einer autistischen Frau. Sie beantwortet die Fragen des Interviews im dritten Kapitel aus der Perspektive der Schwester (▶ Kap. 3).

---

26 Persönliche Kommunikation mit erwachsenem Geschwisterkind, Dezember 2022.

Inez:
Wie beschreibst du deine Beziehung zu deinen Brüdern als Erwachsener?

Benjamin:
Heutzutage ist die Beziehung zu meinen Brüdern vertrauensvoll. Eine Zeitlang dachte ich, dass sie quasi nicht vorhanden ist, weil ich mit meinen Brüdern nichts unternehme. Doch mir wurde klar, dass wir uns untereinander Dinge anvertrauen können. Ich kann mit Conrad und Pascal immer sprechen, wenn mich etwas plagt.

Inez:
Waren deine Brüder ein Vorbild für dich? In welcher Beziehung?

Benjamin:
Sie stellen ein Vorbild für mich da in dem Sinne, wie sie sich bereits einen Platz in der Welt erarbeitet haben. Allerdings hatte ich auch hier ein verzerrtes Bild von meinen Brüdern, weil ich glaubte, dass sie sich nie – anders als ich – mit etwas schwertaten oder immer selbstsicher sind. Meine Gespräche mit ihnen halfen mir zu verstehen, dass ich nicht der Einzige bin, den Selbstzweifel plagen. Man könnte damit sagen, dass sie auch ein Vorbild für mich sind, was emotionale Selbsterhaltung angeht.

Inez:
Glaubst du, dass du ein Vorbild für deine Brüder warst? In welcher Beziehung?

Benjamin:
Ich glaube das nicht, doch ich bin vielleicht auch nur wieder zu negativ. Es würde mich nicht überraschen, wenn meine Brüder anderer Meinung sind.

Inez:
Gibt es Dinge, um die du deine Brüder als Erwachsener beneidest?

Benjamin:
Ich beneide sie darum, wie sie selbstständig ihr Leben im Griff haben und es voranbringen. Das Bewusstsein darüber, dass sie ihre eigenen Herausforderungen haben, steigert dies nur noch.

Inez:
Welches Gefühl für deine Brüder ist heute das dominierende?

Benjamin:
Heute ist Conrad wie Vater, in dem Sinne, dass er jemand ist, der Klartext spricht und direkt zum Kern eines Problems vorstößt. Minus die Weisheit der Jahrzehnte. Pascal hingegen ist noch tatenkräftiger geworden, wenn auch vermutlich mehr, als ihm selbst guttat. Diese Tatenkraft strahlt geradezu und scheint sich auszubreiten, wenn ich mit ihm rede und er mich ermutigt, voranzugehen.

Inez:
Würdest du sagen, dass dein Autismus das Leben deiner Brüder beeinflusst hat? Wenn ja, in welcher Hinsicht?

Benjamin:
Ich bin mir nicht sicher, abgesehen davon, dass sie mit von der Förderung profitierten, die du mir gegeben hast.

2.2.8 Autismus und Kreativität

Vor ein paar Jahren war sich die Fachwelt noch einig darüber, dass autistische Kinder nicht kreativ sein können, was u. a. das folgende Zitat belegt: »Die intelligenteren Kinder mit Autismus haben wenig Schwierigkeiten mit dem Schreiben. Aber auch wenn sie meist richtig konstruierte Sätze schreiben können, sind sie deshalb nicht kreativ. [...] die Inhalte sind lediglich exzentrisch, bizarr und repetitiv« (Aarons & Gittens, 2007, S. 118). Zu diesem Zitat über Autismus und Kreativität bat ich Benjamin um seine Meinung. Er antwortete: »Na ja, ich denke, dass man über viele Kunstwerke sagen könnte, dass sie exzentrisch und bizarr sind. Ich finde es seltsam, exzentrisch und bizarr als Gegenstück zur Kunst anzusehen, wenn es doch Kunstrichtungen wie den Surrealismus gibt, die genau darauf Wert legen.«

Zahlreiche autistische Künstler haben in den vergangenen Jahren derartige Feststellungen widerlegt. Als Beispiele lassen sich die Schauspielerin Daryl Hannah, die Sängerin Susan Boyle und der zeichnende Künstler George Widener nennen. Die Psychiaterin Maria Asperger Felder – sie ist die Tochter von Hans Asperger – schreibt über die andere Art der Wahrnehmung bei Autismus Folgendes: »Das wirklich Kreative, das braucht einen Schuss Autismus. Damit Neues entsteht, dazu muss man alleine sein, sich abschotten können. Neues, das noch nie gedacht und formuliert wurde, kann nicht im Dialog entstehen« (Hager, 2014). Diese Aussage bedeutet im Umkehrschluss nicht, dass jeder Künstler autistisch ist oder ein paar sogenannte autistische Züge hat. Dieses Zitat drückt aus, dass sich Autismus und Kreativität nicht ausschließen.

Der autistische Savant[27] George Widener ist ein US-amerikanischer Künstler, der bereits als Kind als verhaltensauffällig galt. Als Erwachsener wurde bei ihm das Asperger-Syndrom diagnostiziert. Nach vielen Irrwegen wie Studienabbruch aufgrund von Geldmangel und psychischem Stress, folgender Obdachlosigkeit mit Gelegenheitsjobs, Klinikeinweisung und wechselnden Diagnosen verdient er heute seinen Lebensunterhalt mit seiner Kunst – einer Kunst im Umgang mit Zahlen und Daten, die auf vielfältige Weise einzigartig ist, wie die folgende Beschreibung verdeutlicht.

---

27 Das französische Wort *savant* bedeutet Gelehrter, Wissender. Menschen mit dem Savant-Syndrom (Inselbegabung) vollbringen trotz kognitiver oder anderweitiger Einschränkungen (meist tief greifende Entwicklungsstörungen) außergewöhnliche Leistungen in einem eng umgrenzten Bereich. Diese Begabungen können sprachlicher, rechnerischer, künstlerischer oder visueller Natur sein, aber auch phänomenale Gedächtnisleistungen bewirken.

Katastrophen faszinieren ihn – die blinde Herrschaft des Zufalls, die er, als Ordner und Verwalter, in ein System überführen kann. Vor allem die »Titanic«; mit der ging einst sein Urgroßonkel unter, auch der hieß George Widener. Natürlich hat er alle Details im Kopf: 40 000 Tonnen Leergewicht. 36 000 Äpfel an Bord, 20 000 Flaschen Bier. 650 Tonnen Kohle pro Tag verbraucht. Gesunken am Montag, 15. 4. 1912. Die Welt erfuhr es am Dienstag. Etwa 700 Überlebende.

700 Jahre Trauern, dachte George Widener. Und entfaltete aus dieser Assoziation ein Werk: Begann, ein Stück Reispapier mit ameisenkleiner Schrift zu füllen: »23. Apr., 30. April, 7. Mai ...«, schrieb immer neue Papiere voll, über ein Dutzend insgesamt, und am Ende, als sie sich zu einem Bild zusammenfügten, hatte er sämtliche Dienstage der Jahre 1912 bis 2612 festgehalten: 36 400 Gedenktage auf einer Fläche von 1,75 mal 1,20 Meter. Zwischen ihnen erhebt sich, ein Gespensterschatten, die Silhouette des Schiffs.

Vor dem düsteren Bild stehend, empfindet man Trauer wie Trost. Dieser Ozean mit seinen Planktonteilchen der Daten und Informationen bringt Lebendiges hervor: Gefühle. (Henk, 2011)

Biographisch betrachtet gibt es einige berühmte Personen, denen aus unserer heutigen Sicht und nach heutigen Diagnosekriterien eine Form von Autismus zugeschrieben wird. Diese Einschätzung erweist sich als umso schwieriger, je länger die entsprechende Person verstorben ist, weil dann häufig die biographischen Daten unzuverlässiger sind. Zu dieser Personengruppe werden oft Isaac Newton, Carl Friedrich Gauss und Nikola Tesla gezählt. Es waren aber nicht nur einige Wissenschaftler und Techniker vermutlich autistisch, sondern auch Künstler verschiedener Kunstrichtungen zeigen Besonderheiten, die in Richtung Autismus weisen. Zu ihnen zählen der US-amerikanische Pop-Art-Künstler Andy Warhol, der ungarische Pianist und Komponist Bela Bartok und der deutsch-schweizerische Schriftsteller Hermann Hesse.

Andy Warhol wurde 1928 in Pittsburgh als Einwandererkind einer Bauernfamilie aus den Karpaten geboren. Wegen der großen Armut der Familie gab es jeden Tag eine Dosensuppe. Andy liebte es, seine Geschwister hassten es. Diese Liebe zu den Dosensuppen hielt er später in Bildern fest – Bilder, die eine Hommage an Vorhersehbarkeit und Gleicherhaltung der Umwelt verkörpern. Im Jahr 1962 hatte Warhol mit Campbell's Soup Cans seine erste Einzelausstellung in Los Angeles. Dazu fertigte er 32 fast identische Bilder an, weil es die Suppenkonserve in 32 verschiedenen Geschmacksrichtungen gab – von Cheddar Cheese bis Chili Beef und von Chicken Noodle bis Clam Chowder. In keinem Bild veränderte Warhol die Perspektive auf die jeweilige Suppendose, auch die Farbe und die Größe der Suppendosen blieben unverändert. Einige Kunstkritiker fanden Warhols Arbeiten banal, sie vermissten den künstlerischen Prozess, andere stuften sie als revolutionär ein. Warhol katalogisierte seine Welt und so wurden die Wiederholung und endlose Reihen sehr bald zu seinem Markenzeichen. Er zeichnete 210 Coca-Cola-Flaschen, 80 Zwei-Dollar-Scheine und 168mal die Lippen von Marilyn Monroe (Paradiž, 2003, S. 186). Warhols Biograf Marco Livingstone bemerkte zu dessen Bildsprache: »Die einfache Themenwahl hatte für Warhol alle Vorzüge eines Fertiggerichtes: Sämtliche Entscheidungen des Künstlers hinsichtlich Anordnung, Komposition oder Farbwahl waren bereits durch das Motiv vorgegeben« (Livingstone, 1989, S. 64). Warhols Kunst spiegelt eine zutiefst serielle Erfahrung wider, es ist ein Katalogisieren, ein Aufreihen mit dosierten farblichen Veränderungen.

2.2 Einblick: Gegenwart – Studium mit Autismus und Ablösung vom Elternhaus

Johann Wolfgang von Goethe betrachtete im Jahr 1827 die Kunst als eine »Vermittlerin des Unaussprechlichen; darum scheint es eine Torheit, sie wieder durch Worte vermitteln zu wollen« (zeno.org, o. D.). Kunst ermöglicht sowohl nonverbalen als auch verbalen autistischen Menschen sich vielfältig auszudrücken. Benjamin begann bereits im Grundschulalter damit, seine Gedanken, Gefühle, Erlebnisse mithilfe von Geschichten zu verarbeiten. Ich habe ihm einige Fragen zu seiner Kreativität gestellt. Zwei Kostproben seiner Art zu schreiben, finden sich im fünften Kapitel (▶ Kap. 5).

Inez:
Was inspiriert dich?

Benjamin:
So ziemlich alles, was mich zum Denken anregt. Das macht das Schreiben etwas schwierig, denn ich habe nicht wirklich eine starke Grundidee, der alles zugrunde liegt. Es läuft mehr darauf hinaus, dass ich aus meiner Ideenvielfalt etwas Stimmiges zusammenfüge, das nicht zu sehr ausufert. Ein starkes Element, dass sich aber in den letzten Jahren als tragendes Element etabliert hat, ist das Zwischenmenschliche zwischen Freunden und Liebenden. Also das, wovon ich in meinem Leben nichts hatte.

Inez:
Welche Art von Geschichten schreibst du?

Benjamin:
Science-Fantasy. Der große Unterschied zu gewöhnlicher Fantasy ist, dass ich versuche, Erklärungen für alles zu bieten. Ich nutze nicht das Übernatürliche, um einfach alles passieren lassen zu können, wonach mir gerade ist. Damit meine ich aber nicht nur die Existenz von klaren, nachvollziehbaren Regeln, die jede gute Fantasy ausmacht, sondern vielmehr die Existenz von Magie als Naturkraft. Deshalb berücksichtige ich zum Beispiel bei Phantasiekreaturen Evolution, anstatt sie einfach von Göttern erschaffen zu lassen. Meine Drachen haben als Wirbeltiere aus diesem Grund keine Rückenflügel, sondern Rückenschirme, die durch die Nutzung von magischen Energien Levitation ermöglichen.

Inez:
Seit wann schreibst du?

Benjamin:
Soweit ich mich zurückerinnern kann, habe ich schon als Kind Geschichten verfasst, doch erst als Jugendlicher während des Abiturs begann ich damit, ganze Manuskripte zu verfassen.

Inez:
Wie bist du deiner Meinung nach zum Schreiben gekommen?

Benjamin:
Der Grund ist recht simpel: Es stellte den direkten Weg dar, meine Fantasie zu entfesseln. Andere Kunstformen wie Malen oder Musik haben eine große Einstiegshürde, vor allem für jemanden mit einer eingeschränkten Motorik wie meiner. Allerdings muss ich hier einschränken: Auch wenn es in der Schule Musik- und Kunstunterricht gab, so wurden sie nicht mit derselben Intensität geführt wie der Deutschunterricht. Hätte ich Malen oder Musizieren ebenso tiefgehend gelehrt bekommen wie das Schreiben, hätte ich vielleicht auch das Malen oder das Musizieren erlernen können. Andersherum hätte ich wohl auch das Schreiben nicht erlernt, wenn es mir nicht jemand aktiv beigebracht hätte, denn als Kind hatte ich noch weniger Eigeninitiative als jetzt als Erwachsener.

Inez:
Was bedeutet Kunstfreiheit für dich?

Benjamin:
Kunstfreiheit bedeutet für mich, dass im Reich der Fiktion kein Gedanke verboten sein sollte. Viele sprechen sich für Kunstfreiheit aus und pochen darauf, dass Minderheiten sich ausdrücken sollen können, rudern aber sogleich zurück, sobald jemand den Mund aufmacht, der sie abstößt. Ich denke z. B. an die Killerspieldebatte, in der man Ego-Shootern die Schuld an Amokläufen gab, ohne dass es einen wissenschaftlichen Beweis dafür gab. Oder generell, wenn ein Kunstwerk durch Gewalt oder Sexualität Aufregung erzeugt. Die Existenz solcher Kunst wird infrage gestellt, weil man von der Gefahr einer moralischen Korruption ausgeht.

Kunst sollte meiner Meinung nach als ein sicherer Raum angesehen werden, in dem sich jeder ausdrücken kann, ohne Angst vor Repressalien haben zu müssen. Für mich stellt Kunst keine Tat dar, sondern vielmehr nur ein Gedanke, dem man eine Form gegeben hat. Man sollte sie dementsprechend nicht wie eine (Straf-)Tat behandeln.

Doch in unserer heutigen Zeit scheint der Gedanke, dass man Kunst um der Kunst willen schafft, nicht mehr aktuell zu sein. Alles muss politisch und ein Leuchtfeuer der »richtigen« Moral sein. Und alles, was dem zuwiderläuft, ist eine Sexismus, Rassismus und viele andere -mus verteilende Korruption. Dem stelle ich mich entgegen, indem ich nicht politisch bin in meinen Büchern, aber vieles meiner Moral kommt in ihnen zum Tragen.

2.2.9 Eine etwas andere Wohngemeinschaft

Zum Übergang in das Erwachsenenleben und zur Loslösung vom Elternhaus gehört der Auszug aus der elterlichen Wohnumgebung. Viele autistische Menschen sind auf Hilfe bei einem eigenständigen Leben angewiesen. Aufgrund der breiten Palette an autismusspezifischen Besonderheiten wie bspw. Umgang mit Reizen und Veränderungen, Probleme bei den Exekutivfunktionen inklusive der Schwierigkeit, Entscheidungen zu treffen, und Herausforderungen bedingt durch notwendiges soziales Miteinander gelingt es vielen autistischen Menschen nicht, große

Lebensaufgaben parallel zu lösen. Dies kann bspw. bedeuten, dass ein Auszug aus dem Elternhaus während einer Berufsausbildung oder eines Studiums unmöglich ist.

Autistischen Menschen stehen prinzipiell alle Wohnformen offen. Sie können alleine ohne oder mit Unterstützung leben. Sie können in Wohngruppen für Menschen mit Behinderungen leben oder in verschiedenartigen Wohneinrichtungen für Menschen mit Behinderungen. In der jüngsten Zeit haben im Autismusbereich einige engagierte Eltern für ihre intensiv pflegebedürftigen, erwachsenen Kinder eigene Wohnprojekte über das Persönliche Budget realisiert. Dabei wird eine passende Wohnung für das eigene erwachsene Kind oder für mehrere erwachsene Kinder einer Gruppe von Eltern gesucht und entsprechend den Bedürfnissen eingerichtet. Die betreuenden Personen für den oder die Bewohner wählen die Eltern selbst aus, stellen sie als Beschäftigte ein und bezahlen sie über die Mittel des Persönlichen Budgets. Eine Mutter berichtet über die Anfangsphase eines solchen Projektes Folgendes:

> Das neue Jahr begrüßten wir gemeinsam mit einer zünftigen Silvesterfeier. Und dann war es so weit: Die WG begann zu leben. Es ging einfach los! Der erste Abend ohne unseren Sohn fühlte sich zugegeben ungewohnt an – ich erinnere mich, dass ich auf der Bettkante im Zimmer meines Sohnes saß und wehmütigen Gedanken nachhing.
> In den ersten Wochen waren wir Eltern sehr präsent: es gab viel abzusprechen, Fragen zu beantworten und fertig einzurichten. Der Bedarf an elterlicher Begleitung zur Eingewöhnung war unterschiedlich; reichte von anfangs täglicher Präsenz bis zu 2 bis 3 mal pro Woche vorbeischauen. Die Wochenenden bezogen wir schrittweise in den WG-Betrieb ein. Sicher profitierten wir von der Erfahrung der Teamleiterin und vom Engagement der Betreuer, die sich an ihrem Arbeitsplatz schnell wohl fühlten. Die wichtigste Message der Betreuer an uns Eltern war dabei: Habt Vertrauen – zu euren Kindern und zu uns! (Bönsch, 2017, S. 276)

Der Bericht der Mutter zeigt sehr deutlich die Vor- und Nachteile solcher speziellen Wohnprojekte. Einerseits besteht die Möglichkeit zu maximaler Selbstbestimmung sowohl für die erwachsenen autistischen Kinder als auch für die Eltern. Andererseits fordern solche Initiativen sehr viel Zeit, Wissen, Vernetzung, Engagement und evtl. auch finanzielle Mittel von den beteiligten Eltern. Wenn betreuende Personen nicht mit den Bewohnern harmonieren, kann man sich auf die Suche nach besser geeigneten begeben. Allerdings bestehen oft Schwierigkeiten, geeignete betreuende Personen zu finden, besonders, wenn solche Wohnprojekte im eher ländlichen Raum realisiert werden.

Wohnformen, die auf die Bedürfnisse von Menschen mit Behinderungen ausgerichtet sind, tragen unterschiedliche Bezeichnungen wie bspw. Wohnhaus, Wohnheim, Wohnstätte, stationäres Wohnen, Pflegeheim, Wohngruppe und Wohngemeinschaft, wobei die Bezeichnung Wohneinrichtung die gebräuchlichste zu sein scheint. Wohneinrichtungen sowohl für Kinder und Jugendliche als auch für Erwachsene, die speziell auf die Bedürfnisse von autistischen Menschen ausgerichtet sind, finden sich sehr selten.

Autistische Kinder und Jugendliche, die in einer Wohneinrichtung für Menschen mit Behinderungen betreut werden, sind i.d.R. keine Waisen, sondern sie leben an diesem Ort, weil die Erziehungsberechtigten aus den verschiedensten Gründen die Betreuung nicht oder nicht mehr bewältigen. Die betreuten Kinder und Jugendlichen verbringen einen Teil der Wochenenden und die Ferien üblicherweise bei ihren Eltern.

Erwachsene autistische Menschen, die auch mit zeitlich begrenzter Unterstützung nicht selbstständig wohnen können, leben entweder bei Verwandten wie Eltern und Geschwistern oder in einer Wohneinrichtung für Menschen mit Behinderungen. Es gibt Wohneinrichtungen, die auf die Betreuung von autistischen Menschen spezialisiert sind. Da diese Wohneinrichtungen den Bedarf bei Weitem nicht decken, leben viele autistische Erwachsene in allgemeinen Einrichtungen für Menschen mit hohem Unterstützungsbedarf, manche auch in Pflegeheimen für Senioren. Diese Einrichtungen erfüllen die Bedürfnisse von autistischen Menschen i. d. R. nicht.

Eine weitere Möglichkeit stellt das Wohnen in Wohngruppen dar, bei der die Wohngruppe je nach Unterstützungsbedarf von einem mehr oder weniger großen Team unterstützt wird einschließlich einer Nachtaufsicht. Das Team kümmert sich um alle Bewohner gleichermaßen, es gibt keine individuell betreuten Personen. Solche Wohngruppen verfügen über eine gemeinsame Küche und einen Gesellschaftsbereich. Es wir i. d. R. gemeinsam gekocht und gegessen.

Beim Wohnen im eigenen Wohnumfeld handelt es sich entweder um eine eigene Wohnung, die von einer Person oder von einem Paar bewohnt wird, oder um eine Wohngemeinschaft mit mehreren Bewohnern, in der jeder Bewohner, der Unterstützung benötigt, individuell betreut wird. Letztgenannte Form unterscheidet sich von Wohneinrichtungen dadurch, dass keine Rund-um-die-Uhr-Betreuung stattfindet bzw. dass es keine Nachtaufsicht gibt und dass keine Gemeinschaftsräume (ausgenommen eine aus technischen Gründen gemeinsam genutzte Küche) existieren. Bei dieser Wohnform unterstützt ein Betreuender einen Klienten (ggf. Urlaubs- oder Krankheitsvertretung) nach einem individuellen Hilfeplan, der die Wünsche und die Voraussetzungen des zu Betreuenden berücksichtigt. Bei den betreuten Wohnformen handelt es sich dagegen immer um ein Team, welches die Betreuung sicherstellt (vgl. Maus, 2020, S. 76ff.).

Wie oben beschrieben gelingen große Lebensaufgaben bei autistischen Menschen oft nicht parallel. Dies trifft auch bei Benjamin zu, was aber aus unserer Sicht nicht bedeutete, dass vorbereitende Maßnahmen für einen späteren Auszug nicht schon während seiner Studienzeit in Angriff genommen werden konnten.

Die Frage, die wir uns daraufhin stellten, war, welche vorbereitenden Maßnahmen dies sein könnten und wie wir diese dann sinnvoll umsetzen konnten. Ein schwieriger Zustand – nämlich der extreme Wohnungsmangel in Berlin – führte uns dann zu der Idee einer etwas anderen Wohngemeinschaft, die ich im Folgenden kurz beschreiben möchte.

Als unser ältester Sohn mit dem Studium begann, fand er keine bezahlbare Wohngelegenheit und blieb somit im häuslichen Umfeld wohnen. Durch lange Fahrwege und Studien- sowie Ferienzeiten, die mit denen der verbliebenen Schulkinder überhaupt nicht mehr deckungsgleich waren, kam es dazu, dass einige Familienereignisse wie permanente gemeinsame Mahlzeiten nicht mehr stattfanden. Gemeinsame Mahlzeiten, die wir aber zu bestimmten Zeiten wie bspw. an Wochenenden realisieren konnten, wurden zu etwas Wertvollem.

Schnell wurde uns klar, dass wir die Rolle des *Hotels Mama & Papa*[28] nicht einnehmen wollen. Das führte zu ersten Verhandlungen mit dem ältesten Sohn über seine Beteiligung an den anfallenden Arbeiten und Kosten, aber auch zu den Rechten der erwachsenen Bewohner.

Diese Vorarbeit brachte uns auf die Idee, eine echte Wohngemeinschaft mit unseren eigenen Kindern zu bilden. Erfahrungen mit Wohngemeinschaften brachten wir beide aus unserer Studentenzeit mit, aber würde es uns gelingen, uns aus unserer Elternrolle so weit herauszunehmen, dass wir alle als gleichberechtigte erwachsene Menschen in dieser Gemeinschaft leben? Für Benjamin hätte dieses Arrangement gleich mehrere Vorteile: Er kann viele Dinge selbstständig erledigen und hätte dabei immer mehrere Personen in greifbarer Nähe, die er um Rat oder Unterstützung bitten könnte, die ihn aber nicht beaufsichtigen. Des Weiteren kann er verschiedene Aufgaben in seinem eigenen Tempo erledigen, ohne befürchten zu müssen, dass Katastrophen eintreten, weil er bspw. eine wichtige Zahlung vergessen hat. Benjamin bestimmt, zu welchem Zeitpunkt er welche Dinge erlernen möchte und was er sich zutraut. Von uns erhält er so viel Unterstützung, wie er benötigt und einfordert.

Die Regeln unserer Wohngemeinschaft sind folgende:

- Alle Mitglieder haben das gleiche Mitspracherecht.
- Alle Mitglieder beteiligen sich an den anfallenden Arbeiten. Die einzelnen Bewohner können sich aussuchen, welche Arbeiten sie übernehmen wollen. Bei Mehrfachwünschen wird verhandelt. Die Ergebnisse werden schriftlich festgehalten und gelten als verbindlich. Wenn jemand durch Dienstreise oder Urlaub abwesend ist, ist er dafür verantwortlich, dass seine Arbeit von einer anderen Person übernommen wird.
- Alle Mitglieder beteiligen sich entsprechend den ihnen zur Verfügung stehenden Mitteln an den anfallenden Kosten. Auch diese Dinge werden gemeinsam ausgehandelt, schriftlich festgehalten und bei Änderungen angepasst.
- Jeder kann Besuch empfangen und in seinem Bereich übernachten lassen, wovon auch die Freundinnen beider Brüder regelmäßig Gebrauch machten. Besuch wird mit Rücksicht auf Benjamin immer noch vorher angekündigt, aber die notwendigen Ankündigungsfristen verkürzten sich in den vergangenen Jahren ständig. Manchmal war es bereits ausreichend, wenn sich die Freundin eines Bruders während der Autofahrt zu uns telefonisch ankündigte.
- Es gibt keine Vorschriften, wie oder wann bestimmte Dinge erledigt werden müssen.
- Alle Bewohner sind für ihren privaten Bereich selbst zuständig (Reinigung, Ordnung, Einrichtung).

---

28 Die Formulierung *Hotel Mama* oder *Hotel Mama & Papa* beschreibt einen Zustand, bei dem bereits erwachsene Kinder das elterliche Wohnumfeld nicht verlassen und dabei Haushalts- und Besorgungsdienste wie das Waschen der Wäsche, das Einkaufen von Nahrung oder die Zubereitung von Essen so in Anspruch nehmen, als wären sie noch versorgungsbedürftige Kinder. Die Formulierung *Hotel Mama* spiegelt zusätzlich eine klassische Rollenverteilung wider, bei der nur die Mutter die Erledigung der Hausarbeiten übernimmt.

- Die Küche, die Bäder und das Wohn- und Esszimmer sind Bereiche, die von allen Bewohnern jederzeit genutzt werden können. Bei aufwändigeren Koch- und Backaktivitäten werden entsprechende Absprachen getroffen, wer die Küche wann längerfristig belegen möchte.
- Es gibt die Kategorien *eigenes Essen* und *Essen für alle*. Das bedeutet, dass Grundnahrungsmittel für alle von demjenigen selbstständig eingekauft werden, der diese Aufgabe übernommen hat. Alle anderen Lebensmittel für spezielle Wünsche oder Koch- und Backaktivitäten werden individuell besorgt, was auch bedeuten kann, den Einkaufsverantwortlichen zu bitten, diese Dinge mitzubringen. Spezielle Lebensmittel für einzelne Personen werden nicht ungefragt verzehrt. Speisen, die von einem Bewohner gekocht oder zubereitet werden oder Backwaren, die hergestellt wurden, gehören nicht der Allgemeinheit. Der Produzent kann selbstverständlich um eine Kostprobe gebeten werden oder er lädt die anderen zum Probieren oder Mitessen ein.
- Jeder Bewohner hat die Möglichkeit, für gemeinsame Mahlzeiten etwas zuzubereiten. Darüber sollten alle anderen vorher informiert bzw. dazu eingeladen werden, damit das gemeinsame Essen nicht durch Fehlplanungen verpasst wird.
- Zimmer dürfen jederzeit getauscht werden. Eventueller Absprachen bedarf es lediglich bei Bohr- und Renovierungsarbeiten aufgrund der Lärm- und Geruchsbelastung.
- Alle Bewohner sind darüber aufgeklärt, wie in technischen Notfällen der verschiedensten Art zu handeln ist.
- Jeder Bewohner kann jederzeit ausziehen und bei Bedarf auch zurückkehren, solange diese Wohngemeinschaft besteht.

Als Elternteil gibt es viele Dinge, die man aktiv erlernen oder aktiv unterdrücken muss. Einige Beispiele mögen dies verdeutlichen:

- Wenn Hausarbeiten nicht wie vereinbart erledigt werden, ist es wichtig, diesen Anblick ertragen zu können und nicht die Arbeit selbst zu verrichten. Ein Gespräch mit dem Verursacher klärt die Ursachen und lässt eine Lösung finden, um dies in Zukunft zu verhindern. Meist entstehen solche Situationen, weil andere Anforderungen wie eine Studienarbeit mehr Ressourcen als geplant verschlungen haben und vergessen wurde, einen Kompromiss mit den anderen Bewohnern auszuhandeln.
- Ebenso müssen Eltern lernen, sich nicht einzumischen, bspw. wenn die erwachsenen Kinder umständlich mit einem Kochbuch Schritt für Schritt eine Mahlzeit zubereiten und man ständig das Gefühl hat, dies oder jenes ließe sich vereinfachen oder aufpassen zu müssen, dass nichts anbrennt. Solange keine Anfrage nach Rat oder Hilfe erfolgt, sollte man sich komplett zurückhalten, so als wären die Bewohner allein in der Wohnung.
- Nicht-Einmischung gilt für alle Bereiche: für die Finanzen, die eigenen Wohnbereiche, berufliche Entscheidungen, gesundheitliche Entscheidungen, Freizeitleben, Kleidung, Haartracht und Bärte, Tätowierungen …

2.2 Einblick: Gegenwart – Studium mit Autismus und Ablösung vom Elternhaus

Viele Dinge, die für das Zusammenleben in einer solch speziellen Wohngemeinschaft notwendig sind, wurden von uns schon Jahre zuvor angebahnt – ohne zu ahnen, dass sie für dieses Projekt einmal sehr hilfreich sein werden. Unsere Kinder haben früh gelernt, so viele Entscheidungen wie altersentsprechend möglich waren, selbst zu treffen. Wir haben sie regelmäßig zu Selbstständigkeit motiviert und ihnen auch gezeigt, dass Selbstständigkeit immer eine gewisse Freiheit und Unabhängigkeit mit sich bringt. Durch Benjamins schwierige Entwicklung lernten die Geschwister frühzeitig, auf Bedürfnisse zu achten – auch auf ihre eigenen – und zu erkennen, wo Unterstützung, Hilfe oder ein Rat notwendig sind. Sie haben ebenso gelernt, Hilfe oder Unterstützung zurückzunehmen, wenn sie nicht mehr benötigt wird.

Die Vorteile unserer etwas anderen Wohngemeinschaft für autistische, junge Erwachsene lassen sich wie folgt zusammenfassen:

- Autistische Mitbewohner können selbst entscheiden, wann sie welche Dinge lernen möchten. Sie legen ihr Tempo selbst fest und können beliebig viele Pausen einbauen.
- Die nicht-autistischen Mitbewohner können jederzeit um Rat und Hilfe gebeten werden.
- Die nicht-autistischen Mitbewohner können eine Liste mit Dingen, die für ein selbstständiges Leben gelernt werden müssen, entwickeln und bereithalten, sodass der autistische Mitbewohner auf diese Liste zugreifen kann, wenn ihm selbst die Ideen ausgegangen sind.
- Der Alltag und das Miteinander in der Wohngemeinschaft sind die besten Lehrmeister. Dinge, die nicht wie gewünscht oder vorgestellt funktionieren, führen dazu, dass Problemlösestrategien entwickelt werden.

Benjamins Haltung zu unserer Wohngemeinschaft findet sich in seinen folgenden Antworten auf meine Fragen.

Inez:
Wie gefällt dir dieses Arrangement?

Benjamin:
Sehr gut, denn es stellt eine Mischung aus Selbstständigkeit und Rückhalt dar. Ich habe über viele Aspekte wie z. B. Finanzen Eigenverantwortung, kann mich aber auch an euch wenden, wenn ich Hilfe brauche.

Inez:
Was funktioniert gut, was könnte verbessert werden?

Benjamin:
Ich habe so viel Privatsphäre, wie ich brauche. Ich denke aber, dass ich mehr Anreize gebrauchen könnte, noch selbstständiger zu werden, um eines Tages auszuziehen.

Inez:
Sind die Aufgaben gleichmäßig verteilt?

Benjamin:
Nein, ich denke, ich könnte mehr Aufgaben übernehmen.

Inez:
Nehmen wir uns als Eltern wirklich so sehr zurück, dass alle Erwachsenen in dieser Wohnform gleichberechtigt leben können?

Benjamin:
Ja.

Inez:
Ist dieses Wohnmodell aus deiner Sicht für Familien mit erwachsenem, autistischem Kind geeignet? Also, kann man es weiterempfehlen?

Benjamin:
Ja, ich kann es weiterempfehlen, vorausgesetzt natürlich, die Beziehung in der Familie ist gut genug dafür.

2.2.10 Tagesklinik

Das Absolvieren verschiedener Therapien prägte nicht nur Benjamins Leben als Kind und Jugendlicher, sondern hatte auch großen Einfluss auf das Familienleben (vgl. Maus, 2017a, S. 71 ff., ▶ Kap. 2.4). Es gab Zeiten, in denen drei verschiedene Therapien parallel liefen, die alle mit längeren Anfahrtszeiten verbunden waren. Dies waren aufgrund eines mangelnden Angebots vor Ort keine autismusspezifischen Therapien, sondern sogenannte Begleittherapien wie bspw. Spieltherapie, Bewegungstherapie, Physiotherapie, Logopädie, Ergotherapie (speziell: Sensorische Integrationstherapie), therapeutisches Reiten und Psychotherapie (vgl. Maus 2013, 2014). Als Eltern eines autistischen Kindes mussten wir die Entscheidungen treffen, welche Therapie wir beginnen werden, welche wir nicht beginnen werden, und auch welche Therapie wir ggf. abbrechen, weil sie wenige oder keine Erfolge bringt oder weil es dem Therapeuten nicht gelingt, eine tragfähige Arbeitsbeziehung zum autistischen Kind aufzubauen. Als Eltern waren wir ebenfalls in der Pflicht, unser autistisches Kind auch dann zur Therapie zu bringen, wenn es keine Lust (Tagesform) oder eine fehlende Motivation (länger andauernde Einstellung) hatte. Und wir mussten flexible Lösungen mit der entsprechenden Praxis aushandeln, wenn Therapiestunden aufgrund von Erschöpfungszuständen, damit gekoppelten Verweigerungen oder Reizüberflutungssituationen nicht wahrgenommen werden konnten.

Mit 16 Jahren traf Benjamin die Entscheidung, dass er keine Therapien mehr absolvieren will. Er wünschte sich vollkommenes Freisein von Therapien und wir respektierten diese Entscheidung, führten jedoch ein langes Gespräch mit ihm über

2.2 Einblick: Gegenwart – Studium mit Autismus und Ablösung vom Elternhaus

mögliche, aber nicht zwingende Konsequenzen. Die aktuelle Psychotherapie befand sich zu diesem Zeitpunkt am Ende des Bewilligungszeitraumes und eine Verlängerung wurde von uns aufgrund Benjamins Wunsches nicht beantragt.

Wie Benjamin in den Jahren danach sein Leben meisterte und wie wechselhaft sein Lebensempfinden dabei war, ist den Antworten in diesem Kapitel gut zu entnehmen. In seiner Zeit des Präsenzstudiums spürten wir als Familie eine sehr deutliche Verbesserung seiner selbst empfundenen Lebensqualität und auch seiner sozialen Fähigkeiten – die die Pandemie binnen weniger Wochen zunichtemachte.

In dieser schwierigen Zeit revidierte Benjamin seine Entscheidung, nie wieder eine Therapie in Bezug auf Probleme, die durch seinen Autismus verursacht oder mitbedingt werden, zu machen. Er wendete sich an seinen Hausarzt, der ihm pandemiebedingt nur ein Online-Programm der Krankenkasse, welches Menschen mit depressiven Problemen helfen soll, empfehlen konnte. Das einsame Durcharbeiten dieses Online-Angebots führte zu einer weiteren Verschärfung der Probleme. Dies hatte meiner Meinung nach u. a. damit zu tun, dass bspw. Programmpunkte wie *dem Tag eine Struktur geben* oder *sich bewusst und regelmäßig Glücksmomente im Alltag verschaffen* für autistische Menschen unüberwindbare Hürden sein können. Hier spielen Schwierigkeiten mit den Exekutivfunktionen wie das Treffen von Entscheidungen und der Umgang mit Zeit eine Rolle, aber auch mögliche Probleme im Denken und beim Handeln, die sich darin äußern, dass das Übertragen von Denkmustern oder Handlungsabläufen auf ähnliche oder gleiche Situationen schwerfällt oder nicht gelingt.

Dieses Online-Angebot einer großen deutschen Krankenkasse wurde in Zusammenarbeit mit universitären Fachpersonen entwickelt. Es richtet sich an Personen mit leichten und mittelschweren Depressionen. In einer Studie mit mehr als 1000 Teilnehmern wurde es auf seine Wirksamkeit geprüft, wobei die Studie zeigt, dass es den Teilnehmern auch langfristig deutlich besser geht. Die oben beschriebenen Einschränkungen beziehen sich lediglich auf Probleme, die auftreten können, wenn autistische Menschen mit komorbiden depressiven Problemen das entsprechende Programm durcharbeiten.

Wie es weiterging, erzählt der folgende Dialog.

Inez:
Was waren die Ursachen für deinen Aufenthalt in der Tagesklinik?

Benjamin:
Es war eine Mischung mehrerer Probleme, die sich gegenseitig verstärkten. Ein Teufelsknäuel[29] sozusagen. Es ging über mehrere Jahre hinweg, ungefähr seit dem

---

29 Die Wortschöpfung (Neologismus) *Teufelsknäuel* ist Benjamins dreidimensionale Variante eines Teufelskreises. Die Formulierung *Teufelskreis* beschreibt eine »ausweglos scheinende Lage, die durch eine nicht endende Folge unangenehmer, einander bedingender Geschehnisse, Faktoren herbeigeführt wird« (duden.de, o. D.). Benjamins häufiges Denken in Bildern (visuelles Denken) führt u. a. zu der eben erwähnten Veränderung der Formulierung *Teufelskreis*. Visuelles Denken bedeutet, dass die autistische Person Gehörtes oder Gelesenes in Bilder oder in einen Film umwandelt und in dieser Form im Gedächtnis ablegt. Die auditive Information wird dabei nicht oder nur unvollständig gespeichert. Bei

Abitur. Ich fühlte mich, als würde ich in meinem Leben nicht vorankommen und es dementsprechend verschwinden. Zum einen, weil ich als junger Erwachsener immer noch keine Freunde hatte. Zum anderen, weil meine berufliche Karriere ungewiss war. Anstatt aber ernsthaft etwas zu versuchen, um diese Probleme zu beheben, redete ich mir ein, dass es bei mir sowieso nichts wird. Dieser Selbstzweifel wiederum hinderte mich natürlich daran, etwas zu tun. Und so vergingen noch mehr Jahre und das Gefühl, meine Jugend verschwendet zu haben und nun in einer Sackgasse zu sein, aus der ich nicht herauskam, weil ich zu alt bin, um noch irgendetwas hinzubekommen, nahm überhand.

Inez:
Was ist dem Aufenthalt vorausgegangen?

Benjamin:
Der Abschluss meines Studiums. Die Universität hatte meinem Leben noch eine Struktur gegeben, der ich folgen konnte, ohne mir selbstständig Gedanken darüber machen zu müssen, wie ich mein Leben voranbringe. Nun aber musste ich mir Gedanken darüber machen, welche Tätigkeit ich ergreife, was mir mit einem Master in Philosophie unmöglich erschien. Hinzu kam, dass ich extreme Zweifel an meinem Schreibkönnen entwickelte. War ich wirklich gut genug, um damit meinen Lebensunterhalt verdienen zu können, oder war ich in Wahrheit nur durchschnittlich? Das alles verdichtete sich so weit, dass ich es nicht mehr aushielt und in die Akutaufnahme musste. Dort riet man mir zur Tagesklinik.

Inez:
Mit welchen Erwartungen bist du in die Tagesklinik gegangen?

Benjamin:
Mit gemischten. Einerseits war ich froh, dass ich endlich Hilfe von außerhalb bekam. Zudem beruhigte es mich, dass ich nicht in die geschlossene Anstalt kam. Doch andererseits wusste ich nicht so recht, was mich erwartete. Zwar hatte ich von anderen Gutes gehört, jedoch hatte ich trotzdem Zweifel, ob man mir helfen könnte oder mich überhaupt verstehen würde. Hinzu kam, dass ich zudem selbst glaubte, dass ich nur unnötiges Kindertheater machte und meine Probleme nicht echt sind.

Inez:
Die Tagesklinik ist nicht auf Autismus spezialisiert. Wie wurde mit deinem Autismus umgegangen?

Benjamin:
Sehr gut. Man ging rücksichtsvoll auf meine Schwierigkeiten ein, zugleich respek-

---

einem Gespräch oder dem Verfassen eines Textes ruft die autistische Person die gespeicherten Bilder oder Filme aus der Erinnerung auf und beschreibt diese mit eigenen Worten. Nach diesen Erklärungen wird sofort klar, wie der Film aussieht, den Benjamin gespeichert hat, um sich diese Formulierung zu eigen zu machen.

tierte man aber auch meinen Wunsch, wie jeder andere Patient behandelt zu werden.

Inez:
Wie bist du mit den anderen Teilnehmern zurechtgekommen? Welches Alter und welche Probleme hatten sie (Auswahl)?

Benjamin:
Ich muss mich hier mit Rücksicht auf die Privatsphäre der anderen allgemein ausdrücken. Grundsätzlich unterschieden sie sich stark von mir, in dem Sinne, dass sie sich in anderen Lebensabschnitten befanden. Die meisten waren älter als ich, arbeiteten und hatten Familie. Oft stellten Probleme mit der Arbeit oder der Familie die Gründe für den Aufenthalt dar. Die restlichen hingegen waren deutlich jünger als ich.

Ich kam jedoch gut mit allen zurecht. Von Anfang an legte ich meinen Autismus offen, was das Ganze einfacher machte. So nahmen die anderen es mir z. B. nicht übel, dass es etwas Zeit brauchte, bis ich mir alle Namen gemerkt hatte.

Inez:
Gab es ein oder mehrere berührende Erlebnisse mit Teilnehmern?

Benjamin:
Ja, es gab mehrere. Grundsätzlich wurde mir mitgeteilt, dass ich sehr empathisch bin. Zwar rede ich nicht viel, doch wenn ich einmal etwas sage, ist es immer tiefgründig. Generell wurde mir verdeutlicht, dass ich trotz meiner Schwierigkeiten und der langen Zeit unter Corona, in der meine sozialen Fähigkeiten etwas verkümmerten, immer noch sehr umgänglich bin und man gern mit mir Zeit verbringt.

Zudem muss ich erwähnen, dass andere in der Gruppe für mich da waren, als es mir schlecht ging und ich mich einfach nur einigeln wollte. Sie nahmen mich in den Arm und sprachen mit mir, bis es mir besser ging.

Inez:
Wie bist du mit den Therapeuten zurechtgekommen?

Benjamin:
Ich denke, man sollte hier mehr betonen, dass sie gut mit mir zurechtkamen. Ich schrieb schon, dass sie gut mit meinem Autismus umgingen. Doch sie taten auch das Richtige, wenn es mir schlecht ging und ich unkooperativ war. Sie gaben mir in diesen Fällen genug Freiraum, ließen mich aber nicht allein. Einmal gab mir die Kunsttherapeutin ein Stück Ton, welches ich einfach nur knetete. Das half mir und dann bemerkte ich, dass es ein bisschen wie ein Seepferdchen aussah. Und so entstand das Kummerpferdchen (▶ Abb. 2.1).

Inez:
Warum gab es keine Medikation?

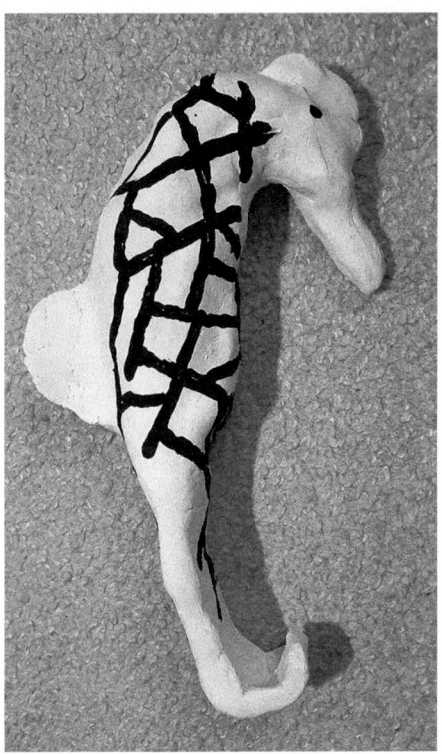

Abb. 2.1: Kummerpferdchen

Benjamin:
Die Oberärztin riet mir davon ab. Sie urteilte, dass es in meinem Fall nicht notwendig ist und nicht die Nebenwirkungen aufwiegt.

Inez:
Was möchtest du von dem Ablauf und den Tätigkeiten in der Tagesklinik erzählen? Was hat dir Freude bereitet, was fiel dir schwer?

Benjamin:
Am meisten Freude hat mir die Kunsttherapie bereitet. In der Kunsttherapie habe ich mit Ton gearbeitet und gemalt, wobei ich mich ohne Druck an dem reinen Schaffen erfreuen konnte. Etwas, was ich lange nicht mehr erlebt hatte, da ich mich beim Schreiben selbst einem hohen Leistungsdruck ausgesetzt hatte. Nun aber kann ich mich auch beim Schreiben am puren Schaffen erfreuen.

Schwieriger hingegen waren die langen Pausen zwischen den Sitzungen. Als jemand, der sozial etwas unbeholfen ist, wusste ich nichts mit mir anzufangen. Doch letztendlich kam ich nicht drumherum, mich mit den andern auszutauschen, was den Zweck hinter den Pausen darstellte.

Inez:
Was hast du gelernt in der Tagesklinik?

Benjamin:
Vieles. Das Wichtigste war, dass ich mir mehr eingestehen sollte. Denn eines der größten Probleme stellte dar, dass ich alles im Sinne meines Autismus interpretierte. Wenn ich einen Fehler gemacht habe, dann hat Benjamin nicht einfach nur einen Fehler gemacht wie jeder andere. Stattdessen hat Benjamin, der unwissende Autist, einen Fehler gemacht – also versagt, der Norm zu entsprechen. Dasselbe fühlte ich, wenn ich traurig war. Ich erlaubte mir nicht, traurig oder wütend zu sein, denn das erschien mir so, als hätte ich als Autist die Kontrolle über meine Gefühle verloren und damit erneut versagt. Doch dies führte dann zu einer Abwärtsspirale, denn dies verstärkte die negativen Gefühle nur noch mehr.

Ich habe also gelernt, mich einfach als Benjamin zu sehen. Als Benjamin, der Fehler machen und traurig sein darf.

Inez:
Was kannst du davon in deinen Alltag überführen?

Benjamin:
Die Gewissheit, dass ich ein guter Mensch bin und dass ich mehr Dinge in meinem Leben einfach versuchen sollte. Und mich nicht grämen muss und es als Versagen interpretieren sollte, wenn etwas nicht klappt.

Inez:
Wie hat dich die Familie bei deinem Aufenthalt unterstützt?

Benjamin:
Vater nahm sich immer die Zeit, mit mir über die Erlebnisse in der Tageskilink zu reden.

Bei dir ging es mir in erster Linie darum, dir eine Freude zu machen. Deshalb machte es mich glücklich, dass du dich so sehr über die Tonmäuse freuen konntest, die ich speziell für dich geschaffen hatte. Generell erwärmte es mein Herz, dass du so offen die Liebe aus den Figuren und Bildern ziehen konntest, die ich hineingesteckt hatte.

Inez:
Hatte deine kreative Aktivität dort einen Bezug zu unserem früheren intensiven Zeichnen und Basteln?

Benjamin:
Es ist tatsächlich interessant, dass du nach dem Vergleich zu unserem früheren gemeinsamen Zeichnen und Basteln fragst. Mein erster Gedanke war, diese Kreativität mit derjenigen in der Schule und deren Kunstunterricht zu vergleichen. Den hatte ich nie so wirklich genossen, denn meine Noten waren in dem Fach nie richtig gut gewesen und die Lehrer vermochten es nicht einmal, mir die Grundlagen na-

hezubringen. Ehrlich gesagt denke ich gerade, dass vielleicht so etwas wie Kunst und Musik nicht benotet werden sollte. Anders als Grammatik oder Mathematik stellen dies keine Fähigkeiten dar, die man zwangsläufig in seinem Leben gebrauchen wird. Vielmehr sollte man stattdessen den Kindern im Kunst- und Musikunterricht Freiraum zum Ausprobieren ohne Notendruck geben, damit Leidenschaften geweckt werden. Ich habe schließlich auch einfach angefangen mit dem Schreiben und wäre vielleicht nicht so weit gekommen, wenn der Druck, den ich mir später selbst machte und der mir vorübergehend die Freude am Schreiben verdarb, von Anfang an von irgendwo hergekommen wäre – wie zum Beispiel von schlechtem Schreibunterricht.

Unser gemeinsames Malen und Basteln boten mir genau diesen kreativen Freiraum, in dem ich nicht fürchten musste, dass das, was ich malte, nicht gut genug war. Ich scherte mich nicht darum, dass ich nur Kugelmäuse malen konnte (▶ Abb. 2.2 und ▶ Abb. 2.3). Vielleicht war es deshalb kein Zufall, dass das Allererste, was ich in der Kunsttherapie malte, eine Kugelmaus war. Vielleicht erinnerte ich mich unbewusst an diese Zeit, als kreatives Schaffen sorglos war.

Abb. 2.2: Benjamins Kugelmäuse 1 (Grundschulzeit)

Inez:
Würdest du für andere autistische Menschen eine Empfehlung zu einer solchen Maßnahme geben oder bist du der Meinung, dass es eine Glückssache ist, eine geeignete Einrichtung zu finden?

Benjamin:
Ich würde es ihnen auf jeden Fall empfehlen, sich Hilfe zu suchen. Glück wird hier wohl immer vonnöten sein, doch wenn man gar nichts versucht, dann hat man fast eine Garantie dafür, dass die Dinge nicht besser werden.

Inez:
Deinen Vorschlag, den Abschlussbericht zum Aufenthalt in der Tagesklinik in unser

2.2 Einblick: Gegenwart – Studium mit Autismus und Ablösung vom Elternhaus

Abb. 2.3: Benjamins Kugelmäuse 2 (Grundschulzeit)

Buch aufzunehmen, finde ich sehr gut, denn dieser Bericht fasst diese Zeit sowohl emotional als auch rational zusammen. Ich habe das Gefühl, dass du dir durch das Absolvieren der Tagesklinik einen großen Teil der »glückliche[n] und lebhafte[n] Zeit« des Präsenzstudiums (▶ Kap. 2.2.1) zurückerobert – oder besser gesagt hart erarbeitet – hast. Von diesen Erfolgen profitiert die ganze Familie und wir sind dir dankbar, dass du die Maßnahme erfolgreich durchgezogen hast.

Benjamins Abschlussbericht zur Tagesklinik:
»Ich ging mit der Erwartung in die Tagesklinik, dass die Lösung für meine Probleme allein darin bestehen würde, dass ich lerne, mit meinem Selbstzweifel umzugehen. Doch stattdessen verhalfen mir die verschiedenen Therapien dazu, viele Aspekte meines Lebens und meines Denkens neu zu evaluieren.

Die Kunsttherapie zum Beispiel öffnete mir die Augen für die pure Freude am Schaffen allein. Dies stellte sich als besonders wichtig heraus, da ich mir jene beim Schreiben wegen meiner Ambitionen zuvor verdorben hatte. Mein Traum, mit dem Schreiben meinen Lebensunterhalt verdienen und Achtung finden zu können, hinderte mich daran, allein mit dem Schreiben Freude im Moment zu empfinden. Wenn sich etwas Geschriebenes nicht als perfekt anfühlte, war das Schreiben umsonst, selbst wenn es Spaß gemacht hatte. Dank der Kunsttherapie, in der ich zwanglos Tonfiguren geformt und Bilder gemalt hatte, gelingt es mir wieder, oftmals allein am Schreiben selbst Freude zu finden. Der Zweifel und der Drang, besser zu werden im Schreiben, sind zwar noch da, weil ich meinen Traum nicht aufgegeben habe. Doch sie beginnen, sich im Gleichgewicht mit der Freude am Schreiben einzupendeln.

In der Gruppentherapie und in der sozialen Wahrnehmung hingegen wurde mir im Austausch mit den anderen einiges über mich selbst klar. Anfangs dachte ich noch, dass dies nicht so gut funktionieren würde, da die anderen zumeist älter waren als ich und bereits sowohl arbeiteten als auch Familien hatten. Doch letztendlich denke ich, dass es mir half zu sehen, dass auch Leute in anderen Lebenssituationen mit ähnlichen Problemen konfrontiert werden können. Und dass ich nicht allein bin und nicht eine Ausnahme bin. Zudem wurde mir in den Gesprächen mit den anderen ein Spiegel vorgehalten, sodass mir klar wurde, dass ich nicht so unzugänglich bin, wie ich dachte. Es korrigierte mein Selbstbild stark.

Auch die Pausen erwiesen sich als hilfreich. Zuerst erschienen sie mir als zu lang und wirkten deshalb wie eine Zeitverschwendung. Vor allem, da man mir verwehrte, meinen Laptop mitzubringen. Doch dies hatte sich letztendlich als richtig erwiesen, denn es bewegte mich dazu, mich mehr mit den anderen zu beschäftigen und so ihnen näherzukommen. Dies förderte meine sozialen Fähigkeiten, die nach der Corona-Zeit doch sehr verkümmert waren.

Zu guter Letzt will ich alle Mitarbeiter der Tagesklinik loben. Man hat mich sehr gut behandelt, indem man meinen Autismus berücksichtigte, aber ihn nicht in den Vordergrund stellte. Es hat mir sehr geholfen, dass ich so wie alle anderen behandelt wurde und mich frei mit diesen austauschen konnte, ohne dass eine Abgrenzung vorgenommen wurde. Zudem ließ man mich nicht allein, als ich meine Krisen hatte und mich unkooperativ verhielt, wobei man mir aber genug Raum zum Atmen und Denken gab, sodass ich wieder herausfinden konnte.

Im Ganzen hat mich die Tagesklinik weit gebracht. Sie half mir dabei, den Grund für viele meiner Probleme zu finden und Lösungsansätze zu entwickeln. Zudem löste sie viele meiner Sorgen auf, vor allem, wie ich auf andere wirke. Ich fühle mich mehr selbstbewusst und will mehr in meinen Leben wagen, anstatt zu zagen.

Ich danke ihnen allen aus ganzer Seele.«

2.2.11 Bonus – Tugend und Freiheit

Bei unserem Austausch über das Thema *Familienbande bei Autismus* kamen wir immer wieder auf abstraktere Themen, zu denen Benjamin dann seine Gedanken aufschrieb. An seinen Ausführungen zu den Themen *Tugend* und *Freiheit* möchten wir unsere Leser teilhaben lassen.

Inez:
Was bedeutet Tugend für dich?

2.2 Einblick: Gegenwart – Studium mit Autismus und Ablösung vom Elternhaus

Benjamin:
Tugend ist ein menschlicher Charakterzug, der den Mitmenschen mehr nützt als schadet. Eine Tugend hat immer etwas Selbstloses an sich. Ein ehrlicher Mensch z. B. wird auch dann die Wahrheit sagen, wenn es für ihn selbst unvorteilhaft ist oder ihm schadet. Allerdings kann auch eine Tugend sehr weit gehen und sich ins Negative verdrehen. Dies wäre bspw. der Fall, wenn der ehrliche Mensch den SS-Offizier nicht anlügt, um die im Keller versteckten Juden zu schützen.

Inez:
Welche Rolle spielt sie in deinem Leben?

Benjamin:
Ehrlich gesagt denke ich, dass ich wenig persönliche Tugend habe. Für meine Familie würde ich alles tun, aber für fremde Menschen beschränke ich mich auf den Standard, sie respektvoll zu behandeln und ihnen nicht zu schaden. Was eben der Anstand verlangt. Die einzige Tugend, die ihr mir zuschreiben würde, ist meine Ehrlichkeit. Das rührt aber auch vermutlich daher, dass ich sowieso nicht so gut lügen oder mich verstellen kann.

Inez:
Was macht deiner Meinung nach einen tugendhaften Menschen aus?

Benjamin:
Dass seine Existenz eine Bereicherung für seine Mitmenschen ist.

Inez:
Welche Tugenden haben deiner Meinung nach die einzelnen Mitglieder unserer Familie?

Benjamin:
Du bist stark und unermüdlich. Ganz gleich, was passiert, du hältst durch und tust, was getan werden muss. Vater hingegen ist ausdauernd und bedächtig, sodass er uns allen als Fundament Halt geben kann. Conrad war schon immer etwas reifer und erwachsener als ich, während Pascal vor Energie sprüht. Insgesamt halten wir alle zusammen und können uns gegenseitig vertrauen.

Inez:
Wozu benötigt man Tugend?

Benjamin:
Tugend ist der Kitt, der eine menschliche Gemeinschaft ohne Gewalt zusammenhalten kann. Wenn jeder für den anderen den zusätzlichen Meter geht, schreiten alle gemeinsam einen Kilometer weiter.

Inez:
Gibt es deiner Meinung nach so etwas wie eine autistische Tugend?

Benjamin:
Nein, vermutlich ist es eher so, dass Autisten zu gewissen Tugenden zu neigen scheinen. Zumindest hörte ich, dass Autisten generell freundlicher, empathischer und ehrlicher sein sollen als der Durchschnitt. Dies solltest du aber noch bestätigen bzw. widerlegen.

Inez:
Ich kenne viele freundliche, empathische und ehrliche autistische Menschen, kann aber trotzdem weder bestätigen noch widerlegen, dass es hier einen eindeutigen Trend in eine bestimmte Richtung gibt. Vermutlich komme ich aufgrund meiner Erfahrung mit dir gut mit autistischen Menschen zurecht, was dazu führt, dass diese mir entspannt begegnen können, weil ich sie nicht oder nur wenig unter Druck setze. Betreffs der Ehrlichkeit kann ich mich deiner Aussage nur anschließen. Der soziale Stress, der mit einer Lüge verbunden ist, und die Unordnung im Kopf, die durch eine Lüge verursacht wird, führen wohl dazu, dass autistische Menschen selten oder nie lügen, obwohl sie sehr wohl das Konzept einer Lüge verstanden haben.

Gibt es eine familiäre Tugend? Wenn ja, wodurch ist sie charakterisiert?

Benjamin:
Die wichtigste familiäre Tugend wäre, dass sie das Alte und das Junge in sich vereint. Das Alte nährt das Junge und das Junge stützt das Alte. Sie halten zusammen und erhalten so das Vorausgegangene, gehen aber auch zugleich auseinander, um neue Wege zu erkunden.

Inez:
Worin besteht der Unterschied zu familiären Traditionen?

Benjamin:
Tradition stellt einen Teil dieser familiären Tugend dar, die das Vorausgegangene erhält. Wie alles andere kann sie aber ins Negative verrutschen, wenn sie dazu missbraucht wird, dem Jungen Ketten anzulegen und auf einen bereits festgelegten Pfad zu zwingen.

Inez:
»Wenn du Menschen suchst, die dich auf diesem Weg begleiten, dann fühle dich frei, Kontakt mit uns aufzunehmen« – dieser Satz löste bei dir eine Auseinandersetzung mit der Formulierung »Fühl dich frei …« aus, der sich Gedanken zum Thema *Freiheit* anschlossen.

Wie empfindest du diese Formulierung? Sind Freiheit und Familie ein Widerspruch? Bedeutet Familie automatisch Unfreiheit? Oder kann Familie auch Freiheiten ermöglichen?

Benjamin:
Die Formulierung »Fühl dich frei …« finde ich eher widersprüchlich, denn sie drückt zumindest in meiner Wahrnehmung nicht eine Erlaubnis aus, etwas frei tun

zu können, sondern stellt mehr eine Bitte dar, etwas zu tun, wenn es nicht zu viele Umstände macht – wenn man es freundlich interpretiert. Im Blick zynischer Augen könnte man diese Formulierung auch als einfache Aufforderung verstehen, die allein aufgrund von Höflichkeit von Freisein spricht. Es könnte damit auch einen Bluff darstellen: Theoretisch wäre es für einen okay, wenn der andere sich ziert, doch man wäre auch in diesem Fall sehr enttäuscht.

Wenn ich diese simplen Worte so abwäge, stelle ich fest, dass sie zumindest mit meiner Interpretation doch sehr gut einfangen, wie man Freiheit in unserer Gesellschaft versteht. Vor allem persönliche Freiheit. Obwohl man uns sagt, dass wir frei in unseren Entscheidungen sind, stellt die Gesellschaft immer noch Erwartungen an den Einzelnen, die man gefälligst einzuhalten hat. Ich rede hier nicht von Gesetzen, zumindest nicht von den geschriebenen, sondern vielmehr von den sozialen Regeln, deren Brechen zwar keine juristischen Folgen hat, jedoch einen mit der Missachtung der umgebenden Leute bestrafen kann.

Bedeutet dies aber nun, dass wir unfrei sind? Schwierige Frage. Grundsätzlich würde ich sagen, dass wir keine absolute Freiheit genießen, allein deshalb, weil wir Gesetze haben. Jedoch liegt der Vorteil hier auf der Hand: Manche Taten wären gerade in Unmengen schädlich für eine Gesellschaft, womit auch die Freiheit, jene Taten begehen zu können, zwangsläufig schlecht sein muss. Ungerechtfertigtes Töten, ergo Mord, ist ein Paradebeispiel. Es geht also um Sicherheit und Freiheit, die sich die Waage halten[30] müssen. Auch wenn man sich endlos darüber streiten kann, welche Schale schwerer sein sollte und um wie viel, so dürften die meisten mir aber zustimmen, dass man das eine nicht vollkommen für das andere opfern sollte.

Kann man dies nun aber auf ungeschriebene, soziale Gesetze ummünzen? Nein, denn ich würde sagen, dass das eine andere Dynamik ist – zumindest in einer freien Demokratie, die Menschenrechte achtet. Viele beklagen, dass sie unfrei sind, weil ihnen die Reaktionen der anderen auf ihr Handeln nicht gefallen. Doch es wäre ein Widerspruch, wenn die anderen nicht die Freiheit hätten, so zu reagieren, wie sie fühlen. Man sollte z. B. nicht nur die Freiheit haben, entweder sexuell sehr aktiv oder zurückhaltend zu sein. Man sollte auch die Freiheit haben, sich gewisse Dinge über die anderen zu denken. Dies bedeutet dann auch, dass man, wenn man sich für eine bestimmte Art des Lebens entscheidet, gewisse Leute vor den Kopf stößt[31], welche dann mit diesem Kopf zurückhämmern[32]. Viele scheinen nicht einsehen zu wollen, dass die eigenen persönlichen Entscheidungen anderen nicht gefallen könnten. Während einige dies akzeptieren können und es sogar zum Teil ihrer Identität

---

30 Die Redewendung *sich/einander die Waage halten* beschreibt einen Zustand, bei dem sich zwei Dinge ungefähr gleich sind, bspw. bezogen auf deren Intensität oder Ausmaß. Dies kann auch bedeuten, dass Vor- und Nachteile einer Sache gleich verteilt sind. Die Formulierung bezieht sich auf eine Waage mit zwei Waagschalen, die sich bei gleicher Bestückung auf derselben Höhe befinden.
31 Die Redewendung *jemanden vor den Kopf stoßen* wird verwendet, um auszudrücken, dass jemand gekränkt, brüskiert, unhöflich behandelt oder beleidigt wurde. Der tatsächliche Schmerz bei einem Schlag auf den Kopf soll den Schmerz, den harte, scharfe Wörter verursachen können, versinnbildlichen.
32 Dieses Bild drängt sich mir als in Bildern denkender Autist auf, wenn ich die Redewendung *vor den Kopf stoßen* höre bzw. verwende.

machen, kontrakonform zu sein – man denke z. B. an Punks –, so wollen heutzutage die meisten die Gesellschaft dazu zwingen, ihre Lebensentscheidungen von ganzem Herzen gutzuheißen und zu bejubeln, anstatt »nur« zu tolerieren.

Welche Position nimmt nun aber die Familie in dieser Problematik ein? Eines vorweg: Was unsere Familie betrifft, verspüre ich keinerlei Unfreiheit. Ihr habt euch immer darauf konzentriert, dass ich und meine Brüder glücklich sein können und dass wir auf das Leben vorbereitet sind. Ihr habt an uns nie Erwartungen bzgl. dessen, wie wir unser Leben gestalten, gestellt. Ich mutmaße zwar, dass ihr die Erwartung habt, dass ich ein anständiger Mensch bin. Theoretisch könnte dies als eine Unfreiheit interpretiert werden, doch ich vermisse nicht die Freiheit, ein Unmensch zu sein. Bei vielen anderen (typischen) Familien sehe ich hingegen Parallelen zur freien Gesellschaft. Eltern haben oftmals Erwartungen und Vorstellungen, was aus ihren Kindern werden soll. Dies kann deren Wünschen zuwiderlaufen. Ich denke, dass beide Seiten hier ihre Freiheit ausüben dürfen und dafür mit den Konsequenzen leben müssen. Das Kind muss sich entscheiden, ob es den Wünschen seiner Eltern gerecht werden will oder seinen eigenen Weg gehen will, wofür es aber deren Missgunst in Kauf nehmen muss. Die Eltern hingegen müssen abwägen, ob das Pochen auf ihre Erwartungen es wert ist, die Beziehung zu ihrem Kind zu strapazieren. Unfreiheit würde in diesem Fall eher durch eine Unfähigkeit, die sozialen Konsequenzen einer Entscheidung akzeptieren zu wollen, entstehen.

2.2.12 Lebenszufriedenheit und »Glücklichkeit«

Lebenszufriedenheit und Glück sind ein Thema, welches in den letzten Jahren mit Bezug auf Autismus immer mehr in den Mittelpunkt gerückt ist. »»Eine gute Freundin, das wäre das größte Glück in meinem Leben««, schreibt bspw. Christine Preißmann, bei der das Asperger-Syndrom diagnostiziert wurde. Sie fährt fort: »Auch stelle ich es mir schön vor, ein eigenes Kind zu haben. Aber ich weiß, es würde mich überfordern, deshalb ist es gut so« (Preißmann, 2021, S. 9).

Lebenszufriedenheit ist »die Einschätzung der allg. Lebenslage einer Person durch sie selbst. Lebenszufriedenheit bezieht sich auf einen längeren Zeitraum und schließt die Bewertung ganz versch. Bereiche wie Partnerschaft, Beruf, Finanzen, Gesundheit usw. ein« (dorsch.hogrefe.com, o. D.). Die Lebenszufriedenheit hängt nicht nur von den allgemeinen, aktuellen Lebensbedingungen ab, sondern auch von erblich bedingten Persönlichkeitsmerkmalen. Zwei Personen in einer vergleichbaren Situation können demzufolge den Grad ihrer Lebenszufriedenheit sehr unterschiedlich bewerten.

Glück lässt sich unterteilen in Zufallsglück und Lebensglück. Zufallsglück beschreibt das Auftreten einer günstigen Variante einer bestimmten Situation. Mit Lebensglück wird ein Zustand erfasst, der durch als günstig wahrgenommene Lebensumstände zu einem glücklichen Gefühl führt. Dabei spielt meist der Vergleich mit den Lebensumständen anderer Personen eine Rolle. Im Gegensatz zum Zufallsglück lässt sich das Lebensglück in bestimmtem Maße beeinflussen, bspw. durch die Wahl des Partners oder eine berufliche Umorientierung. Lebensglück kann kurze Zeiteinheiten umfassen, aber auch längerfristig anhalten. Glück zu haben führt zu einem Zustand des Glücklichseins.

Lebenszufriedenheit und Glück verhalten sich ebenso wie Stimmung und Affekt zueinander wie Klima und Wetter. Sie unterscheiden sich in Intensität und Zeitdauer. Die Stimmung, die i. d. R. die Lebenszufriedenheit widerspiegelt, hat keinen eindeutigen Bezug zu Situationen, Tätigkeiten, Reizen oder Bedürfnissen.

In Bezug auf Autismus wird nicht nur die Frage diskutiert, was oder wer autistische Menschen glücklich macht, sondern auch, ob autistische Menschen überhaupt in der Lage sind, Glück zu empfinden. Das Glücks- und Zufriedenheitsempfinden autistischer Menschen könnte vermindert sein aufgrund »der Schwierigkeit der Interpretation von körperlichen Reaktionen. Es handelt sich also um die eingeschränkte Fähigkeit, Glück und Zufriedenheit fühlen zu können« (Schirmer, 2022, S. 35).

Möglicherweise ist das Glücks- und Zufriedenheitsempfinden autistischer Menschen eher dadurch vermindert, dass sie oft keine autismustypischen Auslöser für solche Gefühle gezeigt oder vorgelebt bekommen. Für nicht-autistische Menschen spielen Beziehungen, Freundschaften, die Arbeit und Finanzen eine große Rolle im Glücks- und Zufriedenheitsempfinden. Für autistische Menschen spielt sich das Glücks- und Zufriedenheitsempfinden oft im Kleineren ab, bspw. bei einer Waldwanderung, dem Lesen eines Buches oder dem Spielen eines Videospiels – alles Dinge, die im Erwachsenenalter von der Gesellschaft wenig als zufriedenheits- oder glücksspendend betrachtet und kommuniziert werden.

Inez:
Zum Thema Lebenszufriedenheit und Glück gebe ich dir einen kleinen Text aus meinem zweiten Buch als Anregung. Ich bitte dich, Gedanken zu diesem Thema zu äußern. Was machte dich als Kind glücklich, wie sieht es heute damit aus? Was benötigst du, um zufrieden bzw. glücklich zu sein? Wo siehst du den Unterschied zwischen Glück und Lebenszufriedenheit? Welche Rolle spielt die Familie dabei? Bist du der Meinung, dass deine Brüder glücklich sind?

> »Es ist wohltuend, Benjamin so entspannt und glücklich zu sehen.« Diesen kleinen Satz schrieb ich an einem äußerst kühlen Frühlingstag in mein Tagebuch, wobei dieser Tag überhaupt kein besonderer war. Ganz im Gegenteil, es war ein völlig normaler Tag, der dann allerdings durch das Wohlbefinden meines Sohnes, welches an diesem Tag so auffällig und angenehm war, dass es meine Seele streichelte, doch zu einem besonderen Tag wurde. Ich habe auch notiert, warum sich Benjamin so glücklich fühlte. Dazu reichten ein paar einfache Dinge: Die Sonne schien und Benjamin hatte eine gute Note im Sachkundetest geschrieben. Zum Mittagessen gab es sein momentanes Lieblingsessen, nämlich Ragout fin mit Reis, und sein Einzelfallhelfer Florian hatte den heutigen Termin kurzfristig abgesagt. Benjamin benötigte nicht viel, um glücklich zu sein, aber es gab leider viel zu viele Dinge, welche sein Glücklichsein allzu häufig störten. (Maus, 2014, S. 172 f.)

Benjamin:
Ich glaube, als ich noch ein Kind war, ging es in erster Linie nicht um die Dinge, die mich glücklich machten, sondern vielmehr um jene, die mich unglücklich machten. Genauer gesagt, was mich unter Stress setzte. Sei es das Wetter oder Stress in der Schule. Dies alles setzte mir zu, was meine Stimmung herunterzog. Damals war sie aber, ich denke, im Durchschnitt wesentlich höher als heute. Solange ich Video-

spiele zum Spielen oder Bücher zum Lesen hatte, war es nicht schwer für mich, glücklich zu sein, solange eben der Stress von außen nicht zu groß wurde. Ich machte mir nicht so viele Gedanken über die Zukunft. Ich werde garantiert in die nächsten Klassen kommen und wenn ich mein Abitur habe, mache ich mein Studium. Danach werde ich einen Job finden. Zukunftsangst hatte ich deshalb keine, weil ich naiv annahm, dass alles klappen würde. Zudem sorgte ich mich noch nicht um die Dinge, die ich wegen Stress und Unannehmlichkeit mied, wie z. B. meine Klassenkameraden. Wozu brauchte ich Freunde, wenn mir Videospiele mehr als genug Freude bereiteten?

Als ich aber langsam zu einem Erwachsenen heranwuchs, änderte sich dies, indem es sich umkehrte. Die Dinge wie Videospiele oder Bücher, die mir früher genug ausfüllende Freude bereiteten, wurden blasser. Natürlich hängt dies auch damit zusammen, dass man als Erwachsener andere Ansprüche entwickelt und zudem vieles, was in den Medien populär ist, bereits gesehen hat. Doch sie haben auch damit aufgehört, ein Loch zu füllen, dass ich erst jetzt wegen des Fehlens einer Füllung bemerkte. Insgeheim hatte ich mich wohl immer nach Freunden und nach einem Platz in einer Gemeinschaft gesehnt. Lange konnten vor allem Videospiele mir eine Illusion als Ersatz geben. Doch nun funktioniert es nicht mehr und ich habe keine andere Möglichkeit, das Loch zu fühlen. Deshalb bin ich mit meinem Leben unzufrieden.

Glück empfinde ich zwar noch immer, doch in meiner jetzigen Situation ist es mehr eine Droge zum Ablenken als etwas, was mich zufrieden macht. Ein gutes Spiel oder Buch oder was auch immer kann mich von meinen Sorgen ablenken, wenn auch nur selten. Wenn etwas meine Aufmerksamkeit fesseln kann, dann denke ich nicht darüber nach, dass ich ein Studium in Philosophie abgeschlossen habe, ohne über eine Idee zu verfügen, in welchem Feld ich arbeiten soll. Dementsprechend sorge ich mich nun auch um meine berufliche Zukunft. Hinzu kommt noch mein Selbstzweifel an dem eigenen Geschriebenen.

Der Unterschied zwischen Glücklichkeit und Lebenszufriedenheit liegt darin, dass erstere temporär ist, während zweitere langwieriger ist. Um mit seinem Leben zufrieden zu sein, muss man mehr als eine regelmäßige Portion Glück haben. Man muss auch sorgenlos sein oder zumindest sich nur mit einer ertragbaren Menge an Sorgen herumschlagen.

Ich bin mir deshalb nicht sicher, ob meine Brüder mit ihrem Leben zufrieden sind. Genug Glücklichkeit sollten sie aber haben, vor allem Pascal. Jedoch bleiben mir oft ihre Sorgen verborgen, weshalb ich kein Urteil über ihre Lebenszufriedenheit fällen kann.

Inez:
Als Kind und Jugendlicher war es immer schwierig, dich mit Gleichaltrigen zusammenzubringen. Wir sorgten dafür, dass du Kontakt mit den Freunden deiner Brüder hast, und meldeten dich auf deinen Wunsch hin beim Reiten und beim Karatesport an. In der Grundschulzeit habe ich auch Kinder aus deinen Schulklassen eingeladen oder Einladungen für dich organisiert, wobei deine Schulhelferin tatkräftig mitgewirkt hat. In der Oberschulzeit konnte und wollte ich derartige Dinge

nicht mehr tun, um dein Streben nach Selbstständigkeit nicht zu untergraben. Es schmerzt mich, dass dabei ein solches Loch entstanden ist.

Im Gespräch über den obigen Text zum Thema Lebenszufriedenheit und Glück gabst du zu bedenken, dass du diesen Text an einem schlechten Tag geschrieben hattest und dass er anders ausgefallen wäre, wenn du ihn an einem guten Tag geschrieben hättest. Nun folgt der Text noch einmal, dieses Mal aus der Perspektive eines guten Tages.

Benjamin:
Den vorherigen Text schrieb ich an einem schlechten Tag, genauer gesagt einen in einer langen Reihe von schlechten Tagen. Ich stehe zu dem, was ich geschrieben habe, doch je nach Gemütsfassung ändert sich mein Fokus und damit, welche Aspekte ich hervorhebe. Deshalb will ich nun an einem guten Tag aus einer optimistischeren Perspektive schreiben.

Der wichtigste Aspekt, der zuvor fehlte und der mir tatsächlich erst vor Kurzem selbst klar wurde, ist der, dass man selbst zu einem großen Teil für seine langfristige Lebenszufriedenheit verantwortlich ist, zumindest, solange man nicht von etwas sabotiert wird. Als ich den ersten Text schrieb, befand ich mich inmitten einer trüben Phase, welche hauptsächlich davon rührte, dass ich mich in einer Umbruchphase meines Lebens befinde und nicht vollkommen sicher bin, was die nächste Station für mich darstellt. Mich plagen Zukunftsängste und diese wurden zusätzlich von Erwartungen an mich selbst aufgeputscht. Ich werde hier nicht schreiben, was für Erwartungen es genau sind, denn dies ist zu persönlich. Doch ich werde schreiben, dass diese Erwartungen mich dazu brachten, Dinge zu tun und zu denken, die mir keine Freude bereiteten, mich unglücklich machten. Und dies allein für ein ungewisses Auskommen, welches von vielen weiteren Faktoren abhängig war, auf die ich keinen Einfluss hatte.

Natürlich ist es nicht falsch, an seine Zukunft zu denken und Pläne zu schmieden[33] sowie Dinge in Angriff zu nehmen, die einen auf den gewünschten Pfad bringen. Das Problem in meinem Fall war aber, dass ich mir von meinen Erwartungen die Dinge vermiesen ließ, die mir hätten Freude bereiten können. Als ich mir dann endlich die Frage stellte, was ich will, wurde mir klar, dass dies so geht. Ich habe meine Erwartungen, meine Träume nicht aufgegeben, doch nun stehen sie an zweiter Stelle hinter dem, was ich machen will.

Zusammengefasst kann ich damit schreiben, dass Lebenszufriedenheit auch von den Erwartungen abhängig ist, die man an sich selbst stellt, und dass man deshalb diese immer wieder infrage stellen und reflektieren sollte, um eine Neuausrichtung vorzunehmen.

---

33 Die Redewendung *Pläne schmieden* bedeutet, »Zukünftiges (z. B. Hochzeit, Reise) gezielt vor[zu]bereiten oder sich auch nur in der Fantasie aus[zu]malen«. Sie kann durch Hinzufügen eines Adjektivs sowohl eine positive Bedeutung (z. B. neue Pläne schmieden – und dabei voller Hoffnung sein) als auch eine negative Bedeutung (z. B. finstere Pläne schmieden – also etwas Schädliches oder sogar Kriminelles planen) erhalten (Röhrich, 2001, S. 1187).

2.3 Ausblick: Zukunft – Wünsche, Träume, Hoffnungen

Ich hoffe, dass ich später genug Geld verdiene, um für meinen Vater einen Pflegeroboter bezahlen zu können.
Benjamin

In einem Interview wurde ich einmal gefragt, was ich mir für die Zukunft meines autistischen Sohnes wünsche. Meine Antwort lautete folgendermaßen:»Für meinen autistischen Sohn wünsche ich mir von ganzem Herzen, dass er weniger an sich selbst zweifelt und dass er von möglichst vielen Außenstehenden so angenommen wird, wie er ist, wie er sein möchte. Ansonsten wünsche ich mir für ihn das, was ich allen meinen Kindern wünsche: dass sie ihre gesteckten Ziele erreichen und ein glückliches, selbstbestimmtes Leben führen« (ellasblog.de, 2018).

Aus meiner heutigen Sicht würde ich dem noch einen allgemeineren Wunsch hinzufügen: Ich wünsche mir gesellschaftliche Veränderungen, die autistischen Menschen Teilhabe besser ermöglichen und die das alltägliche sowie berufliche Leben erleichtern. Ich wünsche mir bspw., dass reizarme Einkaufsmöglichkeiten in Supermärkten nicht singuläre, medienwirksame Ereignisse sind, sondern zur selbstverständlichen Realität aufsteigen. Ich wünsche mir ebenfalls, dass Behörden E-Mails mit der gleichen Selbstverständlichkeit beantworten, wie sie den Satz »Wenn Sie Fragen haben, rufen Sie uns einfach an« in ihre Dokumente drucken. Die Liste ließe sich fortsetzen.

Inez:
In Elterngruppen erlebe ich immer wieder die Diskussion, dass Eltern ihre autistischen Kinder enterben wollen/werden, damit das Geld und die Güter dann durch die Geschwister verwaltet werden können. Argumente für das Enterben sind entweder ein schlechter Umgang mit Geld, das Leben von Grundsicherung (die würde dann ausgesetzt werden, bis das Erbe im Wesentlichen verbraucht ist) und ein vorhandener gesetzlicher Betreuer, dem nicht vollends vertraut wird. Wie ist deine Meinung zu diesem Thema?

Benjamin:
Schwierig. Grundsätzlich bin ich der Ansicht, dass jeder selbst entscheiden sollte, wem er sein Geld hinterlassen will. Ich muss gestehen, dass die genannten Gründe nachvollziehbar, zugleich aber auch etwas fadenscheinig klingen. Woran genau wird der schlechte Umgang mit Geld festgemacht? Vor allem im Unterschied zu dem normalen schlechten Umgang mit Geld, den man zumeist auch unter gewöhnlichen Menschen vorfindet? Geht es um das verantwortungslose Riskieren von Schulden? Oder geben die Autisten ihr Geld einfach nur für Dinge aus, die den Eltern nicht gefallen? Im ersten Fall wäre es verständlich, auch im Falle eines Nichtautisten. Im anderen Fall hingegen wirkt es ein bisschen so, als würde man den Autismus als Rechtfertigung dafür nehmen, ohne Schuldgefühl Druck auf den Autisten auszu-

üben, so zu leben, wie die Eltern es wollen. Das Erben bei einem Leben von Grundsicherung stellt ein systematisches Problem dar. Auch wenn ich den leichten Verdacht habe, dass da dasselbe Problem des Ausübens von Druck bestehen könnte, wäre es verständlich, dass man tricksen will, indem man dem Autisten das Geld auf einem Weg zukommen lässt, der die Grundsicherung nicht aussetzt, sodass am Ende mehr Geld zur Verfügung steht. Ein fehlendes Vertrauen zu dem gesetzlichen Betreuer hingegen würde aber auch ein fehlendes Vertrauen zu dem Autisten bedeuten.

Inez:
Wie fühlt sich ein autistischer Mensch in einer solchen Situation? Die erwachsenen Kinder, die enterbt werden sollen, sind oft kognitiv nicht beeinträchtigt und haben das Asperger-Syndrom.

Benjamin:
Man hat das Gefühl, dass man nicht für voll genommen wird. Wie ich schon schrieb, gibt es Situationen, in denen ich dieses Verhalten verständlich finde, da sie auch gute Gründe im Falle eines Nichtautisten darstellen würden. Jedoch kann ich mich nicht des Verdachts erwehren, dass in dieser Situation jede Charakterschwäche des Autisten schärfer berücksichtigt wird, als es im Fall eines Nichtautisten wäre. Ich kann natürlich nicht für jeden Einzelfall sprechen und sollte nicht zu sehr verallgemeinern, doch gerade, wenn die Autisten nicht kognitiv beeinträchtigt sind, klingt es sehr danach, als würde man ihnen den Umgang mit Geld nicht zutrauen und als würde man sie für gutgläubig halten. Autist zu sein, bedeutet aber im Umkehrschluss nicht, dass man gegen solche Charakterschwächen gefeit ist.

Inez:
Was würdest du Eltern empfehlen?

Benjamin:
Das käme auf den Einzelfall an. Allerdings vermute ich, dass zwei Umstände häufig der Fall sind. Zum einen scheinen sich die Eltern Sorgen zu machen, was mit dem autistischen Kind nach ihrem Tod passiert, und wollen es absichern. Zum anderen scheint es hinter dem Rücken des Autisten stattzufinden. Sollte dies beides der Fall sein, dann würde ich ein Gespräch zwischen den Eltern und dem Kind empfehlen, in denen beide Seite ihre Ängste und Sorgen darlegen und gemeinsam versuchen, für die Zukunft zu planen.

Inez:
Sollten Geschwister die Rolle von gesetzlichen Betreuern einnehmen, wenn eine solche Person notwendig ist?

Benjamin:
Sofern sie es wollen. Man sollte es aber nicht von ihnen erwarten, denn sie werden schließlich ihre eigenen Leben haben. Sie sollten auf jeden Fall über alle Familiendinge informiert und bei Entscheidungen eingebunden werden.

Inez:
Wie sind deine Wünsche, Träume, Hoffnungen die Zukunft betreffend?

Benjamin:
Ich möchte selbstständig werden, sodass ihr, du und Vater, euch keine Sorgen um mich machen müsst. Alles andere steht jetzt eher im Hintergrund oder ist Mittel zum Zweck, bis ich auf meinen eigenen beiden Beinen stehe.

Inez:
Welche Verbindung wünschst du dir zu deinen Brüdern in deinem weiteren Leben? Wie stellst du dir diese Verbindung vor?

Benjamin:
Ich will eine gute Beziehung zu meinen Brüdern haben und in Kontakt zu ihnen bleiben, ganz gleich, wie weit unsere Wege auseinandergehen. Wobei diese es sollten, zumindest so weit, dass meine Brüder mich nicht behüten müssen. Ich will zwar auf ihre Hilfe zählen können, dafür sie aber eben auch auf meine. Und sollten sie einmal Familien gründen, will ich ein guter Onkel sein.

Inez:
Im Eingangszitat steht, dass du hoffst, später einen Pflegeroboter für deinen Vater bezahlen zu können. Wenn unwissende Personen dieses Zitat lesen, könnten sie sich in einer irrtümlichen Meinung über empathielose Autisten bestätigt fühlen.

Im Gespräch mit mir stellte sich heraus, dass du durch den Pflegeroboter mehr Zeit für deinen Vater haben möchtest. Wenn du pflegende Tätigkeiten, die auch ein Roboter oder eine andere Person ausführen könnten, ausüben würdest, könntest du diese Zeit nicht damit verbringen, dich mit deinem Vater zu beschäftigen – ihm etwas vorlesen, erzählen, ein Spiel spielen. Außerdem fürchtest du aufgrund deiner motorischen Probleme, dass du die Pflege nicht so gut wie ein Pflegeroboter leisten könntest. Der Pflegeroboter ersetzt keine persönliche Zuwendung – wie man beim flüchtigen Lesen deiner Zeilen und ohne Nachfrage vorschnell urteilen könnte –, kann aber körperlich schwere Arbeit erleichtern und Ressourcen für gemeinsame Aktivitäten freilegen.

2.4 Seitenblick: Gedanken weiterer Mitglieder zur Familie

Familienbande beschreibt einen besonderen Zusammenhalt von Familienmitgliedern. Diesen besonderen Zusammenhalt haben wir bisher in diesem Kapitel von zwei Seiten zu unterschiedlichen Zeiten beleuchtet. An dieser Stelle sollen nun weitere Familienmitglieder zu Wort kommen. Sind sie ebenso der Meinung, dass

Familienbande mit einem autistischen Kind in der Familie möglich sind und dass sie in unserer Familie existieren? Bedarf es hierzu anderer Strukturen als in Familien ohne ein solches Kind und gibt es andere äußerlich wahrnehmbare Signale? Wie funktioniert unsere Familie trotz Autismus? Was hält sie zusammen? Wie äußert sich das Zusammengehörigkeitsgefühl? Diese Fragen beantworten zum einen Benjamins jüngerer Bruder und zum anderen sein Vater. Beide kennen zum Zeitpunkt des Verfassens ihrer Texte weder meine Kommunikation mit Benjamin noch den Text des jeweils anderen.

2.4.1 Der jüngere Bruder (Gastbeitrag)

In unserer Familie von Familienbande zu sprechen, ist ohne Zweifel angebracht. Ich denke, das liegt zu großen Teilen daran, dass meine Eltern mir und meinem Bruder Conrad den Autismus von Benjamin nahegebracht haben, ohne ihn als fremdartig erscheinen zu lassen. Natürlich waren gerade in unserer Kindheit andere Strukturen als in befreundeten Familien vorhanden, aber das waren die Strukturen, mit denen unsere Familie als Ganzes funktioniert, und keine Strukturen, die etabliert wurden, weil ein einzelner (Benjamin) sie brauchte. Nie hörte ich einen Satz wie »Benjamin ist Autist, daher machen wir das so« oder Ähnliches. Benjamins Bedürfnisse wurden immer geachtet, aber die von Conrad und mir ebenso. Stattdessen haben meine Eltern uns schon früh an Themen wie die innere und äußere Wahrnehmung herangeführt und uns damit aufgezeigt, wie unterschiedlich diese scheinbar selbstverständlichen Dinge wie Reizverarbeitung sind. Daher gab es für mich nie so etwas wie Benjamin und seinen Autismus, sondern es gab jeden von uns als individuelle Person.

Conrad war und ist immer noch für mich der »klassische« große Bruder. Durch sein Alter hat er als Erster Erfahrungen gemacht, wie es in der Grundschule ist, im Gymnasium und dann auch im Studium. Das war für mich immer spannend und hat dazu geführt, dass ich ihm stets bereitwillig zugehört habe. Heutzutage ist das immer noch so, auch wenn wir uns mehr auf einer Ebene bewegen. Wenn es als Kind eher ein Gefühl von Bewunderung und Neugier war, welches ich für ihn empfand, so ist es heute Respekt und Verbundenheit, auch durch die ähnlichen Erfahrungen, die wir beide gemacht haben. Wenn es darum ging zu teilen, war das mit Conrad immer etwas nervig. Am Ende war er nie geizig oder unwillig, aber einiges an Verhandlung bedurfte es schon. Das hat mich früher definitiv frustriert, aber nur kurzfristig, und es hat nicht zu längeren negativen Emotionen geführt.

Meine Beziehung zu Benjamin zu beschreiben ist schwieriger, aber sie ist nicht weniger positiv als die zu Conrad. Mit Benjamin hatte ich – auch durch den kleineren Altersunterschied – ein im positiven Sinne rivalisierendes Verhältnis. Auf der einen Seite habe ich versucht mich abzusetzen, um nicht »einer der zwei Brüder« zu sein, aber auf der anderen Seite war ich immer froh, Benjamin dabei zu haben, weil damit mindestens eine vertraute Person da war. Gerade auf dem Reiterhof, wo es oft neue und unvorhergesehene Situationen gibt, war ich erleichtert, diese nicht vollkommen allein durchstehen zu müssen. Ich denke, Benjamin ging das ähnlich.

Benjamins Autismus hat definitiv mein Leben beeinflusst. Vor allem hat er die Notwendigkeit geschaffen, sich schon früh mit Dingen wie Individualismus auseinanderzusetzen, was meine Ansichten dazu stark geprägt hat. Die Schwierigkeiten, die manchmal auftraten, haben mir – im Nachhinein betrachtet – geholfen, vieles zu hinterfragen und andere Perspektiven auf Situationen einzunehmen. Zu guter Letzt, ohne Benjamins Autismus wären wir vielleicht nie zu dem Reiterhof gekommen, der für meine Kindheit und Jugend von zentraler Bedeutung war und der mir unter anderem meine bis heute während Liebe für Pferde offenbart hat.

Würde mir die Wahl gegeben, so hätte ich mit meinem heutigen Wissen nicht grundlegend anders gehandelt als damals. Vielleicht hätte ich einige Situationen besser verstanden und etwas anders reagiert, aber am Ende hat es mich dahin gebracht, wo ich jetzt bin: Teil einer Familienbande, an der ich nichts ändern möchte.

2.4.2 Der Vater – Funktionale Familie (Gastbeitrag)

Mit der Gewissheit, dass man ein Kind mit besonderen Bedürfnissen hat, wurde eine meiner großen Lebensängste Realität. Es hörte sich an wie das Klicken von Handschellen.

Es wurde schnell klar, dass nichts in unserem Leben so laufen würde, wie es geplant war. Nicht nur, dass an wissenschaftliche Karrieren nicht mehr zu denken war, auch materieller Wohlstand, der über einen gut gefüllten Kühlschrank hinausging, rückte in unerreichbare Ferne, wenn nun dauerhaft ein Gehalt, noch dazu das größere meiner Frau, wegfiele. Und die Familienplanung war auch plötzlich wie von außen beendet worden.

Meine Eltern hatten sich mit ihren Geschwistern zerstritten und die entferntere Verwandtschaft meiner Frau habe ich das erste und letzte Mal auf unserer Hochzeit gesehen.

Die Eltern und Schwiegereltern selbst waren uns keine Stütze. Unsere Probleme wurden stets marginalisiert. Es wäre sogar fast zum Bruch mit meinen Eltern gekommen, als meine Mutter uns verbot, Benjamin auf Besuch mitzubringen. Der Junge täte ihr so leid und sie könne das Elend nicht mit ansehen. Für mich war damit jedes Maß überschritten, aber meine Frau wollte unseren drei Kindern nicht auf lange Sicht die Großeltern nehmen.

Die ausbleibende Unterstützung von außen hat uns schnell verdeutlicht, dass wir uns nur gegenseitig stützen können.

Somit ist Familie für mich lediglich der innerste Kreis, den ich selbst mit aufgebaut habe.

Und sie funktioniert nicht anders, als ich es mir immer vorgestellt habe.

Wir vertrauen einander.
Meine Frau ist der Mensch in meinem Leben, der alle Versprechen gehalten hat. Ich würde ihr in jeder Situation bedenkenlos mein Leben anvertrauen.
Und ich hoffe, sie nie zu enttäuschen, wenn es darauf ankommt.
Unsere Jungen kamen und kommen mit Themen auf uns zu, mit denen ich nie im Leben zu meinen Eltern gegangen wäre.

2.4 Seitenblick: Gedanken weiterer Mitglieder zur Familie

Wir reden miteinander.
Über fast alles. Große und kleine Politik, Kindererziehung, Wünsche und Sorgen. Nur über eines haben wir nie gesprochen: über ein drittes Kind. Wir wussten wohl beide, dass wir uns das nicht trauen würden, wenn wir darüber reden und alles Für und Wider abwägen würden. Also haben wir in diesem Fall nicht geredet, sondern gehandelt.
Unsere drei Jungen haben fachlich betrachtet sehr unterschiedliche Bildungswege gewählt. Das hindert sie nicht daran, lange Gespräche zu führen – über deren Inhalt ich nichts weiß –, wenn sie die Gelegenheit dazu haben. An ihren Gesichtern danach sehe ich, dass es gute Gespräche sind.

Wir suchen Lösungen.
Immer sind wir bemüht, uns darüber zu verständigen, was wir an den Umständen ändern oder wie wir sie zumindest beeinflussen können. Dann arrangieren wir uns im Rahmen des Unvermeidlichen.
Das klassische Ehemodell mit einem Verdiener und einer Kindererzieherin und Haushaltsbesorgerin war nicht unsere Wahl, aber für mehrere Jahre das am besten passende.

Wir achten auf jeden.
Als klar war, dass Benjamin mehr Aufmerksamkeit braucht, haben wir überlegt und ausprobiert, wie wir verhindern können, dass unsere anderen Kinder zu kurz kommen oder auch nur das Gefühl, es sei so, bekommen.
Meine Frau hat es verstanden, jedes Extra, das wir für Benjamin gekauft oder veranstaltet haben, zu einem Ereignis für alle zu machen. Das war im Kleinen so, wenn es z. B. therapeutisches Spielzeug betraf. Dann bekam nicht nur Benjamin eben dieses Spiel, sondern alle wurden einbezogen oder bekamen etwas Ähnliches. Es war auch im Großen so: Höhepunkt dieser Aktivitäten waren die ganz eigenen Familien-Ferienspiele, die in tagelangen thematischen Aktionen gipfelten.
Jeder Therapiebesuch, bei dem Pascal mitgenommen werden musste, wurde zu einem kleinen Abenteuer. Es gab Seelenfutter wie Eis oder Kekse, es wurde ein »Umweg« über den Spielplatz gemacht oder den Enten im Park wurde ein Besuch abgestattet.
Als Paar haben wir immer versucht, uns gegenseitig Rückendeckung zu geben und uns rechtzeitig kleine Auszeiten und Freiheiten zu ermöglichen.
Das wir damit nicht völlig falsch liegen, konnten wir daran festmachen, dass auch unsere Kinder sich – sobald sie etwas verständiger waren – in unser familiäres Unterstützernetzwerk einbrachten.

Wir halten zusammen und verlassen uns aufeinander.
Unsere kleine Familie ist der lebenslang garantierte Rückzugsraum für jeden von uns. Hier muss sich niemand verstellen, anpassen oder rechtfertigen.
Das gilt unabhängig davon, wie sich äußere und innere Umstände mit der Zeit verändert haben und noch verändern werden.

Wir lieben einander, bedingungslos.
Liebe muss man sich nicht verdienen, man muss sie es nicht einmal wert sein. Wobei Letzteres meint, dass man auch dann geliebt wird, wenn man sich seines eigenen Wertes nicht bewusst ist.

Wir halten einander.
Wer den Halt verliert, wird aufgefangen.
Doch wir sind unterschiedliche Trost-Typen. Der eine braucht mehr Zuspruch und Zuwendung, der andere eher mehr Rückzug.

Wir lassen uns los.
Als die Jungen nacheinander ins Studentenleben eintraten, war *Hotel Mama & Papa*[34] das beste Wohnangebot in der großen Stadt. Unser Familienleben war nie sehr hierarchisch organisiert, aber nun wandelte es sich ziemlich bald in eine Studenten-WG. Jeder hatte seinen eigenen, unabhängigen Tagesablauf, gemeinsame Mahlzeiten gab es nur noch selten, sie waren dann aber immer ein Höhepunkt. Die erwarteten Beiträge zu Hausarbeit und Haushaltskasse wurden ausgehandelt und eingefordert. Aber für die Gestaltung seines persönlichen Lebens hat jeder selbst die Freiheit und Verantwortung.

Muss ich jetzt noch etwas über Autismus schreiben?

2.5 Überblick: Strategien zum Realisieren von Familienbande

»In unserer Familie von Familienbande zu sprechen, ist ohne Zweifel angebracht«, schreibt Benjamins jüngerer Bruder in der ersten Zeile seines Beitrags in diesem Buch (▶ Kap. 2.4.1). Dem kann ich mich nur anschließen. Um Familienbande zu realisieren, sind und waren Strategien notwendig, die zum einen allgemeiner Natur sind und in jeder Familie funktionieren sollten. Zum anderen erforderte es Strategien, die speziell auf die Situation mit einem autistischen Familienmitglied zugeschnitten sind.

Allgemeine Strategien, die einen Beitrag dazu leisten, dass Familienbande entstehen, sind bspw.:

- Mitbestimmung (altersentsprechend),
- eine offene Kommunikation (Fragen nach Missständen – altersentsprechend),
- das Interesse an den anderen Mitgliedern der Familie,

---

34 Die Erklärung der Formulierung *Hotel Mama* oder *Hotel Mama & Papa* findet sich als Fußnote im Kap. 2.2.9.

- die Unterstützung für die anderen Mitglieder der Familie,
- Wertschätzung,
- das Teilen von Erlebnissen,
- eine emotionale Verbundenheit.

Spezielle Strategien, die in Familien mit einem autistischen Mitglied einen Beitrag dazu leisten, dass Familienbande entstehen, sind bspw.:

- das Aushandeln von tragfähigen Konzepten des Zusammenlebens,
- eine offene Kommunikation auch über das Thema *Autismus* (Fragen nach Missständen – altersentsprechend),
- die Aufklärung über Autismus (altersentsprechend und entsprechend der Stellung der aufzuklärenden Person in der Familie),
- das Suchen und Annehmen von außerfamiliärer Unterstützung,
- die Berücksichtigung von Entscheidungen des autistischen Kindes/Jugendlichen (altersgerecht),
- das Überdenken von klassischen Familienmodellen.

Familien mit einem autistischen Kind müssen sich von dem Gedanken lösen, dass nur Dinge, die alle gemeinsam tun, echte Familienerlebnisse sind. Oft werde ich bei Veranstaltungen zum Geschwisterthema Folgendes gefragt: »Wie können wir denn eine richtige Familie sein, wenn wir nichts zusammen unternehmen können?«

> Die richtige Familie gibt es nicht. Sich diesem vermeintlichen Ideal nähern zu wollen, bringt einer Familie mit einem Kind mit Autismus nur Frustration, Streit und das Gefühl, etwas scheinbar Einfaches nicht zu schaffen, nicht leisten zu können. Daher ist es wichtig, dass jede Familie für sich herausfindet, was es für sie, und nur für sie, bedeutet, eine Familie zu sein.
> Familie bedeutet nicht, alles gemeinsam zu tun. Aber Familie bedeutet, für den anderen da zu sein und zu schauen, dass es allen Mitgliedern dieser Gemeinschaft möglichst gut geht. Familie bedeutet, Kompromisse zu schließen. Familie ist im günstigsten Fall eine Symbiose – in der streng biologischen Bedeutung des Wortes –, also ein Zusammenleben zum gegenseitigen Vorteil. (Maus, 2017a, S. 9)

Für Familien mit einem autistischen Kind kann es daher bspw. wichtig sein, sich von der Vorstellung zu lösen, dass Familie bedeutet, immer alles gemeinsam tun zu müssen. Wenn eine Familie sich am Wochenende aufteilt und zwei verschiedene Aktivitäten durchführt, sich aber hinterher zusammensetzt und die Erlebnisse austauscht, ist dies ein ebenso vollwertiges Familienerlebnis wie ein gemeinsamer Ausflug.

Ein Umdenken familiärer Werte und ein selbstbewusstes Annehmen und Leben der neuen Werte führt zu entspannteren und im besten Fall glücklichen Familien. Erfolgreiche Vorbilder dafür gibt es bereits bei anderen Modellen von Familie wie z. B. den Patchwork- und Regenbogenfamilien.

3 Interviews mit Vertretern anderer Familien mit autistischem Mitglied

Inez Maus

Doch dieses Licht erleuchtet nur den Weg in eine noch größere Dunkelheit voller Fragen.
Benjamin

Im Vorwort deutete ich bereits an, dass in diesem Buch funktionierende Beziehungen in Familien mit einem autistischen Mitglied aus verschiedenen Perspektiven beleuchtet werden. Nachdem der Austausch mit meinem autistischen Sohn tiefe Einblicke in die Entwicklung unserer Familie gegeben hat, werden nun einige genormte Interviews, die ich mit Mitgliedern unterschiedlicher Generationen aus anderen Familien mit autistischen Personen zu diesem Thema geführt habe, einen Blick über unseren eigenen sprichwörtlichen Tellerrand[35] ermöglichen und weitere Bewältigungsstrategien sowie Lebensmodelle offenbaren. Damit wird unserer persönlichen Erfahrung – verdeutlicht durch zwei Perspektiven – etwas Repräsentativität hinzugefügt, indem auch das Wissen und die Erlebnisse anderer Familien einfließen.

Das dritte Kapitel beschäftigt sich mit den Interviews, die ich mit Familien mit jugendlichen oder erwachsenen autistischen Kindern führte. Es werden die Rahmenbedingungen der Interviews beschrieben und Kernaussagen wiedergegeben. Die Auswertung der Interviews liefert die Möglichkeit für Vergleiche, Verallgemeinerungen, Anregungen oder das Aufzeigen besonderer Konzepte und Lebenswege.

---

35 Wenn man über den Tellerrand eines auf einem gedeckten Tisch stehenden Tellers schaut, würde man Gläser, Besteck, vielleicht eine Kerze und in einiger Entfernung auch Personen, die an dem Tisch Platz genommen haben, entdecken. Dazu müsste man allerdings ein Insekt oder ein anderes kleines Lebewesen sein, um eine Position auf dem Teller einnehmen zu können. Die Redewendung *über den Tellerrand schauen* bedeutet, seinen Horizont zu erweitern und Dinge in anderen oder größeren Zusammenhängen zu sehen. Sie kann auch bedeuten, nicht nur naheliegende Erklärungen in Betracht zu ziehen oder die Konsequenzen der eigenen Handlungen zu berücksichtigen.

3.1 Rahmenbedingungen der Interviews

3.1.1 Auswahl der Interviewpartner

Für die Auswahl der Interviewpartner legte ich zwei Kriterien fest. Zum einen sollte zu der jeweiligen Familie eine autistische jugendliche oder erwachsene Person gehören, die während der Kindheit in diesem Familienverband gelebt hatte. Das Alter der autistischen Personen war wichtig, um im Interview auf die Kindheit zurückblicken zu können.

Zum anderen sprach ich nur Familien an, bei denen ich mindestens ein Mitglied persönlich kenne. Dies waren Familien, die von meiner Position aus betrachtet einen besonderen familiären Zusammenhalt aufweisen, den ich mithilfe der Interviews ergründen möchte. Die kontaktierten Mütter oder Väter hatte ich bei meinen Fortbildungen oder Lesungen, auf Tagungen und Kongressen sowie in Selbsthilfegruppen kennengelernt.

3.1.2 Zeitlicher Rahmen und Art der Befragung

Ende November 2020 begann ich mit dem Versenden der Anfragen per E-Mail. Das Gewinnen von Interviewpartnern gestaltete sich schwieriger als erwartet. Die meisten der angefragten Mütter oder Väter sagten sofort zu, eine Anfrage blieb unbeantwortet und eine Familie lehnte ein Interview ab. Die zu den teilnahmebereiten Elternteilen dazugehörigen autistischen Kinder im Jugend- oder Erwachsenenalter benötigten fast alle viel Zeit für eine Entscheidung. Einige lehnten nach langer Bedenkzeit ab. Ein Vater erklärte die Absage seiner Tochter bspw. folgendermaßen: »Mir ist klar geworden, dass die Teilnahme für uns als Eltern eher eine Würdigung und Aufarbeitung des Erlebten und Geleisteten wäre, und dass es für G… eher eine Qual bedeuten würde, sich intensiv an diese Zeit zu erinnern.« Andere benötigten vorab weitere Informationen zu dem Projekt. Den Zögerlichen bot ich nach reger E-Mail-Kommunikation virtuelle Treffen an, die dankbar angenommen wurden und Unklarheiten oder Bedenken schneller aus dem Weg räumen konnten. Wenige baten mich zudem um ein Telefonat.

Bis zum Sommer 2021 erklärten sich acht Familien zur Teilnahme bereit. Somit konnte ich im August 2021 die Interviewfragen (► Kap. 3.1.3) in je zwei Varianten an die teilnehmenden Familien per E-Mail verschicken, da die Interviews in schriftlicher Form geführt werden sollten. Ich wählte absichtlich eine Kommunikationsform, die von vielen autistischen Menschen bevorzugt wird, da die Schriftform keinen sozialen Stress bspw. in Form von Blick- und Körperkontakt, Mimik und Gestik oder Prosodie der gesprochenen Sprache liefert, sondern eine Konzentration auf die Inhalte ermöglicht. Für die Beantwortung der Fragen plante ich eine Bearbeitungszeit von drei Monaten ein. Während dieser Zeit stand ich in regelmäßigem Kontakt mit den Teilnehmern.

Bezüglich des Umfanges der Antworten gab es keine Limitationen. Dementsprechend fielen die Antworten unterschiedlich lang aus und umfassten zwischen einer und sechzehn Normseiten. Fast alle Teilnehmer beantworteten durchgängig alle Fragen, nur eine Person ließ einige Fragen unbeantwortet. Eine Teilnehmerin bevorzugte die Beantwortung der Fragen auf Papier. Da sie keinen Drucker besitzt, druckte ich die Fragen auf einzelnen Blättern aus und schickte sie ihr per Post. Auf dem gleichen Weg erreichten mich ihre Antworten.

Alle Teilnehmer hatten die Möglichkeit, anonym, mit dem Vornamen oder mit dem Vor- und Zunamen im Buch genannt zu werden (▶ Kap. 3.2.1). Die Teilnehmer wurden von mir aufgefordert, sich vor der Beantwortung der Fragen nicht innerhalb der Familie über den Inhalt auszutauschen und die Fragen unabhängig voneinander zu beantworten, da diese Vorgehensweise für die Auswertung der Interviews sehr wichtig war.

Zur Einordnung der Interviews in verschiedene Kontexte erbat ich im Anschreiben zu den Interviewfragen einige Angaben zur Familiensituation. Diese Fragen (siehe unten) konnten von einem einzelnen Interviewpartner oder gemeinsam von beiden Interviewpartnern einer Familie beantwortet werden.

Folgende Angaben zur Familiensituation wurden erfragt:

1. Welche Form von Autismus wurde bei dem autistischen Familienmitglied diagnostiziert?
2. In welchem Alter erfolgte die Diagnose?

Die weiteren Fragen bezogen sich auf die Zeit, in der das autistische Kind der Familie zwischen sechs und achtzehn Jahre alt war.

3. Aus welchen Familienmitgliedern bestand die (Kern-)Familie in dieser Zeit?
4. Gab es Wechsel der Bezugspersonen des autistischen Kindes (bspw. durch Scheidung, neue Partnerschaft)?
5. Gibt es Besonderheiten bei den Kindern der Familie (Zwillinge, Mehrlinge, Halbgeschwister, Stiefgeschwister …)?

Nach dem Versand der Fragen zogen drei Familien ihre Bereitschaft zum Interview aus verschiedenen Gründen zurück. Als Grund wurden Zeitmangel, eine anstrengende Ausbildung und die große Belastung durch die Corona-Pandemie angegeben. Eine Mutter schrieb bspw.: »Ich sehe, wie sehr ihn die Bewältigung des ganz normalen Alltags anstrengt, da bleibt keinerlei Kraft übrig.«

In einer Familie kam es anderweitig krankheitsbedingt zu erheblichen Verzögerungen bei der Beantwortung der Fragen. In dieser Familie übernahm schließlich die Schwester des autistischen Familienmitgliedes die Beantwortung der Fragen. Dazu passte ich den Fragenkatalog für Mütter/Väter (▶ Kap. 3.1.3) entsprechend an.

Mehrere Teilnehmer erkrankten während der Bearbeitungszeit an COVID-19, einige hatten nach der Infektion mit Symptomen einer Long-Covid-Erkrankung zu kämpfen. Ich bin diesen Teilnehmern besonders dankbar dafür, dass sie nach ihrer Genesung die Auseinandersetzung mit den Interviewfragen fortgesetzt haben. Im Spätsommer 2022, später als geplant, lagen mir alle Antworten zu den Interviews in schriftlicher Form vor.

3.1.3 Auswahlkriterien der Fragestellungen

Die Auswahlkriterien der Interviewfragen ergaben sich aus dem Grundanliegen des Projektes. Die Fragen beziehen sich demzufolge auf die Wahrnehmung von Beziehungen innerhalb der Familie. Sie ermuntern außerdem, die Entwicklung der eigenen Familie im Rückblick zu analysieren. Um funktionierende familiäre Strukturen ergründen zu können, müssen beide beteiligten Generationen zu Wort kommen. Dies sind einerseits die Eltern und andererseits die Kinder.

Jeweils zwei Generationen einer Familie sollten mithilfe eines Interviews über das Zusammenleben während der Kindheit des autistischen Mitgliedes befragt werden. Alle Teilnehmer erhielten die gleichen Fragen, um bei der Auswertung der Interviews Vergleichbarkeit zu ermöglichen. Einige Fragen wurden an die jeweilige Generation angepasst. Diese Interviewfragen sind demzufolge nicht wortgleich, sondern inhaltlich gleich, wie das folgende Beispiel verdeutlicht:

- Frage Nr. 13 – Variante für Mutter/Vater: Was hat Ihnen geholfen, um das Familienleben mit einem autistischen Kind gut zu meistern? Wer hat ihnen geholfen?
- Frage Nr. 13 – Variante für Tochter/Sohn: Was hat Ihnen geholfen, um im Familienleben gut zurechtzukommen? Wer hat Ihnen geholfen?

Ich habe bewusst darauf verzichtet, nach gewissen Aspekten wie familiären Höhepunkten oder Beziehungen einzelner Familienmitglieder untereinander (bspw. Geschwister) zu fragen, um die Bandbreite der möglichen Antworten nicht einzuschränken. Im Umkehrschluss bedeutet dies, dass diese Aspekte bei der Beantwortung fast jeder Frage Eingang finden können, aber nicht müssen. Mehrere Teilnehmer des Interviews interpretierten die Frage nach »familiären Ereignissen« (Frage Nr. 4), die auf wiederkehrende Alltagserlebnisse wie bspw. das Lesen von Gutenachtgeschichten abzielte, allerdings als Frage nach familiären Höhepunkten.

Folgende Fragen erhielten die Interviewpartner in schriftlicher Form:

- Interviewfragen zum Buchprojekt »Autismus und Familie« (Arbeitstitel) – Variante Mutter/Vater:
  1. Bitte beschreiben Sie zwei schöne Erlebnisse aus der Kindheit Ihres autistischen Kindes, bei denen die Familie eine wichtige Rolle gespielt hat.
  2. Wie äußert sich für Sie ein familiäres Zusammengehörigkeitsgefühl?
  3. Wodurch unterscheidet sich Ihre Familie von Familien ohne autistisches Mitglied?
  4. Gab es familiäre Ereignisse, die anders als in Familien ohne autistisches Mitglied begangen wurden? Falls ja, bitte geben Sie ein oder zwei Beispiele.
  5. Welche positiven Auswirkungen hatte der Autismus Ihres Kindes auf das Familienleben?
  6. Welche negativen Effekte hatte der Autismus Ihres Kindes auf das Familienleben?
  7. Welche speziellen Strategien hat die Familie entwickelt, um mit der besonderen Situation umzugehen?

8. Welche Erwartungen und Hoffnungen bezogen auf Ihr Kind haben sich erfüllt, welche nicht?
9. Welches Gefühl ist das dominierende, wenn Sie an Ihre Familie während der Kindheit Ihres autistischen Kindes denken? Bitte erläutern Sie Ihre Antwort.
10. Was kam aus Ihrer Sicht von dem, was Sie an Zuwendung gegeben haben, beim autistischen Kind an? Können Sie hierfür ein Beispiel geben?
11. Wie äußerte sich Zuwendung/Zuneigung für die Eltern beim autistischen Kind? Können Sie hierfür ein Beispiel geben?
12. Welche Fehler haben Sie aus Ihrer heutigen Sicht im Umgang mit Ihrem autistischen Kind gemacht? Können Sie hierfür Beispiele geben?
13. Was hat Ihnen geholfen, um das Familienleben mit einem autistischen Kind gut zu meistern? Wer hat ihnen geholfen?
14. Wenn Sie zurückblicken – was oder wer hätte Ihnen außerdem helfen können, um das Familienleben mit einem autistischen Kind gut zu meistern? Warum war solche Hilfe nicht erreichbar?
15. Empfinden Sie Autismus eher/überwiegend als Neurodiversität oder als Störung?

- Interviewfragen zum Buchprojekt »Autismus und Familie« (Arbeitstitel) – Variante Schwester:
    1. Bitte beschreiben Sie zwei schöne Erlebnisse aus der Kindheit mit Ihrer Schwester, bei denen die Familie eine wichtige Rolle gespielt hat.
    2. Wie äußert sich für Sie ein familiäres Zusammengehörigkeitsgefühl?
    3. Wodurch unterscheidet sich Ihre Familie von Familien ohne autistisches Mitglied?
    4. Gab es familiäre Ereignisse, die anders als in Familien ohne autistisches Mitglied begangen wurden? Falls ja, bitte geben Sie ein oder zwei Beispiele.
    5. Welche positiven Auswirkungen hatte der Autismus Ihrer Schwester auf das Familienleben?
    6. Welche negativen Effekte hatte der Autismus Ihrer Schwester auf das Familienleben?
    7. Welche speziellen Strategien hat die Familie entwickelt, um mit der besonderen Situation umzugehen?
    8. Welche Erwartungen und Hoffnungen bezogen auf die Rolle Ihrer Schwester als Geschwisterkind haben sich erfüllt, welche nicht?
    9. Welches Gefühl ist das dominierende, wenn Sie an Ihre Familie während der gemeinsamen Kindheit denken? Bitte erläutern Sie Ihre Antwort.
    10. Was kam aus Ihrer Sicht von dem, was Ihre Eltern und Sie an Zuwendung gegeben haben, beim autistischen Kind an? Können Sie hierfür ein Beispiel geben?
    11. Wie äußerte sich Zuwendung/Zuneigung für die Eltern und für Sie beim autistischen Kind? Können Sie hierfür ein Beispiel geben?
    12. Welche Fehler haben Sie oder Ihre Eltern aus Ihrer heutigen Sicht im Umgang mit Ihrer autistischen Schwester gemacht? Können Sie hierfür Beispiele geben?
    13. Was hat Ihnen geholfen, um das Zusammenleben mit einer autistischen Schwester gut zu meistern? Wer hat ihnen geholfen?

14. Wenn Sie zurückblicken – was oder wer hätte Ihnen außerdem helfen können, um das Zusammenleben mit einer autistischen Schwester gut zu meistern? Warum war solche Hilfe nicht erreichbar?
15. Empfinden Sie Autismus eher/überwiegend als Neurodiversität oder als Störung?

- Interviewfragen zum Buchprojekt »Autismus und Familie« (Arbeitstitel) – Variante Sohn/Tochter:
  1. Bitte beschreiben Sie zwei schöne Erlebnisse aus Ihrer Kindheit, bei denen die Familie eine wichtige Rolle gespielt hat.
  2. Wie äußert sich für Sie ein familiäres Zusammengehörigkeitsgefühl?
  3. Wodurch unterscheidet sich Ihre Familie von Familien ohne autistisches Mitglied?
  4. Gab es familiäre Ereignisse, die anders als in Familien ohne autistisches Mitglied begangen wurden? Falls ja, bitte geben Sie ein oder zwei Beispiele.
  5. Welche positiven Auswirkungen hatte der Autismus aus Ihrer Sicht auf das Familienleben?
  6. Welche negativen Effekte hatte der Autismus aus Ihrer Sicht auf das Familienleben?
  7. Welche speziellen Strategien hat die Familie entwickelt, um mit der besonderen Situation umzugehen?
  8. Welche Erwartungen und Hoffnungen bezogen auf Ihre Eltern haben sich erfüllt, welche nicht?
  9. Welches Gefühl ist das dominierende, wenn Sie an Ihre Familie während Ihrer Kindheit denken? Bitte erläutern Sie Ihre Antwort.
  10. Was kam aus Ihrer Sicht von dem, was Sie an Zuwendung gegeben haben, bei den Eltern an? Können Sie hierfür ein Beispiel geben?
  11. Wie äußerte sich Zuwendung/Zuneigung für Sie bei Ihren Eltern? Können Sie hierfür ein Beispiel geben?
  12. Welche Dinge hätten Sie sich aus Ihrer heutigen Sicht von Ihrer Familie gewünscht? Können Sie hierfür Beispiele geben?
  13. Was hat Ihnen geholfen, um im Familienleben gut zurechtzukommen? Wer hat Ihnen geholfen?
  14. Wenn Sie zurückblicken – was oder wer hätte Ihnen außerdem helfen können, um im Familienleben gut zurechtzukommen? Warum war solche Hilfe nicht erreichbar?
  15. Empfinden Sie Autismus eher/überwiegend als Neurodiversität oder als Störung?

Die Fragen zeichnen sich durch neutrale Formulierungen aus, damit keine Richtungen für Antworten oder Wertungen vorgegeben werden. Ich habe es vermieden, Wörter wie *Belastungsempfinden* oder *Belastungserleben* in den Fragen zu verwenden, weil derartige Formulierungen immer eine bestimmte Richtung der Antwort vorgeben oder anstoßen können. Jedes Thema, das sich mit gegensätzlichen Polen einer möglichen Antwort beschäftigt, spricht diese in der Frage bereits an.

Einige Teilnehmer des Interviews gaben unaufgefordert Rückmeldungen zu den Fragen. Nach den schönen Erlebnissen aus der Kindheit befragt, schrieb bspw. eine

Mutter: »Diese Frage brachte mich fast zum Aufgeben, ich suchte schon nach einer Ersatzfamilie, die besser geeignet ist, Ihre Fragen zu beantworten, musste dann aber feststellen, dass die Situationen dort ähnlich sind.« Sie hat nicht aufgegeben. Ein nicht direkt an dem Interview beteiligter Vater äußerte dagegen: »Die Fragen sind genial. Sie treffen genau ins Schwarze.«[36]

Zwei der autistischen Teilnehmer kritisierten die Frage nach den Unterschieden zwischen ihrer Familie und einer Familie mit nicht-autistischen Mitgliedern und die Fragen nach den positiven Auswirkungen sowie negativen Effekten, den der Autismus des jeweiligen Familienmitgliedes aus ihrer Sicht auf das Familienleben hatte. Zum ersten Punkt wurde angemerkt: »Wie lässt sich diese Frage beantworten, wenn man keine Erfahrung damit hat, wie Familien ohne autistisches Mitglied sind?« Hierzu ist anzumerken, dass die anderen autistischen Teilnehmer keine Schwierigkeiten mit dieser Frage hatten. Der zweite Punkt – die Frage nach den negativen Effekten – wurde von einem Teilnehmer aufgrund seiner Vorgeschichte als Kränkung empfunden. Er schreibt dazu: »Trotzdem ist diese Frage eine in meinen Augen äußerst kränkende Frage, da ich häufig unbewusst auf diese Einschränkung (auch wenn es keine ist) reduziert werde. Vor allem durch meinen Stiefvater ist dieses auch, durch meine Vergangenheit berechtigt, von ihm geäußert worden. Ein Beispiel war und ist mein Berufsleben.«

Eine der teilnehmenden Familien berichtete mir bei einem Online-Treffen, dass sich die Familie am Abend regelmäßig zu dem Projekt austauscht, wobei aber ganz im Sinne des Projektes nur über die Fortschritte, nicht jedoch über die Inhalte geredet wird. Die Mutter erzählte weiter, dass sich aus den Fragen »ganz spannende Kommunikationsthemen« ergeben haben. An vielen Punkten würden sich Wege eröffnen, um weiterzugehen und neue Themenkomplexe zu erschließen. Sie wunderte sich, warum sie bisher nicht auf die Idee gekommen ist, solche Fragen zur Vergangenheit in der Familie zu stellen. Weiterhin sagte sie, dass sie diese Art der Kommunikation auch nach Abschluss des Projektes in der Familie beibehalten wolle.

3.2 Ergebnisse und Auswertung der Interviews

Die Interviews verfolgen wie bereits erwähnt das Ziel, individuelle Wege zum Schaffen und Aufrechterhalten eines familiären Zusammenhalts aufzuzeigen. Ebenso soll herausgefunden werden, wie sich dieser Zusammenhalt äußert und wie

---

36 Die Redewendung *ins Schwarze treffen* bedeutet, dass eine bestimmte Handlung zum größtmöglichen Erfolg, zum Erreichen eines Ziels oder zum Erfüllen eines Zwecks führt. Sie kann auch bedeuten, dass jemand in einer bestimmten Situation genau das Richtige tut oder sagt. Eine ähnliche Redewendung ist *ein Schuss ins Schwarze sein*, die einen Haupttreffer oder großen Erfolg umschreibt. Die Wendungen stammen »aus der Schützensprache, sie bezeichnen den Meisterschuß in den Mittelpunkt, das Schwarze der Zielscheibe« (Röhrich, 2001, S. 1437).

ein stressarmes und harmonisches familiäres Zusammenleben gelingen kann. Die Betrachtung aus zwei Perspektiven hilft sowohl Eltern als auch autistischen Familienmitgliedern ihre eigenen Auffassungen, Empfindungen und Wahrnehmungen zu diesem Thema mit den Erkenntnissen der *anderen* Seite abzugleichen, wobei sich die *andere* Seite hier im doppelten Sinne versteht: einerseits eine andere Generation und andererseits das Fehlen oder Vorhandensein von Autismus.

Bei den Ergebnissen der Interviews handelt es sich um die Schilderung subjektiv erlebter Familienverhältnisse, die eine gewisse Objektivierung durch die Betrachtung von zwei Seiten erfahren. Sie lassen sich nicht verallgemeinern, verfügen aber über einen hohen Anschauungs- und Inspirationswert. Die genormten Fragen des Interviews ermöglichen es zudem, Vergleiche zu ziehen.

3.2.1 Kurze Vorstellung der Teilnehmer

Die Teilnehmer des Interviews wohnen in verschiedenen geografischen Regionen. Ein Interviewpaar stammt aus Österreich, die vier anderen Eltern-Kind-Paare sind in verschiedenen Regionen Deutschlands, die von Mecklenburg-Vorpommern bis Baden-Württemberg reichen, beheimatet.

Am Interview nahmen auf der Elternseite drei Mütter, eine Schwester und ein Vater teil. Von den befragten erwachsenen, autistischen Kindern waren vier Personen männlich und eine weiblich. Die Bandbreite ihrer autistischen Symptome reicht vom nonverbalen frühkindlichen Autismus bis zum Asperger-Syndrom. Damit decken die Teilnehmer einen großen Teil des autistischen Spektrums ab.

Die Teilnehmer hatten – wie bereits erwähnt – die Möglichkeit, anonym, mit dem Vornamen oder mit dem Vor- und Zunamen im Buch genannt zu werden. Alle drei Möglichkeiten wurden gewählt. Für einen guten Lesefluss verwende ich für die Personen, die anonym bleiben möchten, einen geänderten Vornamen (▶ Tab. 3.1).

Tab. 3.1: Teilnehmer des Interviews

Familie	Wunsch nach Nennung im Buch	Name im Buch
Familie 1	anonym (Mutter) anonym (Sohn)	Hannelore Rainer
Familie 2	anonym (Mutter) anonym (Sohn)	Emma Heiko
Familie 3	Friedemann Nemitz (Vater) Toni Nemitz (Sohn)	Friedemann Toni
Familie 4	anonym (Mutter) anonym (Sohn)	Christine Lars
Familie 5	Hanna (Schwester) Susanne (autistische Schwester)	Hanna Susanne

3 Interviews mit Vertretern anderer Familien mit autistischem Mitglied

Zur Einordnung der Interviews in vergleichbare familiäre Kontexte erfragte ich einige Rahmendaten zu den Familien (▶ Kap. 3.1.2), die im Folgenden in tabellarischer Form (▶ Tab. 3.2 und ▶ Tab. 3.3) zum raschen Nachlesen wiedergegeben werden. Dabei wurden von mir nur Daten erfragt, die für das Thema des Buches relevant sind. Daher finden sich bspw. keine Angaben zur schulischen Laufbahn, zu Berufsausbildungen oder zur aktuellen Lebenssituation in den Tabellen.

Tab. 3.2: Informationen zur Autismus-Diagnose der Teilnehmer des Interviews

Fragen zur Autismus-Diagnose	Familie 1	Familie 2	Familie 3	Familie 4	Familie 5
Welche Form von Autismus wurde bei dem autistischen Familienmitglied diagnostiziert?	Frühkindlicher Autismus, später High-Functioning-Autismus	Asperger-Autismus	Frühkindlicher Autismus	Asperger-Syndrom	Asperger-Autismus
In welchem Alter erfolgte die Diagnose?	3 Jahre	10 Jahre	12 Jahre	23 Jahre	48 Jahre

Die Begriffe *Asperger-Syndrom* und *Asperger-Autismus* werden synonym für diese Form des Autismus verwendet. In Tabelle 3.2 finden sich die Formulierungen exakt so, wie sie von den Interviewpartnern im Begleitbogen zum Interview angegeben wurden.

Tab. 3.3: Informationen zum familiären Hintergrund der Teilnehmer des Interviews (bezogen auf die Zeit, in der das autistische Kind der Familie zwischen sechs und achtzehn Jahre alt war)

Fragen zum familiären Hintergrund	Familie 1	Familie 2	Familie 3	Familie 4	Familie 5
Aus welchen Familienmitgliedern bestand die (Kern-)Familie in dieser Zeit?	Vater, Mutter, Bruder (vier Jahre älter), Schwester (zwei Jahre älter), autistischer Sohn	Vater, Mutter, Schwester, autistischer Sohn	Vater, Mutter, Bruder (drei Jahre älter), Schwester (ein Jahr älter), autistischer Sohn, Schwester (neun Jahre jünger)	Mutter, Stiefvater, autistischer Sohn	Vater, Mutter, Schwester (ein Jahr älter), autistische Tochter, im Haushalt lebendes Großelternpaar
Gab es Wechsel der Bezugspersonen des autistischen Kindes (bspw. durch Scheidung, neue Partnerschaft)?	nein	nein	nein	Trennung der Eltern, als der Sohn drei Jahre alt war; neue Partner-	nein

3.2 Ergebnisse und Auswertung der Interviews

Tab. 3.3: Informationen zum familiären Hintergrund der Teilnehmer des Interviews (bezogen auf die Zeit, in der das autistische Kind der Familie zwischen sechs und achtzehn Jahre alt war) – Fortsetzung

Fragen zum familiären Hintergrund	Familie 1	Familie 2	Familie 3	Familie 4	Familie 5
				schaft, als der Sohn sechs Jahre alt war	
Gibt es Besonderheiten bei den Kindern der Familie (Zwillinge, Mehrlinge, Halbgeschwister, Stiefgeschwister …)?	nein	Sohn und Tochter sind Zwillinge	Kinder der Familie sind Adoptiv- bzw. Pflegekinder (siehe unten)	nein	nein
Anzahl der im Haushalt lebenden Familienmitglieder	5	4	6	3	erst 6, dann 4

Den Tabellen ist zu entnehmen, dass neben einer gewissen Bandbreite des Autismus-Spektrums auch unterschiedliche familiäre Verhältnisse mit der Auswahl der Interviewpartner erfasst werden konnten. Die Familien unterscheiden sich durch unterschiedliche Geschwisterkonstellationen, aber auch durch einen Wechsel von Bezugspersonen, der in Familie 4 durch Trennung der Eltern und in Familie 5 durch den Tod der Großeltern veranlasst wurde.

Friedemann (Familie 3) erklärte die späte Autismus-Diagnose seines Sohnes Toni etwas ausführlicher: »Frühgeburt in der 35. Schwangerschaftswoche mit Asphyxie. Diagnostiziert wurden Hydrocephalus und Epilepsie, später cerebrale Bewegungsstörungen. Autismus wurde immer wieder vermutet, jedoch erst abgeklärt, nachdem sich eine ›Fachperson mit Kompetenz‹ mit dem Thema befasste«. Zu seinen Kindern ergänzt er: »Tonis ältere Geschwister sind Adoptivgeschwister (von Geburt an bei uns in der Familie), er selbst lebte bis zu seinem 18. Geburtstag als Pflegekind bei uns, seitdem als Adoptivkind. Jenny hat den Status Pflegekind.«

Die Kommunikation mit Toni beschreibt sein Vater folgendermaßen: »Die Verständigung mit unserem Sohn *Toni* funktionierte über ein halbes Jahr lang mit Frage- bzw. Auswahlkarten, die er freihändig ansteuerte […]. Erst als anhand dieser ›Gespräche‹ deutlich wurde, es gibt ein Potential zum Selberformulieren, übten wir das Auswählen der Buchstabenkärtchen. Dabei benötigte Toni eine leichte Berührung des Fingers am Arm. Noch heute verständigen wir uns in Alltagsdingen über ›Handzeichen‹ (Finger, mit Bedeutung versehen, als Antwort/Auswahlalternativen), die in der Regel freihändig angesteuert werden« (Nemitz, 2021, S. 41). Toni ist beinahe gänzlich nonverbal und kommuniziert komplexere Themen gestützt, indem er Buchstaben auf einer Buchstabentafel ansteuert. Die jeweilige stützende Person schreibt dabei alles auf, was Toni angetippt hat. Das Interview führte seine

Mutter Ariane mit ihm durch, damit sein Vater Friedemann seine Antworten unbeeinflusst von denen seines Sohnes geben konnte.

3.2.2 Kernaussagen der Teilnehmer

Meine ursprüngliche Idee zur Auswertung der Interviews bestand darin, an dieser Stelle in zwei getrennten Kapiteln die Kernaussagen der Mütter bzw. Väter und der erwachsenen autistischen Kinder gegenüberzustellen. Da aber fast alle Teilnehmer des Interviews die Fragen tiefgehend und sehr aufschlussreich beantwortet haben, entschied ich mich zu einer anderen Vorgehensweise. In diesem Kapitel werde ich die Kernaussagen der Interviews gegliedert nach den einzelnen Fragestellungen zusammenfassen und gegebenenfalls kommentieren.

Zur besseren Handhabung dieses Kapitels haben die einzelnen Fragen samt Antworten eine Zwischenüberschrift ohne Nummerierung erhalten. Diese Zwischenüberschriften bestehen aus der Nummer und dem Kerngedanken der jeweiligen Frage. Somit sind die Inhalte gut über das Inhaltsverzeichnis zu finden.

Den jeweiligen Ausführungen vorangestellt ist eine aus den drei Varianten (▶ Kap. 3.1.3) erstellte Zusammenfassung der entsprechenden Frage, die der Orientierung beim Lesen dient. Alle Fragen im originalen Wortlaut finden sich im Kapitel 3.1.3, gegliedert nach den im Interview angesprochenen Gruppen (Mutter/Vater, Schwester, Sohn/Tochter).

Wie bereits erwähnt, kommuniziert Toni mit Hilfe einer Buchstabentafel. Diese Buchstabentafel enthält nur Großbuchstaben, aber auch Satzzeichen. Zum Benutzen der Satzzeichen teilte mir Friedemann auf Nachfrage Folgendes mit: »Meist geht es dabei um sogenannte Alltagskommunikation, oder eben Sachverhalte, die Toni, wenn er könnte, ausgesprochen hätte. Darum sehen wir es nicht so eng mit dem Benutzen von Satzzeichen. Dieses ›Interview‹ würde ich als Gespräch einstufen, man könnte es als eine Art ›Diktat‹ ansehen. Bei Briefen, Mails o. Ä., also direkter Ansprache, war es Toni in der Regel wichtig, dass es ein ordentliches fehlerfreies Schriftbild gibt mit üblicher Groß- und Kleinschreibung, mitunter hatte er sich sogar die Schriftart ausgesucht.«[37] Dem Lesefluss zuliebe gebe ich Tonis wörtlich zitierte Passagen mit seinem Einverständnis in der üblichen Groß- und Kleinschreibung wieder und ergänze gelegentlich fehlende Satzzeichen.

Frage Nr. 1: Schöne Erlebnisse aus der Kindheit

Frage Nr. 1: Bitte beschreiben Sie zwei schöne Erlebnisse aus der Kindheit Ihres autistischen Kindes/mit Ihrer Schwester/aus Ihrer Kindheit, bei denen die Familie eine wichtige Rolle gespielt hat.

Autismus wird einerseits – wie einleitend dargestellt (▶ Kap. 1) – in der Literatur als große Herausforderung für Eltern, als familiäre Belastung und als Notwendigkeit,

---

37 Friedemann Nemitz, persönliche Kommunikation, 4. November 2022

Hilfe und Unterstützung in Anspruch zu nehmen, beschrieben. Andererseits konzentriert sich das Wissen der Bevölkerung über Autismus entweder auf die negativen Aspekte der Diagnose oder auf die positiven Merkmale, die glorifiziert werden. Ein vornehmliches Betrachten der negativen Aspekte führt zu Angst, Unsicherheit, Vorurteilen und resultiert letztendlich darin, dass Abstand zum autistischen Menschen (und auch zu dessen Bezugspersonen) genommen wird. Das ausschließliche Wahrnehmen der positiven Aspekte bewirkt, dass autistische Menschen überschätzt und in der Folge überfordert werden. Wenn scheinbar einfache Aufgaben dann nicht bewältigt werden können, resultiert daraus Unverständnis der umgebenden Personen.

Außerdem wird immer wieder in Medienberichten ein Zusammenhang zwischen Autismus und Gewaltverbrechen hergestellt (vgl. Maus, 2020, S. 33). Spekulationen über einen Zusammenhang zwischen Autismus und Gewaltverbrechen stigmatisieren, fördern negative Einstellungen gegenüber Menschen mit Autismus (Brewer, Zoanetti & Young, 2017) und blockieren letztendlich das Zusammenleben.

Vor diesem Hintergrund stellte sich mir die Frage, ob positive Erlebnisse aus der Kindheit und Jugendzeit des autistischen Familienmitgliedes im Familiengedächtnis verankert sind oder nicht. Und wenn ja, welcher Art diese Erlebnisse sind. Fast alle Interviewpartner konnten problemlos die im Interview erbetenen zwei schönen Erlebnisse beschreiben, wobei einige Teilnehmer sogar mehr als zwei Erlebnisse schilderten. Die folgende Auswahl verdeutlicht die Bandbreite der Erinnerungen.

Die Beispiele für schöne Erlebnisse aus der Kindheit des autistischen Kindes, bei denen die Familie eine wichtige Rolle gespielt hat, beginnen mit den Berichten der Bezugspersonen.

Friedemann beschreibt als Erstes die Beerdigung seines Vaters, was erst einmal wie ein Widerspruch zur Fragestellung wirkt. Folgendes hat er erlebt: »Bei der Beerdigung meines Vaters (ich habe mit meinen Geschwistern den Sarg getragen und auch in die Grube herabgelassen) mussten alle Abläufe, erst recht, was Toni betrifft, genau nach Plan durchgeführt werden. Ich staune noch heute, wie gut sich Toni in die Situation, besonders die Abläufe am Grab, einfinden konnte, zumal zu diesem Zeitpunkt eine Verständigung über UK [Unterstützte Kommunikation, Anm. d. Verf.] noch nicht möglich war.«

Das zweite von Friedemann geschilderte Erlebnis bezieht sich auf die Zeit, in der Toni durch den Einsatz von Hilfsmitteln zu kommunizieren vermochte. Sein Vater erzählt, wie beeindruckt er vom Adoptionswunsch seines Sohnes war: »Sehr bald, nachdem es möglich wurde, dass wir mithilfe der UK mit Toni Gespräche führen konnten, wurde deutlich, wie wichtig es ihm ist, ›richtiges‹ Kind zu sein (er war 15 Jahre alt). Da die Pflegschaft gegen den Willen seiner Herkunftsfamilie durch behördliche Anordnung zustande kam, mussten wir bis zum 18. Geburtstag warten, bis ein entsprechender Antrag beim Familiengericht eingereicht werden konnte. Bei der Beglaubigung der Unterlagen durch die Notarin schrieb Toni auf seinem elektronischen Schreibgerät: ›Ich möchte adoptiert werden und den Namen meiner Eltern tragen. Freue mich, dass das endlich möglich ist. Toni Winkler‹.«

Hanna hat die Urlaubsreisen der Familie und das gemeinsame Musizieren mit ihrer Schwester in guter Erinnerung behalten. Sie berichtet dazu: »Gute Erlebnisse waren die alljährlichen Urlaubsreisen mit unseren Eltern auf die Insel Rügen. Ich erinnere mich z. B. an einen Urlaubstag an der sogenannten ›Schaabe‹ [Nehrung der Ostseeinsel Rügen, Anm. d. Verf.] und in den Feuersteinfeldern. Wir waren da sechs und acht Jahre alt. Unser Vater erzählte etwas über Steine, die Feuertechnik der frühen Menschen etc. und wir spielten gemeinsam mit den Steinen und rochen den ›Feuergeruch‹. Wir wollten beide ins Wasser und durften es schließlich auch, obwohl es wohl relativ kalt war. Hinterher kaufte uns unsere Mutter Eis aus Moskau in einer damals modernen Kaufhalle.«

Das gemeinsame Musizieren beschreibt Hanna wie folgt: »Des Weiteren habe ich mit meiner Schwester zunehmend gemeinsam Musik gemacht. Das kam vor allem zum Tragen, als meine Schwester relativ spät, erst mit zehn Jahren, begann, Geige zu spielen. Unsere Eltern, besonders unsere Mutter, lobten uns für gemeinsames Üben. Musikalisch hat uns das beide aus meiner Sicht weitergebracht und auch emotional verbunden. Susanne war wahrscheinlich die sensiblere Musikerin, ich selbst hatte vermutlich einen besseren ›Überblick‹, was auch in der Musik nicht unwichtig ist.«

Bei Hannelore spielen gemeinsame Reisen ebenfalls eine wichtige Rolle, aber auch kulturelle Ereignisse. Sie erzählt darüber: »Rainer war als Kind großer Fan der Familie Feuerstein. Bei einer Amerika-Reise haben wir ihm zuliebe einen großen Umweg gemacht und Flintstone-Village besucht, große Freude. An seinem 18. Geburtstag hatte Rainer in einer integrativen Theatergruppe eine Vorstellung als Fuchs im kleinen Prinzen. Nach der Aufführung hatten seine Geschwister Getränke und Häppchen für eine kleine Feier mit allen Schauspielern vorbereitet, das hat ihn sehr gefreut.«

Christine nimmt besonders Kindergeburtstage mit Besuchen von Verwandten und Freunden sowie andere Zusammenkünfte als schöne Erinnerungen wahr. Eine dieser anderen Zusammenkünfte beschreibt sie folgendermaßen: »Wenn mein Lieblingsbruder zu Besuch kommt oder wir uns bei ihm treffen, haben wir alle ein schönes Zusammengehörigkeitsgefühl, unser Sohn ist dann entspannt, mein Bruder ist Psychologe und mag unseren Sohn sehr, [so] wie er ist. Da gibt es keine Peinlichkeit für unangemessenes Verhalten. Bis heute haben sie ein enges Verhältnis und joggen zusammen, laufen Marathon.«

Emma ist die einzige Bezugsperson, die Schwierigkeiten mit dem Nennen schöner Erlebnisse aus der Kindheit ihres Sohnes hat. Sie teilt dazu mit: »Schöne Erlebnisse in der Familie gab es entweder nicht oder sind untergegangen unter all den Problemen. Schöne Kindheitserinnerungen natürlich schon, aber ohne Familienbezug. Eine besonders schöne Zeit für Mutter und Sohn war, als er als Zehnjähriger (ungesetzmäßig) vom Unterricht im Gymnasium ausgeschlossen und ein Semester zuhause unterrichtet wurde. Das nahe Verhältnis, die Lernfreude und der Wegfall der ständigen Probleme aus der Schule und der Gesellschaft waren eine Freude.«

Im Gegensatz zu Emma betrachten Hanna sowie auch Toni und Rainer (siehe unten) Erlebnisse, an denen nur ein Teil der Familienmitglieder beteiligt waren, als schöne familiäre Erlebnisse. Hier stellt sich die wichtige Frage, ob bei Aktivitäten jeglicher Art eine ständige Fokussierung auf die gesamte Familie nicht dazu führt, dass Kräfte und Energie verbraucht werden, ohne das gewünschte Ergebnis zu erreichen. Aktivitäten, an denen nicht immer alle Familienmitglieder teilnehmen, die aber nach erfolgreicher Durchführung mit den anderen geteilt werden, können familiäre Erlebnisse auf einer völlig neuen Ebene schaffen und dabei gleichzeitig den Besonderheiten des autistischen Familienmitgliedes Rechnung tragen. Dieses Konzept spielt auch eine wichtige Rolle dabei, dass Geschwisterkinder sich nicht zurückgesetzt fühlen (vgl. Maus, 2017a, S. 90–109).

An dieser Stelle folgen nun einige Berichte der autistischen Interviewpartner über ihre schönen Kindheitserlebnisse.

Rainer empfindet gemeinsame Reisen als schöne Kindheitserlebnisse, z. B. eine »Reise mit meinem Bruder und meinem Papa ins Disneyland nach Paris.«

Toni erinnert sich gern an seine Kindheit und gibt an, dass er viel von seinen Geschwistern gelernt hat. Auf die Bitte seiner Mutter Ariane, er möge etwas aufschreiben, bei dem er »Familie als ganz wunderbar erlebt« hatte, kommuniziert er Folgendes: »Ja, da gibt es vieles, denn du bist eine sehr gute Mutter. Ich war erst ein Jahr alt und du hast mich getragen, freundlich mit mir geredet und vorgesungen, denn du wusstest, das hilft mir, egal ob ich geistig behindert bin oder nicht. Ist sogar heute noch so, denn du trägst meine Sorgen mit.«

Susanne erinnert sich wie ihre Schwester Hanna gern an Familienurlaube, aber auch an gemeinsame Weihnachtsfeiertage. Sie beschreibt allerdings einen anderen Urlaub als Hanna: »Ich machte mit meiner Familie (meine Eltern, meine Schwester und ich) Urlaub in Rathen in der Sächsischen Schweiz. Meine Eltern haben allerdings dort auch etwas gearbeitet, indem sie eine Familienfreizeit mitgestaltet haben und Aufsicht über uns Kinder übernommen haben. Ich war damals acht Jahre alt, wurde es erst während dieser Freizeit. Meine (große) Schwester war neun, wir sind als Geschwister nur zu zweit. Wir wanderten durch die Bergwelt des Elbsandsteingebirges, machten mit einer Leiterin Spiele, bei denen wir um die Wette liefen oder ähnliche derartige Dinge taten. Im Einzelnen erinnere ich mich nicht mehr, was für Spiele es genau waren. Es waren jedenfalls Wettspiele, und hinterher haben wir von der Leiterin (der Kollegin meiner Eltern auf der Freizeit) selbst gebastelte Medaillen gewonnen. Später wurde ein Märchenspiel von Dornröschen aufgeführt, und ich war eine kleine Blume, weil ich immer so schüchtern war. Die Dornhecke bildeten Brombeerranken. Am 16.08. wurde ich während jener Tage acht Jahre alt, und ich bekam zweimal von zwei freundlichen Damen hintereinander ein sechsteiliges Puppen-Kaffeegeschirr. So hatte ich 12 Gedecke und habe 12 Leute zu Kakao und Doppel-Schokokeksen eingeladen. Später waren wir noch in Pirna, und ich habe Bonbons bekommen, die aus Karamellmasse bestanden und wie Buntstifte aussahen. Meine Eltern waren immer dabei und ich konnte mich sicher fühlen – auch wenn die Landschaft schön, aber nicht ungefährlich war wegen der manchmal schroffen Abgründe.« Susannes Schilderung besticht durch eine Detailfülle, die die ausgeprägte Detailwahrnehmung autistischer Menschen sehr gut widerspiegelt. Diese Detailwahrnehmung, die sich nicht nur im Alltag bemerkbar macht, sondern auch in den Erinnerungen, ist eine Leistungsstärke autistischer Menschen, die im Bildungs-, Ausbildungs- und Arbeitsalltag immer noch viel zu wenig Beachtung findet.

Lars hatte in seiner Kindheit viele schöne Erlebnisse, aber es fällt ihm »unglaublich schwer«, »gezielte Erlebnisse dabei auszuloten«. Er meint, dass seine Erlebnisse »wenig mit Familie zu tun [haben], sondern eher mit eigenen persönlichen

Erfahrungen«. Eine dieser Erfahrungen beschreibt er folgendermaßen: »Meine ersten persönlichen Erlebnisse erlebte ich schon sehr früh, mit ca. vier bis fünf Jahren, als ich diverse Geburtstage erlebte, eigene und auch andere. Ich war z. B. bei den Geburtstagen bei meiner Großmutter häufig mit der DDR-Verwandtschaft meiner Familie konfrontiert. Diese brachten häufig Süßigkeiten aus ihrer Heimat mit. Es war einfach schön, dann diese nur mit meinen beiden anderen Cousins teilen zu müssen.«

Die von den Interviewpartnern geschilderten schönen Erlebnisse aus der Kindheit und Jugendzeit des autistischen Familienmitgliedes weisen eine große Bandbreite auf und beziehen sich in einem Fall auch auf ein Ereignis, welches man nicht als schön bezeichnen würde. Einige Interviewpartner nennen bei dieser Frage ebenfalls Ereignisse, die sie nur mit einem Teil der Familie erlebt haben. Die Art der geschilderten Erlebnisse (z. B. Reisen, Musizieren, Besuche, Theaterstück, Geburtstage) lässt keinen Rückschluss auf ein autistisches Familienmitglied zu. Erst die Art und Weise der Antworten liefert diese Hinweise, indem bspw. ein Teilnehmer Schwierigkeiten hat, aus der Fülle der Erlebnisse zwei auszuwählen und niederzuschreiben, oder indem eine Teilnehmerin ihren Assoziationsketten freien Lauf lässt und die Leser mit Details beglückt.

Frage Nr. 2: Familiäres Zusammengehörigkeitsgefühl

Frage Nr. 2: Wie äußert sich für Sie ein familiäres Zusammengehörigkeitsgefühl?

Ein Zusammengehörigkeitsgefühl beschreibt das Bewusstsein zusammenzugehören. Nicht nur Familien können ein solches Gefühl entwickeln, sondern bspw. auch Schulklassen, Teamkollegen oder die Mitglieder einer Sportmannschaft.

Heiko vermochte diese Frage nicht zu beantworten. Er gibt dafür folgenden Grund an: »Kann ich beim besten Willen nicht beschreiben. Nicht verwunderlich, wenn man bedenkt, dass soziale Beziehungen nicht die Stärken von Autisten sind.«

Alle anderen Interviewpartner gaben viele Hinweise, an denen sie ein familiäres Zusammengehörigkeitsgefühl festmachen. Nicht immer waren dies erlebte Handlungen, sondern Emma schrieb bspw. auf, was sie sich von ihrem Umfeld und ihrer Familie gewünscht hätte.

Folgende Merkmale für ein familiäres Zusammengehörigkeitsgefühl wurden von den autistischen Teilnehmern genannt:

- (regelmäßig) zusammenkommen,
- miteinander harmonisch reden,
- sich gegenseitig helfen,
- Erinnerungen austauschen, Fotos ansehen,
- die Gräber der Verstorbenen pflegen,
- Dinge unternehmen (gemeinsam, nicht nur Grabpflege),
- beruhigende Maßnahmen der anderen (gemeint sind hier die nicht-autistischen Familienmitglieder), wenn ein Unruhegefühl eintritt oder ein Gefühl, dass einem alles zu viel wird,

- miteinander harmonisch essen,
- gemeinsam Weihnachten und Silvester feiern,
- ein Elternteil gibt aus familiären Gründen die Arbeit auf,
- Zusammenhalt, auch wenn gestritten wird.

Lars beschreibt in diesem Zusammenhang recht anschaulich, dass er ein familiäres Zusammengehörigkeitsgefühl erst erlebt, seitdem er selbst Vater zweier Kinder ist. Davor war dieses Gefühl trotz eines innigen Kontaktes zu seiner Mutter »eher lose und [...] nicht so sehr innig«. Besonders sein Kampf um das Sorgerecht für seine Kinder ließ ihn ein starkes Zusammengehörigkeitsgefühl erleben: »Dieses erlebe ich, seitdem ich meine beiden Kinder habe, und seitdem ich für diese allein verantwortlich bin. Im Scheidungskrieg zwischen meiner Ex-Frau und mir erlebte ich dieses Gefühl der Zusammengehörigkeit vor allem mit meinen Eltern und als meine Kinder zu mir und meinen Eltern kamen. Davor war der Kampf um die Kinder schon ein wichtiges Zusammengehörigkeitsgefühl. In der Zeit meiner Scheidung hatte ich dabei insgesamt ein äußerst gestörtes Wahrnehmungsbild, was Familie, gesellschaftliche Bindungen, Schuldgefühle, aber auch meine Wahrnehmung insgesamt im Zusammengehörigkeitsgefühl anging. Ich ließ vieles nicht an mich herankommen und entwickelte besonders im Scheidungskrieg zwischen meiner Ex-Frau und mir, aber auch zu meinen Kindern ein teilweise distanziertes, aber vor allem ein sozial aversives Verhältnis. Ich wollte, um mich zu beweisen, häufig wechselnde sexuelle Liebesbeziehungen, teilweise sogar parallel, nur um diesem Zusammengehörigkeitsgefühl zu entfliehen. Trotzdem war die Zusammengehörigkeit in dieser Zeit zu meinen Eltern äußerst eng gestaltet, da wir immer für meine Kinder gekämpft hatten, um diese auch für uns zu gewinnen. Als wir dann im März 2018 meine Kinder vom Familiengericht zugesprochen bekamen, waren wir als Familie äußerst eng zusammengerückt. Dabei war es notwendig geworden, zusammenzurücken, vor allem, um meinen Kindern dieses Gefühl zu vermitteln. Als ich im Oktober 2018 meine jetzige Lebensgefährtin kennenlernte, wurde dieses Gefühl komplett, da ich auch endlich richtige Verantwortung übernehmen konnte, und diese nicht durch eine Person wie meine Ex-Frau konterkariert wurde.«

Tonis Antwort auf die Frage, was ein familiäres Zusammengehörigkeitsgefühl auszeichnet, lautet folgendermaßen: »Ist der Zusammenhalt auch, wenn es kracht? Lohnender [der Vater, Anm. d. Verf.] hat die Arbeit aufgegeben. Meine Geschwister lieben mich trotzdem. Gernegroß ist der beste Vater und Ariane die beste Mutter.« Tonis Mutter Ariane, die alles notiert, was Toni auf seiner Buchstabentafel angetippt hat, erwidert: »Entschuldige bitte, aber das ist jetzt ›Schmus‹. Ich sage aber trotzdem Danke, denn vielleicht wolltest du uns auf diesem Wege etwas Nettes sagen.« Toni bestätigte daraufhin: »Ja, du hast recht, es ist Schmus, aber ich trau mich nicht weiterzumachen.«

Es folgt nun eine Zusammenstellung der Merkmale, die von den nicht-autistischen Familienmitgliedern bzgl. eines Zusammengehörigkeitsgefühls genannt wurden:

- »die fraglose Akzeptanz einer Bindung, die auch durch das Zusammentreffen unterschiedlicher Charaktere und das Vorhandensein zunehmend unterschiedli-

cher Lebensentwürfe und unterschiedlicher Lebenswege nicht zu zerstören ist« (Hanna),
- zusammen Sport treiben,
- gemeinsam feiern,
- einander helfen,
- Zusammenhalt, Verständnis und Akzeptanz, damit Mutter und autistisches Kind nicht in alle Richtungen hätten kämpfen müssen,
- niemandem aus der Familie ist das häufig skurrile Benehmen des autistischen Kindes peinlich,
- die Geschwister laden Freunde ein,
- gemeinsame Ausflüge,
- Zusammenhalt in Notzeiten,
- Vorrang der Familie vor dem Beruf (wenn es darauf ankommt).

Die Palette an Merkmalen, die auf einen familiären Zusammenhalt hindeuten, ist sowohl bei den autistischen als auch bei den nicht-autistischen Familienmitgliedern breit. Der wichtige Unterschied, der mir beim Auswerten der Daten aufgefallen ist, besteht darin, dass die von den autistischen Teilnehmern genannten Merkmale etwas greifbarer sind, sozusagen näher an der Realität des Alltags sind. Es werden Dinge beschrieben, die nachvollziehbar bzw. in Handlungen umsetzbar sind. Verständnis und Akzeptanz dagegen sind Begriffe, die von den nicht-autistischen Teilnehmern mehrere Male genannt wurden und die erst durch Beispiele wie beruhigende Maßnahmen der anderen beim Auftreten eines Unruhegefühls greifbar oder verstehbar werden.

Frage Nr. 3: Unterschied zu Familien ohne autistisches Mitglied

Frage Nr. 3: Wodurch unterscheidet sich Ihre Familie von Familien ohne autistisches Mitglied?

Familien mit einem autistischen Mitglied haben oft das Gefühl, dass sich ihr Familienleben sehr stark von dem Zusammenleben in Familien ohne autistisches Mitglied unterscheidet. Dies liegt vor allem an vielen Regeln, die aufgestellt werden müssen, damit dass autistische Kind nicht permanent in eine Reizüberflutungssituation gerät, an durch Autismus bedingten kommunikativen und sozialen Schwierigkeiten, die sich auf alle Familienmitglieder im engeren und im weiteren Sinne auswirken können, und an Außenaktivitäten, die nicht immer so wie gewünscht durchgeführt werden können, weil sie bspw. Veränderungsängste beim autistischen Kind auslösen. Hier ist die Frage interessant, wie meine Interviewpartner diese Frage im Rückblick auf die Kindheit und Jugend des autistischen Familienmitgliedes bzw. auf ihre eigene Kindheit und Jugend beantworten. Ergibt sich über die Gesamtzeit betrachtet ein Bild, welches sich von dem häufigen momentanen Empfinden im Alltag unterscheidet?

Drei meiner autistischen Interviewpartner – nämlich Rainer, Lars und Heiko – beantworten die Frage nach den Unterschieden zwischen ihrer Familie und Familien ohne autistisches Mitglied aus unterschiedlichen Gründen sehr verhalten. Rainer antwortet kurz und knapp: »Der Umgang miteinander ist in anderen Familien ein bisschen anders.« Leider macht Rainer dazu keine näheren Ausführungen, sodass aus seiner Antwort nicht hervorgeht, was er mit »ein bisschen anders« meint. Nichtautistische Menschen verstehen diese Formulierung als etwas, das zwar bemerkt wird, aber die Abläufe oder das Zusammensein nicht merklich stört. Autistische Menschen haben oft Schwierigkeiten mit nicht klar umgrenzten Begriffen und Formulierungen. Benjamin, mein autistischer Sohn, beschrieb dies einmal folgendermaßen: »Zwischen oft und sehr oft ist eine flüssige Grenze« (Maus, 2014, S. 297). Möglicherweise beschreibt Rainer mit dieser Formulierung also Unterschiede, die doch etwas größer sind als nicht-autistische Personen aus der Antwort herauslesen.

Nimmt man die Antwort von Rainers Mutter dazu, dann zeigt sich aus ihrer Perspektive, dass sich die Familie doch etwas mehr von anderen unterschied als »ein bisschen anders«. Hannelore schreibt: »Wir hatten immer eine feste Struktur, was den Tagesablauf betrifft, feste Essenszeiten etc., das war wichtig. Dadurch waren wir nicht so flexibel.« Ob Rainer diese Dinge, die ihm ein gutes Zurechtkommen in der Familie ermöglichten, als Abweichungen zu Abläufen in Familien ohne ein autistisches Mitglied wahrgenommen hat, ist unklar, denn dazu müsste er über Strukturen des Tagesablaufes, mögliche feste Essenszeiten und ähnliche Dinge informiert gewesen sein, was eher unwahrscheinlich ist. Die eingeschränkte Flexibilität und damit verbunden eine mangelnde Spontanität hat er dagegen mit Sicherheit erlebt, schon allein dadurch, dass er zwei nicht-autistische Geschwister hat.

Lars stellt die Frage nach den Unterschieden zwischen Familien mit autistischen und nicht-autistischen Mitgliedern generell infrage, indem er als Erstes schreibt: »Warum soll ein Unterschied zwischen Familien mit und ohne autistisches Mitglied bestehen?« Dann begründet er seine Gegenfrage ausführlich: »Ich erlebe dieses bei meiner und bei anderen Familien nicht. Ich glaube eher, es ist ein familiäres Problem, und es liegt nicht an den autistischen Mitgliedern, sondern an der Familie selbst. Ich glaube eher, dass man dieses Problem vor allem bei Asperger-Autisten hineinbringt. Diese sollen besonders sein, diese sind nicht vergleichbar mit Nichtautisten. Dabei ist das vollkommener Unsinn. Man fragt auch nicht, ist das Leben mit depressiven Menschen [anders] als mit nicht depressiven Menschen. Da man dabei keine Vergleichsmöglichkeiten hat, gehe ich davon aus, dass das Leben zwischen den Familien insgesamt gleich ausfällt.«

Ich bin der Meinung, dass jede Situation, die vom sogenannten Durchschnitt abweicht – seien es nun Behinderungen, Krankheiten oder Schicksalsschläge wie Naturkatastrophen – das familiäre Leben insofern beeinflusst, dass sich alle Familienmitglieder damit auseinandersetzen müssen, unabhängig davon, ob sie direkt oder indirekt beteiligt oder betroffen sind. Natürlich gibt es in jeder Familie Besonderheiten und jede Familie geht mit einer solchen Situation anders um. Insofern stimme ich Emmas Gegenfrage auf meine Interviewfrage zu, die lautet: »Gibt es nicht in jeder Familie Besonderheiten, die sie von anderen Familien unterscheiden?« Je seltener die Art der Besonderheit der Familie ist, desto mehr Unterschiede zu anderen Familien werden sich wohl ausmachen lassen.

Lars hat die Frage nach den Unterschieden als eine Art Stigmatisierung von Familien mit autistischem Mitglied aufgefasst und dementsprechend der Frage widersprochen. Das würde ich an seiner Stelle auch tun, wenn ich die Frage so verstanden hätte. Meine Frage nach den Unterschieden zwischen Familien mit autistischem und nicht-autistischem Mitglied ist vollkommen wertfrei gemeint und schließt auch die Nennung von positiven Aspekten ein. Wäre mir diese Frage gestellt worden, hätte ich u. a. geantwortet, dass aus vielen Regeln und Rücksichtnahmen, die wir etablieren mussten, um das Familienleben harmonisch zu gestalten, Familientraditionen hervorgegangen sind, die bis heute trotz der inzwischen erwachsenen Kinder Bestand haben.

Christine formuliert im Gegensatz zu Lars sehr deutliche Unterschiede zwischen ihrer Familie und Familien ohne autistisches Kind. Sie schreibt dazu: »Bei uns gibt es nie das Gefühl von längerer Entspanntheit. Auch in schönen gemütlichen Situationen kann unser Kind plötzlich auf einer völlig verrückten Meinung beharren und kommt dann nicht mehr runter, sondern diskutiert ohne Ende, auch wenn der Gedanke absolut unsinnig und unlogisch ist. Auf Argumente kann er in diesen aufgeregten Situationen gar nicht eingehen und er lässt sich überhaupt nicht stoppen. Es gibt kaum normale Unterhaltungen, in denen auf die Äußerungen anderer gelassen eingegangen wird. Unser Sohn reagiert auf ein Wort und powert los, fühlt sich im Recht.«

Auch Heiko antwortet mit einer Gegenfrage: »Wie lässt sich diese Frage beantworten, wenn man keine Erfahrung damit hat, wie Familien ohne autistisches Mitglied sind?« In diesem Fall lässt sich die Frage natürlich nicht beantworten. Hier stellt sich eher die Frage, ob Heiko wirklich keinen Kontakt zu verwandten oder befreundeten Familien hatte oder ob er aufgrund seiner sozialen Schwierigkeiten, die sowohl seine Mutter als auch er mehrmals im Interview thematisierten, die Strukturen in anderen Familien nicht wahrnam. Allerdings schreibt Heiko, dass er »keine Erfahrung damit hat, wie Familien ohne autistisches Mitglied sind«. Hier besteht ebenso die Möglichkeit, dass er sehr wohl Beobachtungen bei Kontakten mit anderen Familien gemacht hat, diese aber nicht für ausreichend betrachtet, um die Frage fundiert, also mit Erfahrung, zu beantworten.

Emma beschreibt die Unterschiede ihrer Familie zu einer sogenannten Bilderbuchfamilie[38] wie folgt: »Verglichen mit einer Bilderbuchfamilie wurde unser Familienleben sehr von den Bedürfnissen unseres Sohnes bestimmt, jedoch genauso von dem Bemühen, seine Zwillingsschwester nicht zu benachteiligen. Sie hatte wahrscheinlich viel mehr Freiheiten als andere Geschwister und wurde sehr verwöhnt. Ob das unbeteiligte, abweisende Verhalten des Vaters hauptsächlich auf das autistische Kind zurückzuführen ist, kann ich nicht beurteilen. Jedenfalls empfand ich die Konstellation so: der autistische Sohn mit viel Bedarf an mütterlicher Hilfe, daneben die Schwester, die aus dem Vollen lebt(e) und immer sehr fordernd war,

---

38 Die Formulierung *Bilderbuchfamilie* beschreibt eine idealisierte Form einer Familie, die oft von der Werbung vermittelt wird. Die Mitglieder werden i. d. R. als äußerlich schön und ohne Geldsorgen dargestellt. Aus diesen Umständen wird dann Glücklichsein und Sorglosigkeit abgeleitet. Meist vermittelt das Bild der Bilderbuchfamilie eine klassische Rollenaufteilung zwischen Mann und Frau, wobei sich die Frau um Haushalt und Kinder kümmert und der Mann das Geld verdient. Die Formulierung Bilderbuchfamilie lässt sich demzufolge weder auf gleichgeschlechtliche Paare mit Kindern noch auf alleinerziehende Eltern anwenden.

und dann noch der Ehemann und Vater, der sich nicht auf seine Kinder einlassen konnte und sich hinter Vorwürfen verschanzte.«

Friedemann und Toni scheinen die Frage nach den Unterschieden zu Familien ohne autistisches Kind übereinstimmend zu beantworten. Toni ist der Meinung: »Ohne Autismus ist vieles anders.« Nähere Angaben zu dieser Antwort macht er nicht, auch nicht, als seine Mutter Ariane nachfragt: »Scheust du dich vor der Fülle?« Diese vermeintliche Fülle beschreibt Friedemann in einem einzigen Satz: »Die besondere Situation Tonis (Assistenz/Wahrnehmungsverarbeitung) muss immer berücksichtigt werden.« Familien, die ein autistisches Kind mit einem hohen Pflegebedarf haben, nehmen schon aus diesem Grund viele Unterschiede zu Familien ohne ein solches Kind wahr. Diese Kinder haben i. d. R. neben der von Friedemann erwähnten Assistenz, die in vielen Bereichen der Selbstversorgung notwendig ist, auch einen erhöhten Aufsichtsbedarf. Dieser entsteht bspw., wenn eine Weglauftendenz vorliegt oder Gefahren unzureichend erkannt werden, aber auch wenn das Schmerzempfinden unzureichend ausgeprägt ist.

Auch Hanna und ihre Schwester Susanne beantworten die Frage nach den Unterschieden zu Familien ohne autistisches Kind weitgehend übereinstimmend. Beide sehen die Sorge der Familie um Susannes Entwicklung als prägend für das Familienleben und als Unterschied zu anderen Familien. Als Kinder in einer Pfarrfamilie hatten die Schwestern sicherlich viele Gelegenheiten, das Zusammenleben anderer Familien kennenzulernen.

Susanne erklärt die Unterschiede zu anderen Familien anhand der Sorge ihrer Eltern und begründet auch, worauf sich diese Sorgen z. T. begründen. Ihre Antwort habe ich bewusst nicht gekürzt, weil dann ihre autismustypischen Besonderheiten, die in ihrer Antwort sehr deutlich formuliert werden, verloren gehen würden. Sie teilt dazu Folgendes mit: »Meine Familie hatte vielleicht immer etwas Angst um mich. Manchmal gab es auch Ärger ihrerseits, z. B., wenn ich mich wieder mal zu sehr in eine Tätigkeit ›vergraben‹ habe, sodass ich nicht gehört habe, wenn man mich zum Essen rief. Das konnte ein Spiel sein, später (und auch bis jetzt) kann es eine zu Hause ausgeführte Arbeit sein oder auch das Hören von Musik oder das Ansehen von Konzertvideos im Internet, das sind Hobbys von mir neben Lesen. In der Schulzeit konnten es auch die Hausaufgaben sein. Im Prinzip bin ich nicht ungern zur Schule gegangen. Das hat damit zu tun, dass ich gern Dinge lerne. Aber das führt jetzt auf ein anders Thema hin. Ich kann mich sehr gut auf Dinge konzentrieren, die ich gern tue oder an die ich mich wenigstens so gewöhnt habe, dass sie jetzt etwas Schönes haben (z. B. mein Job in einer Werkstatt für Beeinträchtigte, der im lager-logistischen, handwerklichen Bereich liegt und der manchmal etwas eintönig ist, der seine schönen Momente hat, z. B. ist die Arbeit beruhigend!). Was schwer für meine Familie ist/war, ist, dass ich oft sehr langsam bei manchen Dingen bin, aber auch zerstreut und Dinge vergesse. Und ich sehe nicht gut. Wenn ich Dinge suchen soll, sehe ich oft ›den Wald vor Bäumen nicht‹, und es dauert länger als bei anderen. Viele Dinge auf einmal verwirren mich dann etwas, z. B., wenn mir gesagt wird, hol doch das Salz, und ich finde es in der Küche nicht sofort, weil es steht da, wo es stehen soll, aber andere Dinge davorstehen. (Die schlechte Sicht meiner Augen ist ein Extra-Handikap, das zum Autismus dazukommt und sich mit ihm vermischt.) Außerdem habe ich in den letzten Jahren den Eindruck, dass, wenn ich gestresst bin (durch unterschiedliche Dinge), sich Dinge schwerer merken lassen. Ich vergesse sie darum leichter. Wohl aufgrund der schlechteren Konzentrationsfähigkeit.«

Susanne schreibt, dass sie aufgrund ihrer Sehbeschwerden oft den sprichwörtlichen Wald vor lauter Bäumen nicht sieht[39]. Dies kann aber auch seine Ursache in der besonderen visuellen Wahrnehmung autistischer Menschen haben. Sie haben einen sogenannten spontanen lokalen Wahrnehmungsvorzug, was bedeutet, dass sie intuitiv, also nicht bewusst gesteuert, spontan Details wahrnehmen. Nicht-autistische Menschen dagegen haben einen spontanen globalen Wahrnehmungsvorzug, der dazu führt, dass intuitiv Gesamtbilder erfasst werden. Wenn ein nicht-autistischer Mensch bspw. aus dem Fenster schaut und einen begrünten Innenhof mit einem an ein Nebengebäude angebauten Swimmingpool erfasst, kann es sein, dass ein autistischer Mensch vom gleichen Beobachtungspunkt aus an den Regentropfen auf der gläsernen Überdachung des Swimmingpools haften bleibt, ohne das Gesamtbild zu erfassen. Bei Notwendigkeit, Wunsch oder Aufforderung sind nicht-autistische Menschen in der Lage, auch die Regentropfen auf der Überdachung des Swimmingpools – also die Details – zu entdecken, ebenso wie autistische Menschen den begrünten Hof als Ganzes zu erfassen vermögen. Einige werden dabei Unterstützung in Form von gezielten Fragen oder Aufforderungen benötigen. Im Unterschied zum veranlagten Wahrnehmungsvorzug kostet die gezielte Wahrnehmung mehr Energie, sowohl den autistischen als auch den nicht-autistischen Menschen, letzteren bspw., wenn sie sich mit dem Lösen eines Puzzles vergnügen. Die gute Detailwahrnehmung autistischer Menschen ist eine Leistungsstärke, die bisher viel zu wenig Beachtung im Alltag, in der Ausbildung und bei der Beschäftigung von autistischen Menschen findet. Für den familiären Alltag hält Susanne eine indirekte Lösung bereit, indem sie schreibt, dass alles länger dauert, weil sie den Wald vor lauter Bäumen nicht sieht. Mit dem Wissen über die Ursache für diese Schwierigkeit fällt es den nicht-autistischen Familienmitgliedern sicherlich leicht, mit Verständnis, Toleranz und Geduld zu reagieren. Im Gegenzug werden sie vielleicht damit belohnt, dass sie auf außergewöhnliche und interessante Details aufmerksam gemacht werden oder dass sie Hilfe beim Finden von Teilen ihres Riesenpuzzles erhalten. Benjamin hat das Phänomen, welches die Redewendung *den Wald vor lauter Bäumen nicht sehen*, beschreibt, auf seine ganz eigene Art erklärt: »Die Stämme tanzen um mich herum, während der Wald lachend davonrennt.«

Hanna bestätigt die Ausführungen ihrer Schwester wie folgt: »Meine Schwester wurde von Anfang an mit besonderer Sorge um ihre Zukunft durch meine Eltern und das nähere Umfeld beobachtet. Das hält bis heute an und prägt unsere Familie relativ stark.«

Bei dem Wahrnehmen von Unterschieden zwischen Familien mit autistischem und nicht-autistischem Mitglied lassen sich bei den Interviewpartnern keine Ver-

---

39 Die Redewendung *den Wald vor lauter Bäumen nicht sehen* beschreibt, »wenn einer unmittelbar vor dem Ding steht, das er sucht, und es trotzdem nicht sieht« (Röhrich, 2001, S. 1690). Die Form geht auf den deutschen Dichter Christoph Martin Wieland zurück, der in seinem Buch »Musarion« (1768) diese Wendung verwendet. Der Gedanke ist aber viel älter und findet sich schon bei dem antiken römischen Dichter Ovid in der Form *mitten im Fluß das Wasser suchen* (ebd., S. 1690).

allgemeinerungen treffen. Unterschiedliche Aussagen zwischen den Generationen kommen bspw. nicht durch unterschiedlich hohen Pflegebedarf zustande. Die einzige Feststellung, die zu dieser Frage getroffen werden kann, ist, das autistische Familienmitglieder häufiger keine oder weniger Unterschiede benannt haben. Ob das tatsächlich so ist oder den durch Autismus bedingten Wahrnehmungsschwierigkeiten im sozialen Bereich geschuldet ist, lässt sich nicht beurteilen. Beides ist möglich, allerdings gaben die Bezugspersonen einheitlich deutliche Unterschiede zu Familien mit nicht-autistischen Kindern an.

Frage Nr. 4: Familiäre Ereignisse

Frage Nr. 4: Gab es familiäre Ereignisse, die anders als in Familien ohne autistisches Mitglied begangen wurden? Falls ja, bitte geben Sie ein oder zwei Beispiele.

Die Frage, ob es familiäre Ereignisse gab, die anders als in Familien ohne autistisches Mitglied begangen wurden, ist die logische Folge der vorhergehenden Frage, die weniger gezielt Unterschiede zwischen Familien mit autistischem und ohne autistisches Mitglied herausfinden wollte.

Drei meiner autistischen Interviewpartner – nämlich Rainer, Lars und Heiko – beantworteten die vorherige Frage nach den Unterschieden zwischen ihrer Familie und Familien ohne autistisches Mitglied aus unterschiedlichen Gründen sehr verhalten. Wie erwartet spiegelt sich dies auch in ihren Antworten zur Frage nach Unterschieden bei familiären Ereignissen wider. Während Rainer schreibt: »Da fällt mir eigentlich nichts ein«, antwortet Heiko: »Woher soll ich wissen, wie Familien ohne autistisches Mitglied bestimmte Ereignisse begehen?« Auf Heikos Frage fallen mir einige Antworten ein wie bspw. der geplante und abgesprochene Besuch anderer Familien zu bestimmten Festen oder Anlässen und das Konsumieren von Filmen oder Büchern, die solche Dinge thematisieren. Natürlich bin ich mir der Schwierigkeiten bewusst, die autistische Menschen in solchen Kontexten oder mit dem Verinnerlichen von medialen sozialen Inhalten haben können. Daher sind in beiden Fällen immer nicht-autistische Menschen hilfreich, die ggf. Unklarheiten beseitigen oder den Grund für bestimmte Dinge erklären. Gerade wenn es sich um ungeschriebene soziale Regeln handelt, können nicht-autistische Menschen auch schnell in Erklärungsnöte geraten, bspw., wenn sie das Argument, beim Händeschütteln würden nur Bakterien und Viren übertragen werden, entkräften wollen. Die Pandemie hat uns alle eines Besseren belehrt.

Lars kann zur Beantwortung der Frage nach anders begangenen familiären Ereignissen keine Beispiele nennen. Er begründet dies differenziert folgendermaßen: »Das kann ich leider nicht nennen, da ich eine Ausnahme bin, wenn ich mich vergleiche mit anderen Personen aus dem autistischen Bereich. Da dieses äußerst breit gefächert ist, ist es für mich schwierig, hier Unterschiede zu finden. Diese gibt es in vielen Familien bestimmt, aber ich kann sagen, dass es in meiner Familie nicht der Fall ist. Wir waren als Familie schon immer sehr aufgeschlossen Behinderungen, sexuellen Vorlieben, gesellschaftlichen Stellungen, politischen Ansichten und weiteren Inhaltspunkten gegenüber. Ich habe eine Cousine, die am Down-Syndrom leidet bzw. diese Behinderung hat, und wir machen keinen Unterschied zwischen ihr und anderen, so ist es auch bei mir. Gleiches passiert auch bei politischen Inhalten.«

Auch Hanna beantwortet diese Interviewfrage mit einem schlichten »nein«. In ihrer Antwort zur vorherigen Frage schrieb sie, dass die Sorge um ihre autistische Schwester »unsere Familie relativ stark« prägt. Diese starke Prägung machte sich aus ihrer Sicht aber nicht bei familiären Ereignissen bemerkbar, sodass dies wohl kraftspendende Erlebnisse für die Familie gewesen sein dürften.

Ihre Schwester Susanne zählt keine Ereignisse auf, die anders als in anderen Familien gefeiert werden, jedoch benennt sie recht deutlich, wie sich ihr Verhalten bei familiären Ereignissen von dem der anderen Gäste unterscheidet, und sie beschreibt auch die Strategien, die sie in solchen Situationen anwendet. Susanne erklärt Folgendes: »Da fällt mir nur ein, dass ich mich bei Festen, wenn ich [mich] eine Weile (meistens mehrere Stunden) mit Reden, Musizieren, Essen, Geschenke-Bewundern, Leute begrüßen, aber auch Kaffee kochen, Kaffee bringen u. a. beschäftigt habe, gegen Abend mindestens für ein Weilchen allein zurückziehen muss. Ich denke, dass ich dann müde bin, weil das alles, was ich gerade aufgezählt habe, doch mich irgendwie angestrengt hat. Auch die Leute, obwohl sie freundlich sind. Aber es gibt Momente, wo mir alles etwas viel wird. – Manchmal wird dieser Rückzug als Unhöflichkeit missverstanden. Ich verabschiede mich jetzt ganz offen, und weil es oft gegen Abend ist, wenn auch andere Leute müde sind, fällt es auch nicht weiter auf und jeder hat Verständnis. Ich muss mich dann aber zwingen, noch wenn die Feier vorbei ist und die Gäste wieder gegangen sind, nun notwendige Dinge zu tun wie z. B. Türen abzuschließen oder den Abwasch in die Küche zu räumen. Aber ich sag mir, dass es sein muss, und dann geht es auch. Ich denke an Geburtstage, Weihnachten, Ostern u. a. Feste und Erinnerungstage, an denen man zusammenkommt.«

Friedemann und sein Sohn Toni sind sich bei ihren Antworten auf die Frage nach Unterschieden bei familiären Ereignissen einig, dass es schwierige Zeiten gab. Toni beschreibt diese Zeiten folgendermaßen:

»Ich habe es nicht bewusst erlebt damals, dass ich autistisch bin.
Ich gebe zu, es war manches anders bei uns.
Fremde konnten nicht mehr so kommen wie früher, als ich kleiner war.
Deswegen waren alle ärgerlich auf mich.
Und erwartet haben sie nichts mehr vom Leben.
Ich auch nicht.
Weiter mit 3.«

Mithilfe der Unterstützten Kommunikation (UK) konnte Toni seine Bedürfnisse bei familiären Ereignissen formulieren, was zu einer fühlbaren Entlastung der Familie führte. Ich vermute, dass danach alle wieder viel vom Leben erwartet haben, denn Toni schreibt dazu in einer anderen Antwort zum Interview: »Ich bin ein besonderer Mensch und ich liebe mein Leben. Deswegen geht es heute allen besser, denn ich habe sie gelehrt auf Wahrnehmung mehr zu achten.«

Anhand von drei Beispielen, die zeitlich eng beieinanderliegen, verdeutlicht Friedemann diese Entwicklung:

- »Bei unserer Silberhochzeit (2015), einer Riesenfeier, war unsere Familie größtenteils nicht vollständig. Toni hatte ein ›Extraprogramm‹ mit von uns organisierter Assistenz. Jahre später berichtete er uns, wie traurig er deshalb war (obwohl er genau verstand, warum es zu dieser Zeit nicht anders ging).
- Der 75. Geburtstag meiner Mutter fand zeitgleich mit dem 50. Geburtstag meiner Schwester statt (2015). Ich konnte an dem ganzen Programm nur kurz teilnehmen, weil Toni nicht bereit war, aus dem Auto auszusteigen.
- Mein 50. Geburtstag (2016) lief anders ab. Obwohl viele Leute bei uns zu Besuch waren, brauchte Toni kein ›Extraprogramm‹ an einem anderen Ort, sondern war größtenteils mit dabei, weil (mithilfe der UK) Einzelheiten der notwendigen Assistenz mit ihm verhandelt werden konnten. Er schrieb auch auf, wie leid es ihm tut, dass er gerade an diesem Tag so besondere Zuwendung braucht.«

Rainer und Heiko vermögen keine Unterschiede bei familiären Ereignissen zu benennen. Ihre Mütter dagegen führen einige Dinge dazu aus. »Dazu fällt mir nur ein, dass es zu Weihnachten keine Überraschungsgeschenke für Rainer geben durfte, er musste vorher wissen, was er bekommt«, schreibt bspw. Hannelore.

Emma grübelt: »Vielleicht war nichts so wie in normalen Familien, die besonderen Erfordernisse zogen sich – gerade während der Schulzeit – durch alle Bereiche.« Die besonderen Erfordernisse erläutert sie an zwei Bereichen: »Urlaub, drei Mal in 18 Jahren, im Alter von 4 Jahren noch ok, mit ca. 11 und 13 Jahren sehr angepasst und mit überraschendem Abbruch (›Wenn DIE Zwiebeln auf die Pizza tun, ist der Urlaub vorbei, wir fahren sofort nach Hause.‹).« Der zweite Bereich sind Kindergeburtstage: »Zwillingsgeburtstag, fast alle Kinder spielen die wilden Spiele mit der Tochter, der Sohn spielt mit einem einzelnen, einzigen Freund ein schwieriges Spiel und ist dabei zufrieden. Trotzdem endete jede Geburtstagsparty mit einem Eklat, dem Verlangen geschuldet, dass ›die fremden Kinder endlich gehen‹.« Geburtstagsfeiern von Zwillingen, bei denen ein Kind autistisch und ein Kind nicht-autistisch ist, sind von der Schwierigkeit der Anforderungen kaum zu überbieten. Vielleicht besteht eine Möglichkeit, die Eltern entlasten könnte, darin, dass am eigentlichen Geburtstag in kleiner Runde gefeiert wird. Es kann bspw. Kuchen und die Geschenke mit wenigen ausgewählten Gästen geben. Am Wochenende unmittelbar nach dem Geburtstag bekommt jedes Kind eine eigene, genau auf seine Bedürfnisse zugeschnittene Feier. Das mag jetzt nach unheimlich viel Aufwand klingen, aber eigentlich ist es nicht anders als in Familien (meine eigene eingeschlossen), in denen zwei Kinder sehr dicht hintereinander Geburtstag haben. Hier sollten die Geburtstagsfeiern der Kinder nicht zusammengelegt werden.

Lars, der Sohn von Christine, fand keine Unterschiede beim Begehen familiärer Ereignisse im Vergleich mit anderen Familien und begründet es damit, dass die Familie sehr aufgeschlossen gegenüber Anderssein ist. Christine, die ebenfalls keine Unterschiede ausgemacht hat, liefert eine etwas andere Begründung: »Wir wussten erst im Erwachsenenalter, wie die Auffälligkeiten ›heißen‹ und versuchten, ihn zum sozialen Menschen zu erziehen und haben auf die vielen Eigenartigkeiten keine Rücksicht genommen, sondern alles wie in normalen Familien gemacht, wenn es auch immer viel anstrengender als in anderen Familien war.«

Sowohl drei autistische Interviewpartner als auch eine nicht-autistische Interviewpartnerin geben an, dass es keine Unterschiede bei familiären Ereignissen im Vergleich zu Familien ohne autistisches Familienmitglied gab, wobei die Antwortenden aus unterschiedlichen Familien stammen.

Als familiäre Ereignisse wurden von den Interviewpartnern folgende Aktionen betrachtet:

- Geburtstage,
- runde Geburtstage,
- Weihnachten,
- Ostern,
- Silberhochzeit,
- andere Feste,
- Erinnerungstage,
- Urlaub.

Zum Gelingen von familiären Ereignissen mit einem autistischen Teilnehmer kann eine verbesserte Kommunikation entscheidend beitragen. Wenn Bedürfnisse geäußert werden können, haben umgebende Personen auch die Chance, auf diese Bedürfnisse einzugehen. Des Weiteren scheinen geeignete Rückzugsräume oder Rückzugsstrategien erfolgversprechend zu sein. Diese können von dem autistischen Menschen – wie bei Susanne – selbst etabliert werden, aber auch von den Familienmitgliedern in die Wege geleitet werden. Vorausschaubarkeit wie bspw. das Vermeiden von Überraschungsgeschenken stellt ebenfalls eine gute Strategie zum Vermeiden von Stress bei familiären Aktivitäten dar.

Im *Kompetenzmanual Autismus (KOMMA)* (Maus, 2020) finden sich mehrere Checklisten für nicht alltägliche Ereignisse. Die Checklisten zu den Themen *Feierlichkeit* (Anhang Blatt 78), *Ausflug* (Anhang Blatt 79), *Gruppen- oder Klassenfahrt* (Anhang Blatt 80) und *Planen und Durchführen von Veränderungen* (Anhang Blatt 81) liefern auch Familienangehörigen viele Hinweise, um solche Situationen gut meistern zu können.

Frage Nr. 5: Positive Auswirkungen des Autismus

Frage Nr. 5: Welche positiven Auswirkungen hatte der Autismus Ihres Kindes/der Autismus Ihrer Schwester/der Autismus aus Ihrer Sicht auf das Familienleben?

Aus eigener Erfahrung mit einem autistischen Kind weiß ich, dass es immer wieder scheinbar nicht enden wollende anstrengende Zeiten gibt – eine Erfahrung, die viele Eltern in ihren Zuschriften an mich oder in Gesprächen mit mir ebenfalls beschrieben. Mir hat es geholfen, in diesen Zeiten ein Tagebuch zu schreiben, weil damit auch winzig kleine Fortschritte sichtbar wurden. Freudige Erlebnisse erhielten somit die Möglichkeit, nachgelesen werden zu können, was dazu beitrug, dass diese Begebenheiten eine Chance bekamen, in der Erinnerung verankert zu werden.

Meine Interviewpartner blicken jedoch nicht auf kurz zuvor erlebte Begebenheiten zurück, sondern auf die gesamte Kindheit und Jugendzeit des autistischen Familienmitgliedes. Hier stellt sich also die Frage, ob es die positiven oder die negativen Empfindungen in Zusammenhang mit dem Autismus des einen Familienmitgliedes sind, die den Alltag geprägt haben. Diesem Thema widmen sich die Fragen Nr. 5 und Nr. 6.

Drei meiner autistischen Interviewpartner – Heiko, Lars und Susanne – haben das Empfinden, dass der Autismus keine positiven Auswirkungen auf das Familienleben hatte. Lars glaubt, keine positiven Effekte des Autismus auf die Familie beschreiben zu können, weil die Diagnose in seiner Zeit als Kind und Jugendlicher nicht bekannt war. Er schildert einen Prozess des Hineinwachsens: »Ich kann nicht beantworten, ob besonders positiv auf meine Behinderung, wenn man es so nennen sollte, reagiert wurde. Ich bin irgendwie hineingewachsen, genauso wie meine Eltern dabei hineingewachsen sind.«

Susanne schreibt in ihrer Antwort: »Ich weiß es nicht. Vielleicht haben mittlerweile alle etwas über diese Sache gelernt. Leider fällt mir sonst nur Negatives oder Neutrales ein.« Das Negative und Neutrale äußert sich folgendermaßen: »Negativ: Ich habe meiner Familie oft Stress bereitet, obwohl ich es eigentlich gar nicht wollte. Neutrales: Sie (wir) müssen zur Kenntnis nehmen, dass der Autismus da ist und er auch nicht wieder verschwindet.« Während sie aber über das Negative und Neutrale schreibt, fällt ihr noch etwas Positives ein: »Positiv vielleicht noch: Manchmal bin/ war ich vielleicht auch lustig, und wir konnten alle über mein Verhalten lachen (wenn alle mitlachen, auch die betroffene Person, fühlt sich niemand verletzt!).«

Das *Mitlachen*, wie Susanne es bezeichnet, ist ein schwieriges Thema mit unterschiedlichen Facetten. Oft entsteht unfreiwillig eine gewisse sprachliche Komik, wenn autistische Menschen aus einem Anpassungsbestreben heraus Redewendungen oder Sprichwörter benutzen, es ihnen aber nicht gelingt, diese zu rezipieren und dann wortwörtlich wiederzugeben. Benjamin erzählte mir bspw. einmal nach der Schule, dass seine Lehrerin Folgendes gesagt habe: »Kevin wird später auf die schiefe Umlaufbahn geraten, wenn er so weitermacht.«[40] Da Benjamin oft in Bildern denkt, hatte er die Formulierung seiner Lehrerin in entsprechende Bilder umgesetzt und in dieser Form gespeichert. Zu Hause beschrieb er diese Bilder dann mit seinen eigenen Worten. Unwillkürlich mussten die anwesenden Personen – seine Brüder und auch ich – lachen. Unverzüglich erklärte ich Benjamin, was an seiner Äußerung humorvoll war und wie die Redewendung lautete, die er benutzen wollte. Er verstand, warum wir gelacht hatten, und schloss sich dem Lachen an.

---

40 Gemeint war hier die Redewendung *auf die schiefe Bahn geraten*. Die Redewendung beruht »auf der Beobachtung, daß ein Körper in immer schnellerer Bewegung gerät, der einmal ins Gleiten gekommen ist.« Auf Menschen angewendet beschreibt diese Formulierung, dass »kein gutes Ende mehr zu erwarten [ist], denn es wird nun immer schneller abwärts (bergab) gehen, das Verhängnis muß sich wie ein Naturgesetz vollziehen« (Röhrich, 2001, S. 1326).

Autistische Kinder, Jugendliche und gelegentlich auch Erwachsene werden oft aufgrund autismustypischer Besonderheiten oder Schwierigkeiten ausgelacht. Dies können z. B. motorische Probleme sein, die dazu führen, dass die Person aneckt, stolpert, beim Essen kleckert oder etwas verschüttet. Auslachen, also das Sich-darüber-lustig-machen, wenn jemand etwas nicht kann oder falsch gemacht hat, bedarf einer resoluten und korrigierenden Erklärung des Sachverhaltes. Aufklärung über Autismus und geeignete Experimente zur Wahrnehmung und Motorik (vgl. Maus, 2017a, S. 124 ff., S. 164 f.) führen dazu, dass Geschwister, aber auch Freunde und Mitschüler Verständnis entwickeln und das Auslachen somit kein Thema mehr ist.

Ein *Mitlachen* wird in bestimmten Situationen jedoch auch von autistischen Jugendlichen und Erwachsenen ganz bewusst selbst produziert. Dies sind Situationen, in denen die autistischen Personen entweder nicht verstehen, warum umgebende Personen lachen, aber mitlachen, um nicht aufzufallen. Hierbei sitzt ihnen immer die sprichwörtliche Angst im Nacken[41], dass jemand sie nach dem witzigen Umstand fragt und sie ihn nicht erklären können. Oder aber, die autistische Person hat eine unfreiwillig komische Bemerkung gemacht, über die die anderen lachen, und lacht mit, damit den anderen nicht auffällt, dass sie selbst nicht weiß, was an ihrer Äußerung komisch gewesen ist. Diese Art von Mitlachen in sozialen Situationen ist eine Art des Maskierens, also des Versuchs, autistische Besonderheiten zu verbergen. Unabhängig davon, wie gut das der autistischen Person gelingt, kostet Maskieren unglaublich viel Energie – Energie, die für wichtige Dinge dann oft fehlt. Eine über Autismus aufgeklärte und tolerantere Gesellschaft könnte diese Energien freisetzen.

Die beiden verbleibenden autistischen Interviewpartner nennen positive Auswirkungen des Autismus auf das Familienleben. Rainer fasst es in einem Satz zusammen: »Es ist weniger hektisch, man versucht, die Ruhe zu bewahren.« Rainers Aussage kann in zweierlei Hinsicht verstanden werden. Einerseits hat die Familie gelernt, Rücksicht auf Rainer zu nehmen, damit er aufgrund seiner Wahrnehmungsbesonderheiten nicht in einen Stress- oder Reizüberflutungszustand gerät. Dieses anfängliche *Nur*-Rücksichtnehmen hat sich offensichtlich dahingehend gewandelt, dass alle Familienmitglieder das Zusammenleben als weniger hektisch empfinden. Andererseits liest sich der Satz auch so, dass alle – Rainer eingeschlossen – versuchen, die Ruhe zu bewahren und damit dafür sorgen, dass weniger Hektik entsteht. Weniger Hektik führt dann wieder zum ersten Punkt zurück.

Toni formuliert den eben von Rainer angesprochenen Punkt noch aktiver und selbstbewusster: »Deswegen muss ich nicht lange überlegen [Antwort auf das Vorlesen der Frage, Anm. d. Verf.]. Ich bin ein besonderer Mensch und ich liebe mein Leben. Deswegen geht es heute allen besser, denn ich habe sie gelehrt, auf Wahrnehmung mehr zu achten. Erwarte die nächste Nummer.« Wenn in der Familie mehr auf Wahrnehmung geachtet wird und zuvor alle Familienmitglieder viel über

---

41 Wenn jemandem *die Angst im Nacken sitzt*, dann bedeutet dies, dass derjenige große Angst hat, wobei hierbei »die Vorstellung des Aufhockers angesprochen« wird (Röhrich, 2001, S. 1068). Ein Aufhocker ist im volkstümlichen Sprachgebrauch ein mythologisches Wesen – meist in Form eines Geistes oder Kobolds –, welches einsamen, nächtlichen Wanderern von hinten auf die Schulter springt und dann mit jedem Schritt schwerer wird.

Wahrnehmung gelernt haben, dann geht es nicht nur dem autistischen Familienmitglied besser, sondern der gesamten Familie.

Ähnlich wie Toni beschrieb bereits Benjamins jüngerer Bruder, dass Aufklärung und Rücksichtnahme nicht nur dem autistischen Familienmitglied zugutekommen, sondern auch einen wichtigen Beitrag zur Entwicklung der eigenen Persönlichkeit leisten. Er äußerte dazu Folgendes: »Stattdessen haben meine Eltern uns schon früh an Themen wie die innere und äußere Wahrnehmung herangeführt und uns damit aufgezeigt, wie unterschiedlich diese scheinbar selbstverständlichen Dinge wie Reizverarbeitung sind. Daher gab es für mich nie so etwas wie Benjamin und seinen Autismus, sondern es gab jeden von uns als individuelle Person« (▶ Kap. 2.4.1).

Von den interviewten Familienangehörigen gibt nur Emma an, dass der Autismus ihres Sohnes »absolut keine« positiven Auswirkungen auf das Familienleben hatte, wobei sie die zwei Wörter ihrer Antwort sogar in Großbuchstaben schreibt, um sie im Interviewtext hervorzuheben. Emma bezieht ihre Antwort auf die Altersspanne bis zur Volljährigkeit ihres autistischen Sohnes und ergänzt positive Auswirkungen für die Zeit danach wie folgt: »In den darauffolgenden Jahren würde ich sagen: Die Sensibilität des jetzt jungen Erwachsenen und sein Bemühen, Streit und Disharmonien in der Familie zu klären und zu vermeiden.«

Christine empfindet die speziellen Interessen ihres Sohnes, die sich mit den Interessen anderer Familienmitglieder decken, als Bereicherung. Sie berichtet dazu: »Zum Glück ist unser Kind recht intelligent und wir hatten viele interessante Gespräche, haben einige gleiche Interessen wie z. B. Politik und Sport bis heute. Die wunderbare Lebensfreude unseres Sohnes ist bis heute sehr schön zu sehen.« Spezialinteressen eines autistischen Kindes können nicht nur für die Eltern einen Zugang zum autistischen Kind und eine Bereicherung des Familienlebens darstellen, sondern auch für die Geschwister, Freunde und Mitschüler aller Kinder der jeweiligen Familie.

Einige autistische Kinder haben Spezialinteressen, die mit den allgemeinen Neigungen gleichaltriger Kinder fast deckungsgleich sind, wie bspw. das Interesse an Comic-Figuren, an Pferden oder an Computerspielen. Das Anknüpfen an diese Interessen fällt Geschwistern oft leicht, sodass sich das Spezialinteresse des autistischen Kindes bei überlappenden Interessen als großer Gewinn für alle Kinder der Familie entpuppen kann. Geschwister bekommen dadurch viele Interaktionsflächen geboten, die gemeinsame und beide Seiten befriedigende Aktionen ermöglichen.

Hannelore sieht vor allem in anstrengenden Phasen besondere Chancen für die Familienmitglieder zur Weiterentwicklung, denn: »In Zeiten, in denen Rainers Verhalten schwierig war, haben wir häufig gemeinsam überlegt, was wir tun können. Dadurch waren wir auch über die eigenen Befindlichkeiten im Gespräch.« Ein wichtiger Aspekt scheint mir hierbei zu sein, nicht nur die eigenen Befindlichkeiten zu erfassen und benennen zu können, sondern sich auch mit den anderen Familienmitgliedern darüber auszutauschen. Besonders Kinder erlernen hierdurch einerseits, was Selbstfürsorge bedeutet und wie man sie praktiziert, und andererseits, wie gemeinschaftliches Vorgehen für alle Beteiligten von Nutzen sein kann.

Ein autistisches Kind führt manchmal auch dazu, dass Eltern ihre berufliche Tätigkeit wechseln, weil sie sich durch die Betreuung ihres Kindes auf einem an-

3 Interviews mit Vertretern anderer Familien mit autistischem Mitglied

deren Gebiet kompetent fühlen – und es mit Sicherheit auch sind. Friedemann hat das erlebt und berichtet dazu: »Ariane [Tonis Mutter, Anm. d. Verf.] und ich arbeiten jetzt im selben Job (eine Arbeit, die uns so gut gefällt, dass wir sie auch ohne Bezahlung machen würden).« Des Weiteren hat sich Friedemanns Sicht auf viele Dinge durch den Autismus seines Sohnes folgendermaßen verändert: »Wir denken heute, ganz anders als früher, darüber nach, was wirklich wichtig ist (Zeit/Geld/ Beziehungen zu Menschen/…).« Auch der »Blick auf die Probleme der anderen Geschwister hat sich verändert, wir können ihnen jetzt mit vielmehr Verständnis begegnen und ›passender‹ helfen, wo nötig.«

Friedemann beschreibt Dinge, die ebenfalls von Geschwistern autistischer Kinder genannt wurden, als sie von mir als Erwachsene nach den positiven Effekten des gemeinsamen Aufwachsens befragt wurden. Weniger materiell geprägte Wertvorstellungen und das Erfassen von Dingen in einem größeren Zusammenhang oder in einem anderen Kontext wurden dabei oft aufgezählt (Maus, 2017a, S. 181).

Hanna nennt viele Gründe, warum das Wesen und die Handlungen ihrer Schwester der Familie guttun. Sie schreibt dazu: »Meine Schwester hat durch ihre sensiblen Seiten, die sie vor allem in der Musik, aber auch z. B. im Umgang mit Tieren, in ihrer Großzügigkeit und materiellen Anspruchslosigkeit und in ihrer speziellen Art und Möglichkeit, ihre Zuneigung zu äußern, zeigt, das Leben der Familie bis heute bereichert.« Hanna erwähnt, dass sich die positiven Auswirkungen, die der Autismus ihrer Schwester auf die Familie hat, nicht auf die Kindheit und Jugendzeit beschränken, sondern dass sie »bis heute« anhalten. Zu den Eigenschaften autistischer Menschen, die das Familienleben bereichern, gehören mit Sicherheit ebenfalls Ehrlichkeit, Zuverlässigkeit und Loyalität, obwohl sie von meinen Interviewpartnern nicht genannt wurden.

Da fast alle Familienangehörige, aber nur zwei der fünf befragten autistischen Familienmitglieder positive Auswirkungen des Autismus auf das Familiengeschehen beschreiben, scheint hier die Notwendigkeit zu bestehen, solche Dinge in der Familie direkt, verständlich und bei mehrfachen Anlässen zu kommunizieren. Wenn der Autismus eines Familienmitgliedes erst im Erwachsenenalter diagnostiziert wird, besteht sicherlich die Schwierigkeit darin, bei allen im Alltag auftretenden Problemen positive Auswirkungen dessen, was man nicht mit einem Namen benennen oder unter einem Begriff zusammenfassen kann, auszumachen. Die Antworten der beiden Familienangehörigen der erst im Erwachsenenalter diagnostizierten Familienmitglieder zeigen, dass es zumindest im Rückblick möglich ist, die positiven Aspekte herauszuarbeiten. Dies sollte eine Ermutigung für alle Familien sein, die mit einer Vorahnung oder einem Verdacht auf Autismus leben, ganz bewusst nach positiven Aspekten zu suchen und diese zu nutzen, mit allen zu teilen, zu genießen und vielleicht auch festzuhalten.

Abschließend möchte ich die wichtigsten Punkte, die von den Interviewpartnern auf die Frage nach den positiven Auswirkungen des Autismus auf das Familienleben genannt wurden, zusammentragen:

- Alle lernen gemeinsam etwas über »die Sache« (Autismus).
- Alle lachen gemeinsam bspw. über eine unfreiwillig komische Situation, ohne dass der Akteur dabei ausgelacht wird.

- Es wird Ruhe bewahrt und Hektik vermieden.
- Alle Familienmitglieder lernen etwas über Wahrnehmung und achten aufeinander.
- Es existiert das Bemühen, Streit und Disharmonien in der Familie zu beseitigen.
- Durch schwierige Situationen denken die Familienmitglieder über die eigenen Befindlichkeiten nach und kommen ins Gespräch darüber.
- Interessante Gespräche entstehen durch spezielle Interessen des autistischen Kindes, besonders dann, wenn es Themen sind, für die sich auch andere Familienmitglieder interessieren.
- Die Familienmitglieder entwickeln andere Ansichten über das, was wirklich wichtig ist im Leben.
- Der Blick auf die Probleme anderer verändert sich.
- Es besteht die Möglichkeit, das persönliche Erfahrungswissen in neuen Berufsfeldern erfüllend zu nutzen. Dies hat eine indirekte Wirkung auf alle Kinder der Familie, denn zufriedene Eltern kommen den Kindern zugute.
- Eigenschaften des autistischen Familienmitgliedes wie Großzügigkeit und Anspruchslosigkeit und dessen spezielle Art, Zuneigung zu zeigen, bereichern das Familienleben.

Frage Nr. 6: Negative Auswirkungen des Autismus

Frage Nr. 6: Welche negativen Effekte hatte der Autismus Ihres Kindes/der Autismus Ihrer Schwester/der Autismus aus Ihrer Sicht auf das Familienleben?

Frage Nr. 6, welche die negativen Auswirkungen des Autismus eines Familienmitgliedes auf das Familienleben thematisiert, wurde von fast allen Interviewpartnern ausführlicher beantwortet als Frage Nr. 5, die sich mit den diesbezüglichen positiven Aspekten beschäftigt. Liegt das daran, dass der gesellschaftliche Fokus bei Autismus immer noch überwiegend auf Defizite ausgerichtet ist? Oder daran, dass Eltern eines autistischen Kindes oder Jugendlichen in den verschiedensten Situationen von Ärzten, Lehrern, Erziehern, Einzelfallhelfern, Schulbegleitern, Therapeuten, anderen Eltern und auch entfernteren Familienmitgliedern immer nach Problemen und Schwierigkeiten gefragt werden und diese daher ausführlich und flüssig darlegen können? Sicherlich spielen beide Aspekte eine Rolle dabei.

Von den fünf interviewten Familien gaben die autistischen und nicht-autistischen Mitglieder in drei Fällen übereinstimmend an, dass der Autismus negative Auswirkungen auf das Zusammenleben hat. Bei den beiden verbleibenden Familien sind nur die Eltern der Meinung, dass es negative Auswirkungen gab.

Christine und Hannelore beschreiben negative Aspekte des Autismus auf das Familienleben, wogegen ihre Söhne Lars und Rainer solche Auswirkungen nicht wahrgenommen haben. Hannelore erwähnt bspw.: »Es gab Zeiten, in denen Rainer sehr laut war, das hat dann häufig schon gestört.« Christine beschreibt ebenfalls eine Art Störung, die sich aber nicht durch Lautstärke bemerkbar macht, sondern durch Schwierigkeiten in der Gesprächsführung. Sie berichtet Folgendes: »In unserer großen Familie und im Freundeskreis war es oft peinlich, wie sich unser Sohn egozentrisch verhielt bzw. verhält, wie er im Mittelpunkt steht und ohne Empathie für andere pausenlos redet und auf andere gar nicht eingehen kann.« Da Lars die Autismus-Diagnose erst im Erwachsenenalter erhalten hat, ist es gut nachvollziehbar, dass Christine das Verhalten ihres Sohnes als empathielos und egozentrisch empfunden hatte. Es ist aber auch gut vorstellbar, dass umgebende Personen diese Zuschreibungen so kommunizierten, da der wahre Grund für das anders als erwartet ausfallende Verhalten von Lars in der Kindheit und Jugendzeit nicht bekannt war.

»Eigentlich ist es bei uns nicht so anders« – mit diesen wenigen Worten beschreibt Rainer als Antwort auf die Frage Nr. 6, dass er keine negativen Auswirkungen des Autismus auf das Familienleben ausmachen kann. Liest man seine Antwort etwas genauer, dann fällt auf, dass er die Formulierungen *eigentlich* und *nicht so anders* verwendet. Dies deutet darauf hin, dass er sehr wohl vermutlich kleinere Unterschiede zu anderen Familien wahrnimmt, die aber nicht zwingend als negative Auswirkungen des Autismus auf die Familie gedeutet werden müssen.

Lars empfindet die Fragen Nr. 5 und Nr. 6 »äußerst merkwürdig« und die Frage Nr. 6 ist in seinen Augen eine »äußerst kränkende Frage«. »Äußerst merkwürdig« findet er die Fragen, weil: »In meiner Familie war dieses niemals ein Problem oder hatte Auswirkungen, sondern ich war weiterhin in dieser Familie integriert. Weder positiv oder negativ hatte dieses Auswirkungen, warum sollte dieses auch haben?« Er fährt fort, indem er anmerkt, dass diese Fragen nicht gestellt werden würden, wenn man bspw. »eine Person mit Down-Syndrom, Rollstuhlfahrer oder auch Erkrankte« mit Demenz« in die Familie »integriert«. Die Fragen Nr. 5 und Nr. 6 zielten jedoch nicht darauf ab, eine familiäre Integrierbarkeit abzuwägen. Insoweit liegt hier ein Missverständnis vor. Ziel der Fragen war und ist es, Belastungen und Ressourcen ausfindig zu machen und gegenüberzustellen, um daraus praktische Hinweise für den familiären Alltag abzuleiten. In allen schwierigen Situationen – sei es nun ein an Demenz erkranktes Familienmitglied oder ein Kind im Rollstuhl – ergeben sich Fragen nach Hindernissen (negativen Auswirkungen) und neuen Werten, Formen des Zusammenlebens, Erkenntnissen, Freundschaften (positive Auswirkungen), die thematisiert werden dürfen und müssen, ohne dadurch die familiäre Integration bzw. Inklusion infrage zu stellen. Aus meiner Sicht sind Familien mit behinderten, pflegebedürftigen oder anderweitig beeinträchtigten Mitgliedern – was praktisch auf fast jede Familie zutreffen dürfte – die Keimzellen der Inklusion, denn sie praktizieren im kleinen Maßstab, was die Gesellschaft anstrebt.

Als kränkend empfindet Lars die Frage Nr. 6, weil »ich häufig unbewusst auf diese Einschränkung [Autismus, Anm. d. Verf.] (auch wenn es keine ist) reduziert werde. Vor allem durch meinen Stiefvater ist dieses, auch durch meine Vergangenheit berechtigt, von ihm geäußert worden. Ein Beispiel war und ist mein Berufsleben.« Die Ausführungen von Lars haben mir verdeutlicht, wie tief der Schmerz verwurzelt sein kann, wenn autistische Menschen auf ihre »Einschränkung« reduziert werden. In einer solchen Situation erscheint eine Frage nach negativen Auswirkungen des Autismus wie ein sprichwörtlich weiterer Hieb in diese Kerbe[42],

---

42 Die Redewendung *einen weiteren Hieb in die Kerbe machen* oder *in dieselbe Kerbe hauen/schlagen* umschreibt, wenn jemand die Meinung bzw. Ansicht eines anderen vertritt oder auf dasselbe Ziel hinarbeitet. Die Formulierung bezieht sich auf das Fällen von Bäumen,

obwohl die vorangegangenen Fragen eigentlich eine andere Botschaft vermittelt haben sollten. Durch die Form des schriftlichen Interviews ist es mir erst an dieser Stelle möglich, mich damit auseinanderzusetzen. Daher möchte ich Lars hier die Gelegenheit geben darzulegen, wie sich die Reduktion auf seine »Einschränkung« für ihn angefühlt hatte, auch wenn sein Bericht die Zeit seines Erwachsenseins betrifft.

Lars erklärt seine Verletzlichkeit folgendermaßen: »Ich musste dabei häufig Niederlagen einstecken, obwohl ich eine erfolgreiche berufliche Karriere hingelegt habe. Ich habe 14 Jahre bei einem Arbeitgeber gearbeitet und bin nur durch mein persönliches Engagement gegenüber Kollegen dort gescheitert. Dort wurde ich nach diversen Verfehlungen meiner Vorgesetzten krank, und hatte dann, nachdem ich eine neue berufliche Tätigkeit gefunden hatte, gekündigt. Das ich dabei nach der Probezeit dort gekündigt habe, lag daran, dass ich dort beruflich gefrustet war und in eine bessere berufliche Tätigkeit wechseln wollte. Leider ist mein Stiefvater eine äußerst starke Persönlichkeit, der häufig große Angst hatte. Dieses wurde mir in der Pandemie bewusst. Darin hatte ich mich im Spätherbst 2020 infiziert, und konnte im Anschluss nur äußerst schwer wieder Fuß fassen. Da er ein Hypochonder ist, sah dieser die gesamte Situation äußerst kritisch und sogar als gefährlich an. Ich hatte dabei eher ein lockeres Verhältnis, und hatte in dieser Zeit ein vergrößertes Verlangen, um mich herum meine engsten Personen zu haben. Das sind meine Lebensgefährtin und ihr Sohn sowie mein bester Freund. Alle drei wohnten quasi zwischen Oktober 2020 und Frühjahr 2021 in meiner Wohnung. Wir bauten in dieser Zeit eine kommunenähnliche Verbindung auf. Meinen besten Freund kenne ich seit über 22 Jahren und wir haben eine äußerst enge Bindung. Meine Corona-Infektion verlief inklusive Long-Covid nicht gerade einfach. Mein Stiefvater sah mich öfter im Grab als außen herum, da er große Angst verspürte. Noch heute ist dieses ein großes Problem, da vor allem meine Kinder darunter leiden. Auf der einen Seite möchten diese gerne wie vor 2020 zwischen meinem und dem Haushalt meiner Eltern dauerhaft pendeln, eine Nacht dort, dann mal eine Nacht wieder bei mir. Davor waren beide einige Tage und teilweise nur ein paar Stunden bei mir, und im Anschluss bei ihnen oder umgekehrt. Das wurde mit Corona zu einem Problem. Trotzdem hat uns diese Zeit zusammengeschweißt. Ich gebe auch nicht mir oder meinem Stiefvater eine Schuld, da wir eine diverse Auffassung über das Thema insgesamt und auch über meine Behinderung in der Gänze innehaben.«

Die Schilderung von Lars zeigt einerseits sehr deutlich, wie ambivalent das Verhältnis von einzelnen Familienmitgliedern zueinander sein kann, aber auch, welche enormen Belastungen die Corona-Pandemie insbesondere für autistische Menschen bedeutete und immer noch bedeutet. Auch wenn unterschiedliche Auffassungen über Behinderung im Allgemeinen und Autismus im Besonderen in der Familie existieren, ist es sicherlich ein »enges und liebevolles Verhältnis« zu seinen Eltern, welches Lars an anderer Stelle im Interview beschreibt, das auch dazu beigetragen

---

»wobei die Holzfäller am schnellsten zum Ziel kommen, wenn sie immer in dieselbe Kerbe hauen« (Röhrich, 2001, S. 831).

hat, dass die oben beschriebene »kommunenähnliche Verbindung« während des ersten Winters in der Pandemie funktionierte.

Emma und Heiko vermögen beide keine positiven Auswirkungen des Autismus auf das Familienleben in der Kindheit und Jugendzeit zu benennen, wobei Emma später das Bemühen des jungen Erwachsenen, »Streit und Disharmonien in der Familie zu klären und zu vermeiden« positiv hervorhebt. Beide beschreiben unterschiedlich ausführlich fast identische negative Auswirkungen des Autismus auf das Zusammenleben in der Familie.

»Der Vater hätte sich einen normalen Sohn gewünscht, auf den er stolz sein könnte und der dem Vergleich mit den Kindern der Freunde aus seiner Sicht standhalten könnte«, beginnt Emma ihre Ausführungen. Sie fährt fort: »Die Zwillingsschwester hat von klein auf mit unendlich vielen Gemeinheiten gegen ihren Bruder gekämpft, sie wusste ganz genau, wo sie ihn treffen und zum Explodieren bringen konnte. Dieses Verhalten hat dazu geführt, dass ich mich als Mutter sehr oft auf die Seite des autistischen Sohnes gestellt habe, was das Verhalten der Tochter leider weiter verstärkt hat. Rückblickend hätte es geholfen, wenn ich der Tochter mit mehr Verständnis und Unterstützung hätte helfen können. Da der autistische Sohn sehr oft nach der Schule am Limit war oder sogar einige Tage aussetzen musste, wurde von ihm kaum Mithilfe im Haushalt eingefordert. Darauf hat sich dann – natürlich! – auch die Schwester jedes einzelne Mal berufen, wenn sie helfen sollte. In nachfolgenden endlosen Diskussionen blieb sie sehr hartnäckig, sodass ich zumeist aufgab. Mit täglichen Fahrdiensten bis zu drei Stunden, vielen Hilfestellungen, Sonderlösungen, Therapien, Hilfen für die Lehrer etc., zusätzlich das Bemühen, die Tochter mit besonderen Unternehmungen zu entschädigen, und die Verschiebung meiner Teilzeitarbeit auf die Nachtstunden waren die Jahre eine ständige Überforderung für mich.«

Heikos Antwort liest sich ähnlich: »Einerseits führte mein andersartiges Verhalten zu Konflikten in der Familie – man versteht einander manchmal eben nicht –, andererseits waren die Konflikte, die durch eben dieses Verhalten außerhalb der Familie verursacht wurden (z. B. in der Schule), eine Belastung für die ganze Familie. Dadurch, dass ich mehr Aufmerksamkeit und Zeit von meinen Eltern brauchte, fühlte sich scheinbar meine nichtautistische Schwester benachteiligt, was ebenfalls zu Konflikten führte.«

Die Berichte von Emma und Heiko zeigen an vielen Stellen, wo Hilfe und Unterstützung von außen nötig gewesen wäre, bspw. in Form von Schulwegtransporten oder Einzelfallhelfern, damit mehr Zeit für Heikos Zwillingsschwester oder für Emmas Erholung geblieben wäre. Allerdings werden solche Unterstützungsleistungen für Familien mit einem Kind mit dem Asperger-Syndrom von Ämtern oft abgelehnt, weil dort meist immer noch nicht die Dringlichkeit des Bedarfs gesehen wird. Zwillinge unterschiedlichen Geschlechts, von denen ein Kind autistisch, das andere nicht-autistisch ist, entpuppen sich spätestens in der Pubertät als sehr schwierige Geschwisterkonstellation. Typische Geschwisterrollen wie das Vorbild, die Fürsorgende, der Erklärer oder die Beschützerin, die auf einem Altersunterschied der Geschwister basieren, fallen bei Zwillingen weg. Die große Nähe und Vertrautheit, die Zwillinge i. d. R. füreinander empfinden, kann sich durch den Autismus des einen Kindes anders gestalten oder beeinträchtigt sein.

Emma lernte ich auf einem Fachtag zum Thema *Autismus* kennen. Sie war an dessen Organisation beteiligt und ich erlebte sie als äußerst engagierte Frau. Ich erfuhr, dass sie in einem Autismus-Verein aktiv mitarbeitet und dort auch viel für Eltern tut. Nachdem ich Emmas Antworten auf die Fragen des Interviews gelesen hatte, wusste ich, dass sie andere Eltern auf ihrem Weg begleitet, damit diese es leichter haben werden, ihr autistisches Kind durch die Kindheit zu führen.

Susanne ist der Meinung, dass sie ihrer Familie viele Sorgen bereitet hat. Diese Sorgen beschreibt ihre nicht-autistische Schwester Hanna folgendermaßen: »Aus meiner Sicht war die permanente Angst meiner Eltern um meine Schwester (Was hat sie nur? Woher hat sie es? Wo gleicht sie ihrer Schwester, wo nicht?) eine Belastung in unser beider Kindheit und Jugend. Den ständigen Vergleich mit anderen Kindern bzw. auch zwischen uns beiden durch Eltern, Lehrer, Bekannte etc. habe ich als schwierig empfunden. Dazu mag das Klima in der damaligen DDR, in der wir als Pfarrfamilie lebten, noch verstärkend beigetragen haben.«

Das Asperger-Syndrom, welches bei Susanne im Erwachsenenalter diagnostiziert wurde, findet sich als klinisches Bild erstmalig in der 1992 erschienenen 10. Revision der ICD und 1994 im DSM-IV[43]. Weder in der DDR noch in der BRD wäre also vor der Wende diese Diagnose bei ihr gestellt worden. Das einheitliche, auf Leistung und Meinungsgleichheit ausgerichtete Schulsystem der DDR bot einerseits sicherlich wenig Schlupfwinkel oder Entfaltungsmöglichkeiten für Kinder, die aus heutiger Sicht Diagnosen wie Asperger-Syndrom oder ADHS erhalten hätten. Andererseits berichteten mir schon mehrfach spätdiagnostizierte autistische Menschen, die in der DDR aufgewachsen waren, dass die klaren Regeln im Schulsystem und im gesamten gesellschaftlichen Leben ihnen eine gute Orientierung und eine stabile Struktur boten. Kinder von System-Außenseitern, zu denen Pfarrfamilien in der DDR gehörten, wurden genauer beobachtet als Kinder aus Durchschnittsfamilien, was mit Sicherheit zu einem enormen Druck auf alle Familienmitglieder geführt hatte. Somit können auch gesamtgesellschaftliche Faktoren negative Auswirkungen des Autismus auf das Zusammenleben der Familie hervorbringen.

Susanne erklärt den Stress, den sie glaubt, ihrer Familie in Form von Sorgen und Angst bereitet zu haben, mit zwei Beispielen. Das erste Beispiel mündet in eine Assoziationskette, die ihr Verhalten und ihre damit verbundenen Gefühle erläutert. Susanne schildert Folgendes: »Zum Beispiel war ich mal mit meiner Klasse im Theater und habe nicht rechtzeitig zu Hause Bescheid gesagt, dass es später wird. Ich wusste selbst aber auch nicht, wie lange das Stück dauert, und hatte damals auch kein Handy. Das Stück habe ich gebannt verfolgt (ich weiß nicht mehr genau, was es war, ein modernes Stück über Krieg und Soldaten, glaube ich). Ich war mehrmals mit der Schule im Theater. Einmal haben wir auch ›Die Ratten‹ von Georg Hauptmann gesehen. Literatur und Geschichte gehörten neben Biologie, Musik und Chemie zu meinen Lieblingsfächern, und (Fremd-)Sprachen hatte ich auch gern. Wenn mich Dinge fesselten (geistig) bzw. es noch tun, kann ich mich schwer davon

---

43 Das DSM (Diagnostic and Statistical Manual of Mental Disorders, Diagnostisches und Statistisches Manual Psychischer Störungen) wird von der APA (American Psychiatric Association) herausgegeben und dient der Klassifizierung psychiatrischer Diagnosen. Aktuell gültig (2022) ist das DSM-5. Angewendet wird es überwiegend in der Forschung.

losreißen. Das nervt meine Mitmenschen manchmal. Ich kann mich in Museen z. B. intensiv mit den einzelnen ausgestellten Dingen beschäftigen und möchte am liebsten wissen, was jedes einzelne Exponat ist und wozu es diente. Ich mag historische Museen. Immer befürchte ich, ich verpasse etwas, wenn ich mir z. B. eine Vitrine nicht gründlich anschaue. Das hat aber auch mit meinen schlechten Augen zu tun. Ich denke oft, ich muss jetzt ganz genau hinsehen, und strenge mich dabei grade an. Ich habe schon mal meine Schwester und deren Freundin in Dresden genervt, als wir vor einigen Jahren zusammen dort Urlaub machten und ins Museum gegangen sind. Das tut mir hinterher leid, aber ich muss mich richtig ›zusammenreißen‹, wenn ich mich nicht ganz in die ausgestellten Sachen vertiefen soll. In solchen Sachen bin ich ganz gründlich. Das dauert dann aber lange und oft zu lange, sodass die anderen auf mich warten müssen. Ich kann dann auch die Zeit vergessen.«

Bei autistischen Menschen jagt oft ein Gedanke den nächsten – ein Prozess, den sie nicht einfach mit Willenskraft unterbinden können oder dessen Unterbinden viel Energie kostet. Benjamins Vater prägte dafür liebevoll den Begriff *Assoziationskettenrasseln*. Häufig werden diese Assoziationen als unangemessen kritisiert, in schulischen Kontexten schlecht benotet oder stillschweigend genervt hingenommen. Das Denken in Assoziationsketten kann aber auch als Stärke betrachtet werden, denn es ermöglicht bspw. Ausnahmen zu finden oder besondere Zusammenhänge aufzudecken. In Susannes Fall liefert es eine detaillierte Beschreibung und Begründung ihres Verhaltens, die von jedem Leser leicht nachvollzogen werden können.

Das zweite Beispiel Susannes handelt von ihrer Orientierung: »Ich habe mich früher sehr oft im Gelände ›verfranzt‹. Vielleicht liegt es nicht an den Augen, sondern am mangelnden 3-D-Sehen. Dadurch hat sich die Umgebung nicht so eingeprägt, wie es nötig gewesen wäre. Oder ich war von anderen Dingen abgelenkt und habe mir den Weg evtl. nicht so gemerkt. Heute benutze ich häufiger Hilfsmittel, wie z. B. Schilder aller Art, Pläne, genaue Adressen usw. Ich war sehr lange unterwegs und meine Eltern waren sehr besorgt. Heute hat sich das Problem mit der Orientierung etwas gebessert.«

Schwierigkeiten mit der Orientierung können sich auch darin äußern, dass das autistische Kind zwar lesen kann, aber keinen Handlungsimpuls verspürt, um ein Straßenschild, ein Hinweisschild oder eine Bahnhofsanzeige zu lesen. Hier ist es oft erforderlich, dass diese Kinder über das alterstypische Maß hinaus begleitet werden müssen. Auf Geschwister und Kinder aus dem näheren Umfeld wirken diese Handlungen des autistischen Kindes – oder eher Nicht-Handlungen – wie Unwilligkeit oder Verweigerung. Die diesen Nicht-Handlungen zugrunde liegende mangelnde Automatisierung von Handlungen lässt sich nicht-autistischen Kindern mit leicht durchführbaren Experimenten erklären (vgl. Maus, 2017a, S. 131 f.).

Friedemann beantwortet die Frage nach den negativen Auswirkungen des Autismus auf das Familienleben stichpunktartig: »Hat viel Schmerzen verursacht und Narben hinterlassen (Geschwister wegschicken, um Tonis Bedürfnisse zu erfüllen).« Tonis Antwort, die etwas ausführlicher ausfällt, zeigt, dass die Beschäftigung mit der Vergangenheit auch anstrengend und schmerzlich sein kann. Dies verdeutlicht der nachfolgende Dialog, wobei »Lohnender« eine Bezeichnung für den Vater ist und »Bunter Vogel« die Mutter umschreibt.

> **Gespräch zwischen Ariane (Mutter) und Toni (Sohn):**
>
> Toni: Lohnender kam nicht mehr gern nach Hause.
> Bunter Vogel dachte, der Autismus macht alles kaputt.
> Hundertmal hat sie ihn verflucht.
> Ja, du hast geflucht. Ich habe es gehört in deinen Gedanken.
> Ich habe dann geweint innerlich.
> Trete das an dich ab, denn ich kann nicht mehr.
> Ariane: Pause machen?
> Toni: Nein, weitermachen mit der Nummer 5.

Einige Zeit nach dem Eingang von Friedemanns Antworten zum Interview fragte ich bei ihm nach, ob er seine sehr kurze Antwort auf die Frage Nr. 6 etwas präziser ausführen könnte. Ich hatte keine genaue Vorstellung davon, was er mit der Formulierung »die Geschwister wegschicken« meinte. Wurden sie, wenn sie mit Anliegen, Problemen, Fragen zu den Eltern kamen, weggeschickt oder wurden sie zeitweise zu anderen Personen wie bspw. den Großeltern gebracht? Sicherlich würden sich Leser des Buches ähnliche Gedanken machen.

Friedemanns Antwort kostet bereits beim Lesen Kraft – eine Kraft, die nur einen winzigen Bruchteil der Kraft, die Friedemanns Familie benötigte, um schwierige Situationen zu meistern, verkörpert. Er schreibt Folgendes: »Bei Toni war es ja so, vielleicht aufgrund der Mehrfachbehinderung (außer Autismus könnte ich noch fünf weitere Diagnosen nennen) oder auch nicht gegebener Fachkompetenz behandelnder Ärzte auf diesem Gebiet, dass die Diagnose Autismus erst im Alter von 12 Jahren erstellt wurde und wir als Eltern uns auch erst dann mit diesem Thema zu befassen begannen. Bis ungefähr zum 10. Lebensjahr war Toni nicht in besonderer Weise aktiv, sondern erschien uns eher als stiller, ruhiger ›Beobachter‹. Das änderte sich dann allmählich, und mit seiner zunehmenden Wandlung in Richtung ›Akteur‹ begann er die in allen Lebensbereichen für ihn notwendige Assistenz/Hilfe immer mehr einzufordern. Das bedeutete, dass IMMER eine Person für ihn und nur für ihn da sein musste und NICHTS anderes nebenher gemacht/besprochen/erledigt werden konnte. Und das in einer Ausschließlichkeit, die sich niemand vorstellen kann, der das nicht selbst erlebt hat. Für die Geschwister bedeutete dies, dass wir als Ansprechpartner für sie nicht vorhanden waren, wenn wir als Eltern nicht zu zweit waren. Das meine ich mit wegschicken. Wir mussten Marlena (damals 14) und Friedrich (17) immer wieder sagen, dass wir für sie keine Zeit hätten, weil wir Toni nicht mal eine Minute alleine lassen konnten. Es gab Momente, in denen Jenny (damals 3) weinend alleine gelassen werden musste, weil man mit Toni den Raum fluchtartig zu verlassen hatte, und dabei ihm beide Hände festhalten musste, damit er sie nicht blutig beißt. Ständige Anspannung.«

Seine Antwort endet mit einem positiven, hoffnungsvollen Statement: »Es zeigte sich aber, dass die Gewährleistung einer ständigen Assistenz für Toni (ich hörte mit meiner Erwerbstätigkeit auf) eine wirksame ›Medizin‹ darstellte. Das verstärkte sich, als wir uns mit dem Thema Autismus befassten und allmählich nachvollziehen lernten, was es für einen Menschen bedeutet, mit einem Wahrnehmungsverarbeitungssystem zu leben, welches in sich nicht stimmig ist. Nochmal ganz anders, sozusagen ein ›Turbo‹ in dieser Entwicklung, wurde es durch die Beschäftigung mit dem Thema ›funktionierende Kommunikation‹ und der damit einhergehenden Erkenntnis, dass der Begriff ›geistige Behinderung‹ in die Irre führt. Narben hinterlassen bedeutet, dass wir alle nicht ohne Blessuren/Schäden, welcher Art auch immer, geblieben sind. Aber es tut nicht mehr weh. Heute würde ich sagen, dass der Autismus an sich KEINE negativen Effekte für unsere Familie (mehr) hat.«

Abschließend möchte ich die wichtigsten Punkte, die von den Interviewpartnern auf die Frage nach den negativen Auswirkungen des Autismus auf das Familienleben genannt wurden, zusammentragen:

- Die Lautstärke der Äußerungen des autistischen Kindes stört die anderen Familienmitglieder.
- Es ist den Eltern peinlich, wenn das autistische Kind oder der Jugendliche pausenlos redet, ohne dass andere zu Wort kommen.
- Die Reduktion auf die Einschränkung/Behinderung verschlechtert das Familienklima.
- Angst und Sorge um das autistische Kind oder den Jugendlichen kann das Loslösen vom Elternhaus erschweren.
- Das Nicht-Anerkennen der Autismus-Diagnose durch einzelne Familienmitglieder belastet die Beziehungen in der Familie.
- Geschwister, die mit offensiven Mitteln auf ihre Bedürfnisse aufmerksam machen, können eine Spaltung der Familie bewirken, wenn nicht gegengesteuert wird.
- Unterschiedliche Anforderungen an das autistische und das nicht-autistische Kind führen zu Geschwisterrivalitäten.
- Fahrdienste, Hilfestellungen, Sonderlösungen, Therapien für das autistische Kind fordern Zeit und Kraft einzelner Familienmitglieder (oft der Mutter), die für die Familie als Ganzes nicht zur Verfügung stehen.
- Ausreichende Erholung und genügend Schlaf sind oft nicht realisierbar.
- Das Verhalten des autistischen Familienmitgliedes führt zu Konflikten in der Familie.
- Die Angst der Eltern bzgl. der Entwicklung des autistischen Kindes belastet die gesamte Familie.
- Vergleiche unter Geschwistern empfinden nicht-autistische Geschwister als schwierig.
- Schwierigkeiten beim Zeitempfinden und bei der Orientierung sorgen für Ängste bei den erwachsenen Bezugspersonen.
- Die besondere Wahrnehmung und Spezialinteressen können für nicht-autistische Familienmitglieder zu einer Geduldsprobe werden.
- Die Geschwister müssen weggeschickt werden, um die Bedürfnisse des autistischen Kindes erfüllen zu können.

- Die Familiensituation kann dazu führen, dass einzelne Mitglieder dieser Gemeinschaft nicht mehr gern nach Hause kommen.
- Weinen, Fluchen und destruktive Gedanken dominieren phasenweise das Zusammenleben.
- Notwendige Assistenz/Hilfe kann Familien an den Rand ihrer physischen und psychischen Möglichkeiten bringen.
- Nicht funktionierende Kommunikation zwischen dem autistischen Kind/Jugendlichen und den nicht-autistischen Familienmitgliedern belastet erheblich den gesamten Alltag.

Frage Nr. 7: Spezielle Strategien der Familie

Frage Nr. 7: Welche speziellen Strategien hat die Familie entwickelt, um mit der besonderen Situation umzugehen?

Nachdem die positiven und negativen Auswirkungen des Autismus auf die jeweilige Familie ergründet wurden, ist die Frage, welche Strategien die Familie entwickelt hat, um mit der besonderen Situation umzugehen, naheliegend.

In zwei der interviewten Familien erfolgte die Autismus-Diagnose eines Familienmitgliedes erst im Erwachsenenalter. Christine und ihr Sohn Lars geben übereinstimmend an, dass die Familie keine speziellen Strategien zum Umgang mit der besonderen Situation entwickelte. Hanna und ihre autistische Schwester Susanne hingegen berichten über spezielle Strategien, obwohl Susannes Besonderheiten in der Kindheit der Geschwister noch keinen Namen hatten.

»Wir hatten keine Strategie«, beginnt Christine ihre Antwort. Dann fährt sie fort: »Wir haben nach auffälligem Verhalten viel diskutiert, um ihm zu erklären, wie andere Menschen meistens reagieren würden und welche Möglichkeiten es gibt, sich anders darzustellen. Wir wussten ja nicht, dass er autistisch war und haben eben versucht normal zu leben, was im Nachhinein eigentlich auch oft nicht gelang. In Situationen, in denen er extrem aufgeregt war und sich nicht stoppen ließ, haben wir oft eines seiner Lieblingsthemen angesprochen, bei dem die ›Fronten geklärt waren‹[44], damit die Situation sich etwas beruhigen konnte.« Im letzten Satz beschreibt Christine eindeutig eine Strategie, um mit autismustypischen Situationen umzugehen, obwohl sie selbst dies nicht als eine solche empfindet. Mit dem Ansprechen eines Lieblingsthemas betreibt die Familie eine gezielte Deeskalation, um Lars die Chance zu geben, sich zu regulieren.

Andere Formen der Vermeidung von Eskalationen bei Autismus in schwierigen Situationen sind bspw.:

---

44 Die Redewendung *klare Fronten ziehen* bedeutet, dass gegensätzliche Standpunkte klar voneinander abgegrenzt wurden oder dass eine Sache geklärt wurde, indem die Interessen der Beteiligten abgesteckt bzw. festgehalten wurden. Die Formulierung bezieht sich auf den militärischen Begriff *Front*, der die vorderste Linie der kämpfenden Truppen beschreibt, wobei Kriegsfronten eigentlich keine Linien, sondern mehr oder weniger große Zonen sind. Die Fronten sind geklärt, wenn eine Kriegspartei ein Gebiet erobert hat.

- das Einschränken oder Vermeiden von Körper- und/oder Blickkontakt,
- das Ausschalten oder Reduzieren von als unerträglich empfundenen Reizen,
- das Vermeiden von Anforderungen,
- das Reden in einem gedämpften Ton,
- das Halten von Abstand (aber Verletzungen verhindern),
- das Vermeiden von hektischen Bewegungen,
- das Positionieren von beruhigenden Gegenständen in Sicht- oder Reichweite,
- wenig Einsatz von Körpersprache.

Familien finden meist viele der aufgezählten Möglichkeiten zum Vermeiden von eskalierenden Situationen selbst heraus – oft lange, bevor die Autismus-Diagnose des Kindes gestellt wird. Eltern, deren Kind die Autismus-Diagnose erst in der Jugend- oder Erwachsenenzeit gestellt bekommt, wenden die Strategien zum Verhindern schwieriger Situationen zwar an, machen sich aber meist gleichzeitig Vorwürfe, weil sie glauben, damit in der Erziehung zu versagen, dem Kind zu sehr entgegenzukommen oder gar es zu verwöhnen. Oft verstärken belehrende Kommentare von Familienmitgliedern oder Lehrern und Erziehern dieses Empfinden. Eltern, bei denen die Autismus-Diagnose ihres Kindes im Kindesalter erfolgt, wenden die intuitiv erlernten Methoden zur Stressreduktion ab diesem Zeitpunkt meist ohne Reue und schlechtes Gewissen an. Dadurch werden dringend benötigte Ressourcen freigesetzt.

Lars bestätigt die Aussage seiner Mutter folgendermaßen: »Keine speziellen [Strategien], na klar betrifft mich dieses nicht so sehr wie andere Familien. Bei uns spielt der Autismus in meinen Augen keine Rolle, im Gegenteil. Für mich ist mein Autismus niemals eine Frage, für meine Familie sowie meine Freundin und ihr Kind auch nicht.« Lars betont, dass es in der Familie sehr wohl Strategien gibt, die das Zusammenleben fördern, aber diese Strategien beruhen nicht darauf, dass er »Autismus (Asperger)« hat. Zu diesen Strategien macht er keine Aussagen.

»Die Familie hat nach außen versucht, vor allem die Stärken Susannes zu betonen« – so lautet Hannas Kernaussage bzgl. der von der Familie angewendeten Strategien. Sie erläutert das Betonen der Stärken an einem Beispiel: »Bei der Unterstützung ihrer musikalischen Ausbildung waren unsere Eltern, vor allem meine Mutter, sehr aktiv. Eltern, in frühen Jahren die Großeltern, sowie einige (nicht alle) Lehrer und die Geigenlehrerin in Potsdam versuchten ihr über die Hürden des alltäglichen Lebens hinwegzuhelfen bzw. diese zu verdecken.« Eine Orientierung auf Stärken – wie Hanna sie beschreibt – ist wünschenswert, zwingend notwendig und immer noch ein unerreichtes Ziel. Ein diesbezügliches Umdenken bei Fachpersonen, aber auch bei Bezugspersonen fand bisher höchstens ansatzweise statt. Autistische Schüler lernen bspw. aufgrund ihrer ausgeprägten Detailwahrnehmung, ihrer logischen und faktenorientierten Denkweise sowie ihres weniger ausgeprägten Verständnisses für soziale Themen anders als nicht-autistische Schüler. Dieser Tatsache wird bisher im Schulsystem kaum Rechnung getragen. Auch viele autismusspezifische Therapien und Förderprogramme verfolgen das Ziel, dass die autistischen Patienten bzw. Klienten lernen, sich an die Umgebungsbedingungen anzupassen. Autistische Menschen benötigen dringend ein Angebot an alternativen, auf ihre Bedürfnisse zugeschnittenen Fördermöglichkeiten, die bei ihren Stärken ansetzen und diese in den Vordergrund stellen, um darauf aufbauend Strategien im Umgang mit Problemen zu erlernen.

Hannas Schwester Susanne zählt das Betonen ihrer Stärken nicht als Strategie der Familie im Umgang mit schwierigen Situationen auf. Für sie sind Toleranz, Freundlichkeit und Humor die wichtigsten Strategien. Susanne erklärt in ihren Stichpunkten zu dieser Frage auch, welche Auswirkungen die Strategien der Familie aus ihrer Kindheit und Jugendzeit in ihrem Erwachsenenalter haben. Folgende Strategien entwickelte die Familie:

- »Erstens: Toleranz, aber auch leider Nörgeln und die Verwechslung mit Egoismus (leider). Sachliche Erklärung der Umstände (Autismus) vor Dritten. Das löst Verständnis und Toleranz bei diesen dritten (auch 4., 5. ....) Personen aus. (!) Jetzt wird meine Mutter immer älter und körperlich gebrechlicher und alles strengt sie immer mehr an. Ich versuche, auch meinerseits Verständnis für sie zu entwickeln und habe es auch mit der Zeit hinbekommen. Zu Anfang habe ich gar nicht so gemerkt, dass meine Eltern alt werden bzw. es schon sind. Vielleicht habe ich mich auch entwickelt, durch diese anderen Umstände. Das sollte mich freuen. Ich entwickele mich nun ständig weiter, denke ich.«
- »Zweitens: Freundlichkeit, Humor. Wenn z. B. meine Mutter erzählt, dass ich als Kind aus Büchern und auch live ganz viele Tiere kannte und ganz viel davon erzählen konnte. Als Kind waren Tiere mein Hobby und ich war ein großer Fan und wollte alles darüber wissen. Jetzt mag ich auch bestimmte Tiere, z. B. Katzen, aber im Allgemeinen ist das Thema jetzt in den Hintergrund getreten. Wir leben nicht mehr richtig in einem Dorf und haben aktuell auch kein Haustier mehr.«

Interessant ist, dass Susanne ihre Stärke in ihrem Wissen über Tiere sieht, wogegen die restlichen Familienmitglieder offenbar ihr musikalisches Können als Talent erkannt haben.

Friedemanns Antwort auf die Frage nach den Strategien, die die Familie entwickelt hat, um mit der besonderen Situation umzugehen, ist ein logischer Schluss aus seinen Ergänzungen zur Antwort auf Frage Nr. 6. Er nennt folgende Strategien:

- »Literatur zum Thema (Autismus/Wahrnehmungsbesonderheiten/Neurodiversität/…),
- Kontakte zu anderen Menschen, die Autismus erleben, (selbst bzw. als Angehörige),
- Anwendung der UK [Unterstützte Kommunikation, Anm. d. Verf.] bei Toni mit dem Ergebnis des immer besseren Verstehens,
- Verzicht auf den aus unserer Sicht irreführenden Begriff ›geistige Behinderung‹,
- viele intensive Gespräche zwischen Ariane [seine Frau, Anm. d. Verf.] und mir.«

Toni, Friedemanns Sohn, nennt als Antwort auf die Frage nach den Strategien der Familie das Aufgeben der Berufstätigkeit des Vaters. Interessanterweise zählt Friedemann dies nicht zu den Strategien der Familie, sondern zu den negativen Auswirkungen des Autismus auf das Familienleben, obwohl er hinzufügt, dass sich dies als »wirksame ›Medizin‹« für Toni herausstellte. Hier erfährt also ein und dieselbe Tatsache eine vollkommen andere Bewertung durch einzelne Familienmitglieder.

Einen Auszug aus Tonis Antwort möchte ich hier wiedergeben. »Lohnender« und »Bunter Vogel« sind auch hier Tonis Bezeichnungen für den Vater und die Mutter.

> **Gespräch zwischen Ariane (Mutter) und Toni (Sohn):**
>
> Toni: Gerne mit den Fragen weitergehen.
> Ariane: Aber die Frage lautet: Welche speziellen Strategien hat die Familie entwickelt. Meiner Ansicht nach bist du darauf nicht eingegangen.
> Toni: Ja, du hast recht, aber das führt zu weit.
> Ariane: Nenne bitte einen Punkt dazu.
> Toni: Ja, ich greife eins heraus.
> Deswegen geht es schneller.
> Toni: Bunter Vogel hat die anderen vernachlässigt, um mich zu retten.
> Ariane: Sind das deine Gedanken?
> Toni: Ja.
> Toni: Zufrieden hat es dich nicht gemacht.
> Hundertmal hast du geweint in deiner Seele.
> Lohnender hat das gesehen und seinen Beruf aufgegeben.
> Ähnliches hast du schon zuvor gemacht. Dafür danke ich dir.
> Deswegen geht es mir heute besser.
> Toni: Ich mache weiter mit 6.

Ob Tonis Mutter Ariane die Aufgabe ihrer Berufstätigkeit als Strategie zum Umgang mit Autismus oder als negative Auswirkung des Autismus auf das Familienleben empfindet, geht aus Tonis Antworten nicht hervor. Das unterschiedliche Wahrnehmen bzw. die abweichende Bewertung bestimmter Aspekte des Zusammenlebens zeigt die Notwendigkeit, in der Familie offen solche Dinge zu thematisieren, wenn die entsprechende altersmäßige und kognitive Reife der Familienmitglieder vorliegt.

Heiko, der Sohn von Emma, beschreibt als einzige Strategie der Familie die Zeit, die seine Mutter für ihn aufbrachte: »In erster Linie hat der Autismus es notwendig gemacht, dass meine Eltern – primär meine Mutter, der Vater ist mit anderen Dingen beschäftigt – viel Zeit für mich aufbringen musste; so beispielsweise, um bei den gelegentlichen Nervenzusammenbrüchen zu helfen. Ansonsten haben wir keine besonderen Strategien.«

Emma ist dagegen der Meinung, dass die Familie sehr viele Strategien entwickelte, um mit der besonderen Situation umzugehen. Sie berichtet: »Generell hatten wir sehr viele Strategien, die eine zusätzliche Belastung des autistischen Sohnes möglichst verhindern sollten, insbesondere wenn es darum ging, den Schulalltag zu meistern. Da der ›Schulbus‹, ein unverdienter Name!, laut Vertrag das Recht hatte, Kinder an beliebigen Haltestellen abzusetzen, wenn weniger als zehn Kinder im Bus waren (um dort auf öffentliche Verkehrsmittel zu warten), von unmöglichem Verhalten des Fahrers ganz zu schweigen, war ich gezwungen, die Schulfahrten selbst durchzuführen, bis zu vier Mal täglich. Damit wollte ich verhindern, dass unser Sohn schon psychisch am Limit in der Schule ankommt.«

Weitere Strategien erforderten Ausnahmesituationen jeglicher Art, wobei diese Situationen i. d. R. für nicht-autistische Menschen keine Ausnahmesituationen darstellen und somit das Verstehen der Handlungen und das Verständnis für das Agieren der beteiligten Personen – das betrifft sowohl das autistische Familienmitglied als auch die Bezugspersonen – durch Außenstehende meist gering ist. Emma nennt folgende Beispiele: »Kurzfristige Änderungen im Stundenplan und Überraschungen jeder Art waren eine große Herausforderung für die ganze Familie, wenn möglich wurden Ausnahmesituationen wie Exkursionen, Handwerker, Besucher etc. lange vorher angekündigt, mehrfach erinnert, mögliche Situationen durchgesprochen, doch selbst bei penibelster Vorbereitung scheiterten Vorhaben oft an der Tagesverfassung, die im Schüleralltag nicht vorhersehbar war, oder an Kleinigkeiten, die für unseren Sohn zur Katastrophe (bis hin zum Weltuntergang) wurden.« Was Emma mit »Katastrophe (bis hin zum Weltuntergang)« beschreibt, bezeichnet Heiko als »gelegentliche Nervenzusammenbrüche«. Alles, was Emma als Strategien genannt hat, nimmt viel Zeit in Anspruch. Somit ist es auch möglich, dass Heiko all diese Dinge ebenfalls gemeint hat, als er das Investieren von Zeit als Strategie der Familie aufzählte. Möglicherweise liegt die Ursache für die scheinbare Diskrepanz der Antworten in der unterschiedlichen Wahrnehmung und Kategorienbildung der Interviewpartner.

Emma gibt präzise das Empfinden von autistischen Menschen wieder, wenn Handwerker, Gutachter, Besucher für Familienmitglieder oder andere Personen in den Wohnbereich der Familie eindringen. Solch ein Betreten der vertrauten Umgebung ist für viele autistische Menschen genauso oder fast genauso anstrengend wie Aktivitäten außerhalb der gewohnten Umgebung. Abhilfe kann hier dadurch geschaffen werden, dass keine unangekündigten Besuche erfolgen. Wenn notwendige und von Familienmitgliedern erwünschte Besuche oder häusliche Termine geplant sowie in einem gut sichtbar aufgehängten Kalender eingetragen werden und mehrfach darauf verwiesen wird, nimmt dies derartigen Situationen viel Angstpotential. Emma hat diese Strategien angewendet, merkt aber an, dass es trotzdem immer wieder zu unvorhergesehenen Belastungsreaktionen kommen kann.

Auch Hannelore beschreibt, dass ihr autistischer Sohn Rainer Ressourcen der Familie verbrauchte, indem er »sehr viel Aufmerksamkeit gebunden hat«. Die Familie entwickelte die Strategie, dass »wir Eltern (immer einer von uns) regelmäßig mit den Geschwistern alleine Wochenendfahrten oder Kurzurlaube gemacht [haben]. Andererseits war es für Rainer sehr wichtig, alleine mit seinem großen Bruder etwas zu unternehmen, da hat er sich immer tadellos benommen, diese Tatsache haben wir auch genutzt.« Die Wochenendfahrten und Kurzurlaube mit den Geschwistern von Rainer haben mit Sicherheit dazu beigetragen, dass sich diese nicht zurückgesetzt fühlten, denn jedes Kind benötigt in regelmäßigen Abständen das Erleben, dass es im Mittelpunkt des Geschehens steht und auf niemanden Rücksicht nehmen muss. Wiederkehrende exklusive Freizeitaktivitäten führen dazu, dass Geschwister das Gefühl verinnerlichen, für eine gewisse Zeit mit ihren Wünschen und Bedürfnissen uneingeschränkte Beachtung zu finden. Diese gemeinsam verbrachte Zeit zeichnet sich aus durch Kontinuität, welche die Verlässlichkeit der Eltern transportiert, und Exklusivität, welche die Besonderheit des jeweiligen Kindes zum Ausdruck bringt.

Rainers Antwort auf die Frage, welche Strategien im Umgang mit Autismus für die Familie hilfreich waren, fällt knapp aus: »Bewusster zu reden. Immer pünktlich sein.« Damit spricht er zwei autismustypische Probleme an. Einerseits werden von vielen autistischen Menschen Witze, Ironie, Sarkasmus, Redewendungen, Small Talk nicht oder erst nach entsprechender Erklärung begriffen oder in ihrer Bedeutung erfasst. Es bestehen weiterhin Schwierigkeiten beim Verständnis und bei der Benutzung von Füllwörtern und nicht klar umgrenzten Begriffen. Andererseits können autistische Menschen aufgrund ihrer Besonderheiten nicht ausreichend auf Strategien zum Bewältigen von Veränderungen zurückgreifen. Auch das zu frühe oder zu späte Erscheinen zu einem Treffen ist eine Veränderung, die meist als Regelbruch empfunden wird. Das oft mangelnde Zeitgefühl autistischer Menschen verzerrt die zeitlichen Rahmenbedingungen einer Veränderung wie Beginn, Dauer, Ende und die eingeschränkte Handlungsplanung verhindert einen aktiven Umgang mit der bevorstehenden oder eingetretenen Veränderung. Insofern sind die zwei für Unwissende unbedeutend anmutenden Strategien, die Rainer nennt, von immenser Bedeutung für ein gelungenes Zusammenleben von autistischen und nicht-autistischen Menschen.

Abschließend möchte ich auch hier die wichtigsten Punkte, die von den Interviewpartnern auf die Frage nach den Strategien, die die Familie entwickelt hat, um mit der besonderen Situation umzugehen, zusammentragen. Folgende Strategien wurden genannt:

- Gespräche und Erklärungen nach auffälligem Verhalten,
- Beruhigungsversuch durch Reden über Themen, die kein Konfliktpotential in sich bergen,
- Betonung der Stärken des autistischen Familienmitgliedes, besonders bei Außenkontakten,
- Toleranz, Freundlichkeit, Humor,
- sachliche Erklärung des Autismus gegenüber Dritten,
- Literatur zum Thema Autismus,
- Kontakte zu Selbsthilfegruppen und Familien in ähnlicher Situation,
- Erlernen und Anwendung geeigneter Kommunikationsformen,
- Vermeidung destruktiver Begriffe und Zuschreibungen,
- intensive Gespräche zwischen den Bezugspersonen,
- Reduzierung oder Aufgabe der Berufstätigkeit,
- Hilfe und Unterstützung des autistischen Familienmitgliedes in schwierigen Situationen,
- Schulwegtransporte und andere Fahrdienste, um bspw. die Erfolgsaussichten des Schulbesuchs des autistischen Kindes oder Jugendlichen zu erhöhen,
- Ankündigungen und Erinnerungen für Abweichungen vom regulären Tagesablauf, um Stresssituationen durch Veränderungen zu reduzieren,
- Wochenendfahrten und Kurzurlaube eines Elternteils mit den Geschwistern des autistischen Kindes,

- bewusster Einsatz von Sprache,
- Vermeidung von Abweichungen bei Absprachen.

Sowohl die positiven Effekte als auch die negativen Auswirkungen, die der Autismus eines Familienmitgliedes auf das Zusammenleben hat (vgl. Fragen Nr. 5 und Nr. 6), fanden Eingang in die Strategien, die die Familien entwickelten, um mit ihrer besonderen Situation umzugehen. Es liegt in der Natur der Sache, dass mehr Strategien existieren, um negative Auswirkungen abzumildern oder auszugleichen, denn Autismus als tief greifende oder neuronale Entwicklungsstörung ist und bleibt auch bei Betrachtung aller Stärken und Vorteile eine lebenslange Herausforderung.

Frage Nr. 8: Erwartungen und Hoffnungen

Frage Nr. 8: Welche Erwartungen und Hoffnungen bezogen auf Ihr Kind/bezogen auf die Rolle Ihrer Schwester als Geschwisterkind/bezogen auf Ihre Eltern haben sich erfüllt, welche nicht?

Sowohl Eltern als auch Kinder haben bzw. entwickeln bestimmte Erwartungen an die jeweils andere Seite und erhoffen sich bestimmte Dinge für ihr Leben oder für das Leben anderer Familienmitglieder. Eltern, deren Kind im Kindesalter eine Autismus-Diagnose erhält, sehen sich oft mit der Notwendigkeit konfrontiert, ihre Lebenspläne zu ändern. Dies gilt ebenso für Eltern von Kindern mit anderen Behinderungen. Eltern, deren Kind im Erwachsenenalter eine Autismus-Diagnose gestellt bekommt, erleben meist weniger tiefe Einschnitte in ihre Lebenspläne, aber oft zermürbende Alltagskämpfe, ohne eine Erklärung für das abweichende Verhalten des Kindes zu haben. Ihre Erziehungskünste geraten noch schneller in den Fokus der Kritik durch außenstehende Personen als die von Eltern eines Kindes mit Autismus-Diagnose. Die spät gestellte Diagnose wirkt für Eltern häufig wie der metaphorische Balsam für die Seele[45].

Eine Autismus-Diagnose des Kindes bedeutet für Eltern erst einmal, dass sie von vielen Dingen Abschied nehmen müssen. Mit der Diagnose erhalten sie die schriftliche Gewissheit, dass ihr Kind sich nicht so entwickeln wird, wie sie es sich vorgestellt haben – dass es lebenslange Schwierigkeiten auf vielen Gebieten haben wird, dass es lebenslang behindert sein wird. Bevor neue Lebenspläne sprichwörtlich geschmiedet[46] werden und bevor auch die Stärken und Fähigkeiten des autistischen Kindes in die Wahrnehmung der Eltern vordringen und sich einen Platz im Alltag der Familie erobern, durchleben Eltern eine Phase der Trauer. Manche Eltern trauern um ein Kind, das nur in ihrer Fantasie existierte, und je genauer dieses Fantasiebild war, desto größer ist der Schmerz. Viele Eltern trauern um berufliche

---

45 Die Formulierung *Balsam für die Seele* ist eine Metapher. Als Balsam bezeichnet man wohlriechende Pflanzensekrete, die u.a. seit der Antike in der Wundversorgung zum Einsatz kamen. Als Balsam für die Seele werden im übertragenen Sinne alle Mittel bezeichnet, die dem psychischen Wohlbefinden, insbesondere in schwierigen Situationen oder Zuständen, zuträglich sind.
46 Die Erklärung der Formulierung *Pläne schmieden* findet sich als Fußnote im Kap. 2.2.12.

Karrieren, die aufgegeben werden müssen, um finanzielle Einbußen, um Freunde, die sich abwenden ... Von Eltern autistischer Kinder erwartet die Gesellschaft, dass sie sich mit ihrer Situation auseinandersetzen, sich arrangieren. Aber Eltern benötigen ebenso das Gefühl – sozusagen die gesellschaftliche *Erlaubnis* –, dass sie trauern dürfen. Erst dann sind sie stark genug, um ihre neue Zukunft zu gestalten.

Kinder entwickeln ebenso wie Eltern Erwartungen und Hoffnungen erst mit einer gewissen kognitiven Reife, die im Fall der Erwartungen mit Lebenserfahrung gleichgesetzt werden kann. Um Erwartungen an einen anderen Menschen haben zu können, benötigt man eine Theory of Mind. Theory of Mind beschreibt die Fähigkeit, anderen Menschen Gedanken, Wünsche, Gefühle und weitere mentale Zustände zuschreiben zu können. Diese Fähigkeit entwickeln Kinder ungefähr in einem Alter von vier Jahren. Frühestens ab diesem Alter sind sie also in der Lage, Dinge, die sie von anderen Menschen erwarten oder von ihnen erhoffen, gedanklich zu erfassen und auch in Worten zu formulieren. Um Erwartungen entwickeln zu können, benötigt man zusätzlich zur Theory of Mind Lebenserfahrung. Wenn ein Kind bspw. von seinen Eltern erwartet, dass es zum Musikunterricht geschickt wird, muss es zuvor das Wissen erworben haben, dass man das Spielen eines Instrumentes in einer speziellen Einrichtung erlernen kann, und es muss die Erfahrung gemacht haben, dass Eltern prinzipiell oder in ihrem speziellen Fall über die Möglichkeit verfügen, diesen Wunsch zu realisieren.

Ob Erwartungen erfüllt werden, hängt nicht nur von den Mitteln und Möglichkeiten desjenigen, an den sie gerichtet sind, ab, sondern auch davon, ob sie ausgesprochen werden. Bei dem Beispiel mit dem Musikunterricht bleibend kann der unausgesprochene Wunsch des Kindes dazu führen, dass die Eltern es zu einem Töpferkurs anmelden, weil sie die musikalischen Ambitionen des Kindes nicht erkennen. Wenn das Kind seinen Wunsch, also seine Erwartung den Eltern gegenüber äußert, steigt somit die Chance auf Erfüllung.

Beim Thema *Autismus* wird die Frage nach den Erwartungen noch komplizierter, denn hier reicht Lebenserfahrung nicht mehr aus, um Erwartungen zu entwickeln und Hoffnungen zu haben. Realistische Erwartungen lassen sich erst formulieren, wenn Grundwissen über Autismus vorhanden ist und wenn somit die Rahmenbedingungen für die Erwartungen abgesteckt werden können. Diese Rahmenbedingungen sollten allerdings dynamisch sein und sie müssen immer wieder überprüft werden.

Autistische Kinder entwickeln oft später als nicht-autistische Kinder eine Theory of Mind, welche weniger ausgereift sein kann als die von Gleichaltrigen. Dies liegt vor allem daran, dass autistische Menschen mit wenig oder keinen intellektuellen Einschränkungen eine Theory of Mind über die Kognition und nicht wie nicht-autistische Menschen über die Intuition erwerben. Die kognitiv erworbene Theory of Mind erweist sich im Alltag als weniger flexibel im Einsatz, wobei hier die sozialen Schwierigkeiten autistischer Menschen erschwerend hinzukommen.

Die Frage nach den Erwartungen an die Eltern beantwortet Heiko mit zwei Gegenfragen: »Welche Erwartungen soll ich denn haben? Werden Kinder normalerweise mit einer vollständig ausformulierten Wunschliste bezüglich ihrer Eltern geboren?« Die Gegenfragen verdeutlichen, dass die Frage, so wie sie von mir gestellt wurde, Heiko in die falsche Richtung führte. Wie oben ausgeführt werden Kinder nicht »mit einer vollständig ausformulierten Wunschliste bezüglich ihrer Eltern geboren«, sondern das Entwickeln und Wahrnehmen von Erwartungen und Wünschen ist ein Prozess, der nach dem Entwickeln einer Theory of Mind beginnt und im Laufe des Lebens präzisiert wird, indem bspw. gravierende Lebenserfahrungen dazu beitragen, diesen Prozess zu steuern. Eine Erklärung zu dieser Frage hätte Heiko vielleicht das Beantworten der Frage ermöglicht.

Alle anderen autistischen Interviewpartner beantworteten diese Frage ohne Probleme, wobei Toni nur indirekt auf diese Fragestellung eingeht, indem er an mehreren Stellen explizit die Leistungen seiner Eltern hervorhebt oder lobt, aber keine unerfüllten Erwartungen niederschreibt.

Susanne beschreibt, dass die wichtigste Erwartung an ihre Eltern darin bestand, dass sie mit ihnen über alles reden kann. Ihren Beschreibungen ist zu entnehmen, dass diese Erwartung erfüllt wurde und sogar über die Zeit der Kindheit hinaus bestehen blieb. Über erfüllte Erwartungen schreibt Susanne Folgendes: »Sie (die Eltern) haben mich geliebt und immer zu mir gestanden. Sie haben mir auch in schwierigen Situationen geholfen. Zum Beispiel half mir meine Mutter mal in einer Zeit mit einer schwierigen zwischenmenschlichen Beziehung zu einem Bekannten so, dass ich mich besser abgrenzen konnte und diese Beziehung später selbst beendet habe (der Bekannte war zu vereinnahmend, und es wurde nicht einmal Freundschaft daraus, Liebe schon gar nicht). Ich konnte über alles reden. Später hatte ich eine ähnliche Situation mit einem Arbeitskollegen, der in den Pausen und auch bei der Arbeit über Dinge geredet hatte, die mir nicht gefielen. Das war auch sehr anstrengend, und auch darüber konnte ich mit meiner Mutter reden. (Der Kollege war abergläubisch und redete sehr viel von solchen Dingen. Außerdem von schlimmen Erlebnissen in der Vergangenheit, die er, wie sich dann herausstellte, gar nicht gehabt, sondern sich nur ausgesponnen hatte. Er war ein schwieriger Mensch. Ich glaubte ihm und fühlte mich später betrogen.) Heute ist er nicht mehr in unserer Firma beschäftigt. Er ist verschwunden, wohin, weiß ich nicht. Ich bin sogar erleichtert darüber, weil er mich z.B. durch sein Reden bei der Arbeit gestört hatte.«

Das Verhältnis von Susanne zu ihrer Mutter ist ambivalent. Einerseits fühlt sie sich seit ihrer frühesten Kindheit von ihr geliebt und verstanden, andererseits wurde und wird sie von ihrer Mutter oft kritisiert. Das Kritisieren mag daran liegen, dass die Eltern, insbesondere die Mutter, während Susannes Kindheit in der DDR sehr im Fokus von Lehrern, Erzieherinnen und anderen Personen außerhalb der Familie gestanden hatte, da Susannes Autismus erst im fortgeschrittenen Erwachsenenalter diagnostiziert wurde. Vielleicht versuchte die Mutter mit dem Üben von Kritik die Probleme, von denen sie noch nicht wusste, dass sie durch eine angeborene Veranlagung verursacht werden, so klein wie möglich zu halten. Über Hoffnungen und Erwartungen, die sich nicht erfüllt haben, schreibt Susanne: »Wenn meine Mutter sich über etwas aufregt, nörgelt sie oft oder reagiert abwertend. Das ist sogar eine Art Jähzorn, der aber schnell wieder vorübergeht. Ich habe gehofft, dass diese unangenehme und sehr anstrengende Eigenschaft verschwinden würde. Das geschah aber nicht wirklich. Ich versuche dann, sie zu verstehen und mich sozusagen ›ihr anzunähern‹, indem ich über die Situation (z.B. Fehler meinerseits, die ich gemacht habe) nachdenke und daraus lerne. [Ich] versuche festzustellen: Wie ist es so gekommen? Was habe ich falsch gemacht? Was kann ich besser machen? Aber wenn die andere Person beim Ärgern sehr laut ist, ist es schwer, sich auf das Nachdenken zu konzentrieren. Mein Vater war viel ruhiger, ausgeglichener und sachlicher. Jetzt: Ich versuche, meine Mutter zu verstehen. (Sie ist alt. Müde. Mein Fehler war dumm.) Manchmal lache ich auch über meine Fehler.«

Auch Lars ist erst im Erwachsenenalter diagnostiziert worden. Er schreibt, dass es keine Enttäuschungen bei ihm gab, weil seine Eltern keine Erwartungen in ihn gesetzt hatten. Dadurch unterschied sich seine Familie von anderen Familien. Andererseits erfüllte er sich seine Träume weitgehend selbst. Lars berichtet Folgendes: »Da ich erst mit Anfang 20 diagnostiziert wurde, waren Erwartungen und Hoffnungen schon weitgehend ausgeträumt. Ich hatte selbstverständlich Träume gehabt, doch ich konnte diese irgendwie erfüllen. Meine Eltern haben dabei keine Erwartungen und Hoffnungen, wie man es bei anderen Familien kennt (Karriere, Kinder, Eigenheim, Vermögen), in mich gesetzt, deswegen haben wir dabei keine Enttäuschungen erlebt. Meine Eltern waren froh, dass ich mich entwickelt habe, wie es geschehen ist, beruflich, familiär und auch mit meinen Freundschaften. Trotzdem sind meine Eltern insgesamt froh, dass ich mein Leben so gemeistert habe, wie es gegenwärtig ist. Ich bin auch mit meinem Leben so zufrieden, wie es ist. Ich habe gelernt mit meiner Behinderung, mit meinen Unzulänglichkeiten zu leben, mein Leben zu meistern und auch zurechtzukommen. Na klar, es gibt noch immer viele Schwierigkeiten im Umgang mit bestimmten Problemen, doch diese sind nicht zweifelsfrei auf die Behinderung zurückzuführen.« Ob Lars von dem Handeln oder Nicht-Handeln seiner Eltern in bestimmten Situationen oder Kontexten während seiner Kindheit und Jugendzeit enttäuscht gewesen war, geht aus seiner Antwort nicht hervor.

»Man kann gut miteinander reden, manchmal hört jemand aber anders zu, als ich mir das wünsche«, antwortet Rainer auf die Frage nach den Erwartungen und Hoffnungen. Die Formulierung, dass manchmal jemand anders zuhört, als Rainer sich das wünscht, lässt einen gewissen Interpretationsspielraum zu. Dies könnte einerseits bedeuten, dass auf autismustypische sprachliche Besonderheiten nicht immer so eingegangen wird, wie Rainer sich dies wünscht. Es kann andererseits aber auch damit gemeint sein, dass die Geduld der anderen Familienmitglieder beim Eingehen auf repetitive sprachliche Äußerungen oder auf das Erzählen über spezielle Interessen gelegentlich an ihre Grenzen stößt. Rainer formuliert seine Antwort in der Gegenwart. Somit ist aus seiner Antwort nicht ersichtlich, ob dieses gelegentliche Problem, welches er beschreibt, schon während seiner Kindheit und Jugendzeit bestand, oder ob es sich erst mit dem Auflösen der Kernfamilie ergab, weil nun alle Familienmitglieder bei den Zusammenkünften insgesamt weniger Zeit haben, um sich über die Neuigkeiten auszutauschen.

Die Erwartungen und Hoffnungen der nicht-autistischen Interviewpartner drehen sich alle um das Absolvieren der Schule, die Berufswahl, eine sich anschließende Ausbildung und das Finden eines Arbeitsplatzes sowie um die Fähigkeit, selbstständig zu leben und eine Partnerschaft zu führen. Bis auf die beiden letzten Punkte sind dies Dinge, die auch Eltern eines nicht-autistischen Kindes in ihre Hoffnungen und Wünsche für ihr Kind einschließen. Kein Elternteil gab als enttäuschte Erwartung oder unerfüllte Hoffnung Liebe, Zuneigung oder ein Zusammengehörigkeitsgefühl in Bezug auf das autistische Kind an. Da diese Dinge aber auch bei den erfüllten Hoffnungen und Erwartungen nicht explizit genannt wurden, besteht die einzig logische Schlussfolgerung hier darin, dass Eltern all diese Dinge für möglich gehalten und auch erlebt bzw. bekommen haben. Obwohl autistische Kinder Zuneigung, Liebe und ein Zusammengehörigkeitsgefühl oft anders äußern und kommunizieren als nicht-autistische Kinder, ist bei den Bezugspersonen meiner Interviewpartner aus deren Sicht viel von dem, was sie an Zuneigung gaben, angekommen. Dies thematisiert die Frage Nr. 11 (▶ Kap. 3.2.2, ▶ Frage Nr. 11: Ausdrucksformen von Zuwendung). Interessant ist in diesem Zusammenhang auch die Frage, wie die Zuneigung und Liebe, die Eltern gegeben haben, beim autistischen Kind ankam, denn dies ist sicherlich eine Grundvoraussetzung, um solche Dinge erwidern zu können (▶ Kap. 3.2.2, ▶ Frage Nr. 10: Resonanz auf Zuwendung).

Hanna, die Schwester von Susanne, schreibt über erfüllte und unerfüllte Hoffnungen Folgendes: »Susanne kann ein Leben in relativer materieller Sicherheit leben. Das ist durch ihre Berentung und die Vorsorge durch meine Eltern möglich. Dafür bin ich sehr dankbar, auch in Blick auf ihre Zukunft. Sie macht weiter in ihren Grenzen im Amateur- und Halbprofibereich Musik. Dabei versuchen ich und weitere Musikerfreunde sie so weit wie möglich zu unterstützen. Susanne konnte ein Studium der Musikwissenschaft abschließen, aber eine Berufstätigkeit in diesem Spektrum war u. a. aufgrund ihres Autismus nicht möglich. Über ihre Teilbeschäftigung in der Werkstatt bin ich froh, da sie wichtig für Susanne ist und ihrem Leben ein Stück Struktur gibt. Leider war es ihr nie vergönnt oder möglich, eine Partnerschaft zu führen und/oder Kinder zu haben. Da der Wunsch danach mitunter bei ihr aufkam, bedauere ich das.« Studien zufolge sind 90 % der autistischen Erwachsenen arbeitslos, weil Kindergärten, Schulen, Hochschulen und andere Bildungseinrichtungen, Behörden und die Arbeitswelt nicht auf autistische Menschen ausgerichtet sind (teilhabeberatung.de, o. D.). Auch in Susannes Fall scheint die für sie infrage kommende Arbeitswelt nicht auf sie eingestellt zu sein, denn sonst würde sie nicht mit einem Hochschulabschluss in einer Werkstatt für behinderte Menschen arbeiten (müssen).

Hannas Ausführungen geben auch einen Hinweis darauf, wie Geschwister sich über die Zeit der Kindheit und Jugend hinaus der autistischen Schwester oder dem autistischen Bruder gegenüber verpflichtet fühlen und zum Wohlergehen beitragen können. Die Übernahme von Pflege- und Betreuungsleistungen durch die Geschwister sollte immer die alleinige Entscheidung des Geschwisters sein und niemals durch elterlichen Zwang erfolgen. Geschwister haben ein Recht auf einen unabhängigen und selbstbestimmten Lebensweg. Im Rahmen dieser Selbstbestimmung können sie sich für die Übernahme von Aufgaben entscheiden.

Die Söhne von Christine und Hannelore sind beide auf dem ersten Arbeitsmarkt beschäftigt, was die Mütter als erfüllte Hoffnungen empfinden. »Im Prinzip sind wir jetzt doch sehr zufrieden, da unser Sohn wider Erwarten eine gute Ausbildung absolviert hat und seit dem Abschluss schon 14 Jahre in seinem Beruf arbeitet. Für uns überraschend fand er sogar auf dem ersten Arbeitsmarkt eine Stelle«, schreibt Christine dazu. Sie fährt fort: »Auch als Vater zweier Kinder zeigt er deutlich, wie er die Kinder liebt, auch wenn seine Defizite jetzt für die jugendlichen Kinder auch sehr auffällig sind. Da er immer schon sehr extrem war, waren unsere Erwartungen relativ gering, wir wollten nur, dass er glücklich ist mit dem, was er tut, und selbstständig leben kann. Das ist im Allgemeinen geglückt.« Trotz der relativ geringen Erwartungen, die Christine beschreibt und die wohl dem Anpassen der Erwartungen an die gegebenen Rahmenbedingungen geschuldet sind, hat Lars viele Dinge erreicht, die anderen autistischen Menschen unerreichbar scheinen.

Hannelore erklärt, warum ihre Erwartungen sogar übertroffen wurden: »Rainer kann heute weitgehend selbständig leben. In einer eigenen kleinen Wohnung, zweimal pro Woche kommt ein Sozialpädagoge zur Unterstützung, wir wohnen in der Nähe. Er hat eine unbefristete 75%-Stelle auf dem 1. Arbeitsmarkt, das ist mehr, als wir jemals erwartet haben. Leider sind seine Freundschaften sehr oberflächlich, beschränken sich im Wesentlichen auf Small Talk, das ist ihm aber wichtig.« Dass Rainer offenbar gut darin ist, Small Talk zu betreiben, zeigt deutlich, wie unterschiedlich Menschen im Autismus-Spektrum sind. Die Mehrheit der autistischen Menschen hat Probleme mit Small Talk, ebenso wie mit Witzen, Ironie, Metaphern oder auch Jugendsprache und Netzjargon. Es gibt aber hier wie auch bei anderen autismustypischen Besonderheiten immer die Ausnahmen von der Regel.

Emma betrachtet es als »ein Wunder«, dass sie »die Schulzeit überlebt« haben – ein Empfinden, welches sie sicherlich (leider) mit vielen Eltern teilt. Sie zählt folgende erfüllte und nicht erfüllte Hoffnungen auf: »Mein Sohn hat sich sehr viel Wissen angeeignet, kann in Teilbereichen außergewöhnliche Leistungen erbringen und ist (unerwartet) ein guter Koch geworden. In etlichen Bereichen haben meine mütterlichen Bemühungen jedoch nicht oder wenig gefruchtet, z. B. beim Thema Ordnung, praktisches Arbeiten oder menschliche Kontakte.«

Auch Friedemann nennt sowohl erfüllte als auch unerfüllte Erwartungen und Hoffnungen: »Ich habe Toni durch das ›in Sprache kommen‹ als Person kennenlernen dürfen, in einer Weise, wie ich es vorher (diese Entwicklung begann 2015) niemals für möglich hielt.« Eine eingetretene Entwicklung, die man »niemals für möglich hielt«, kann man eigentlich nur als Hoffnung bezeichnen. Eine nicht erfüllte Erwartung bezieht sich auf Tonis schulische Laufbahn: »Korrigieren musste ich meine Erwartungen hinsichtlich der möglich gewordenen Teilnahme am Unterricht der gymnasialen Oberstufe der M[…]schule. Hier hatte ich mir gewünscht, dass sich Toni mehr auf die Lernangebote einlässt.«

Die Eltern und die Schwester beantworteten die Frage nach den erfüllten und unerfüllten Erwartungen und Hoffnungen sowohl mit der Sicht auf ein nicht behindertes Kind als auch mit der Sicht auf die Perspektiven eines autistischen Kindes. Zentrale Themen wie Schulbesuch, Ausbildung, Arbeitsplatzsuche finden sich ebenso in den Antworten wie spezielle Themen wie Selbstständigkeit oder mögliche Partnerschaften, die für Eltern eines nicht behinderten Kindes keine Relevanz haben. Natürlich sind auch die zentralen Themen, die alle Eltern berühren, bei Eltern autistischer Kinder aus den oben genannten Gründen etwas brisanter und damit lebensbestimmender.

Die autistischen Teilnehmer beschäftigten sich in ihren Antworten mit folgenden Erwartungen:

- Liebe, Akzeptanz,
- Hilfe in schwierigen Situationen,
- Kritik,

- keine Erwartungen an das Kind,
- Kommunikation.

Die oben beschriebenen Erwartungen der Eltern spiegeln sich nicht in den Antworten der erwachsenen Kinder. So gibt bspw. kein autistischer Interviewpartner an, dass er Hilfe bei schulischen Herausforderungen erwartet hätte. Vermutlich liegt das daran, dass alle Interviewpartner diese Form der Unterstützung von ihren Eltern erhielten, wie an mehreren anderen Stellen der Interviews deutlich wurde.

Die Antworten der Eltern von früh- und spätdiagnostizierten Kindern unterscheiden sich nicht wesentlich. Die Unterschiede, die in den Antworten deutlich wurden, beziehen sich eher auf den Grad der Beeinträchtigung und damit bspw. auf die mangelnde oder fehlende Kommunikation.

Frage Nr. 9: Dominierendes Gefühl während der Kindheit

Frage Nr. 9: Welches Gefühl ist das dominierende, wenn Sie an Ihre Familie während der Kindheit Ihres autistischen Kindes/während der gemeinsamen Kindheit/während Ihrer Kindheit denken? Bitte erläutern Sie Ihre Antwort.

Die Frage nach dem dominierenden Gefühl während der Kindheit und Jugendzeit des autistischen Familienmitgliedes ist mit Sicherheit eine schwer zu beantwortende Frage. Wäre mir diese Frage gestellt worden, hätte ich *Liebe* geantwortet – eine Liebe, die manchmal auch von Verzweiflung gespeist wurde und die dadurch ungeahnte Kräfte zu entfesseln vermochte.

Traumbrecher[47]

Oft wurde ich gefragt, ob ich mir nicht ein anderes Kind wünsche oder warum ich mein besonderes Kind denn überhaupt liebe.

Warum liebe ich mein besonderes Kind? Ich liebe es nicht, weil es hübsch lächelt, denn es lächelte mich nicht an. Ich liebe es nicht, weil es freudig auf mich zugelaufen kommt, denn es lief mir nicht entgegen. Und ich liebe es nicht, weil es entzückend »Mama« plappert, denn es redete mich nicht an.

Wo kommt diese tiefe, mitunter auch von Verzweiflung gespeiste Liebe also her? Liebe ist ein Geben und Nehmen, ohne diese Dinge gegeneinander aufzurechnen. Eine Mutter streichelt ihr Baby und lächelt, worauf dieses freudig gluckst und ihr die Ärmchen entgegenreckt. Wie funktioniert aber Liebe, wenn das Gegebene scheinbar nicht entgegengenommen wird? Wenn von der empfangenden Seite gefühlt nichts zurückkommt? Oder wenn das Zurückkommende so zart, winzig, zerbrechlich oder anders ist, dass dessen Deutung als Liebe schwerfällt?

---

47 Auszug aus einem Artikel, der bereits publiziert wurde auf www.inez-maus.de (Maus, 2017c).

> Neben meiner Liebe existierte ein weiteres starkes, über eine geraume Zeit unbewusstes Gefühl: Die innere Gewissheit, dass meine Liebe entgegengenommen wird, auch wenn ich dies an äußeren Zeichen lange nicht festzumachen vermochte. Mein besonderes Kind forderte viele Jahre durch Nichtfordern Liebe auf eine andere Art. Eine Art, die rückblickend meinen nicht-autistischen Kindern sehr zugute kam.

Liebe wurde von keinem meiner Interviewpartner als Antwort auf die Frage genannt, dafür fanden aber *Freude* und *Dankbarkeit* häufige Erwähnung.

Die folgende Tabelle (▶ Tab. 3.4) gibt einen Überblick über das dominierende Gefühl meiner Interviewpartner während der Kindheit des autistischen Familienmitgliedes.

Tab. 3.4: Dominierendes Gefühl der Interviewpartner während der Kindheit des autistischen Familienmitgliedes

Familie	Elternteil/Schwester	Autistisches Familienmitglied
Familie 1	»Zunächst das Gefühl ›warum ausgerechnet wir‹«, später dann »Glück«.	»Dass man sich bemüht hat, mich zu verstehen.«
Familie 2	»Mangelndes Verständnis für meinen Sohn und ständige Angriffe von außen.«	»meine Vergangenheit ist mir peinlich«
Familie 3	»Freude und Dankbarkeit sind dominierend, es gibt aber auch Unwohlsein.«	»Freude«
Familie 4	»keine eigentliche Ruhe«, »Fröhlichkeit, Humor«	»Dankbarkeit«
Familie 5	»Diese Frage kann und möchte ich nicht erschöpfend beantworten, da sie mir zu komplex erscheint.«	»Freude, Dankbarkeit«

Acht meiner zehn Interviewpartner nennen positive Gefühle bezüglich des Familienlebens in der erfragten Zeit. Drei nicht-autistische Interviewpartner schränken diese positiven Gefühle etwas ein, indem negativ erlebte Gefühle hinzugefügt werden oder indem ein zeitlicher Verlauf des Wechsels von Gefühlen skizziert wird. Ein Interviewpaar nennt ausschließlich negative Gefühle. Im Folgenden möchte ich Auszüge zu den Erklärungen des dominierenden Gefühls während der Kindheit des autistischen Familienmitgliedes wiedergeben.

Hannelore beschreibt ihr ursprüngliches Erleben mit einem autistischen Kind mit der Frage: Warum ausgerechnet wir? – ein Erleben, welches sicherlich viele Eltern zum Zeitpunkt der Diagnosestellung mit ihr teilen. Weiter schreibt sie: »Erst im Laufe der Jahre habe ich (und ich denke auch der Rest der Familie) bemerkt, welches Glück es ist, ein solches Kind zu haben. Ein grundehrlicher Mensch, der häufig unseren Blick auf das Wesentliche geschärft hat.«

Dieser grundehrliche Mensch, Hannelores Sohn Rainer, erlebt in der Familie die Bemühung, ihn zu verstehen. Das ist allerdings nicht überall so. Rainer schreibt dazu: »In der Wohngruppe, in die ich mit 18 Jahren zog, war es schwieriger. Da gab es Leute, die dachten, sie wären standhafter als ich.«

Emma und ihr Sohn Heiko blicken beide mit unguten Erinnerungen auf die Kindheit und Jugendzeit Heikos zurück. Emma schreibt zu der Frage nach dem dominierenden Gefühl dieser Zeit: »Mangelndes Verständnis für meinen Sohn und ständige Angriffe von außen. Da mein Sohn die Diagnose erst mit zehn Jahren bekommen hat, waren die Jahre davor geprägt von Unsicherheit, Zweifel, einer Vielzahl von zumeist erfolglosen Bemühungen und Therapien, dem ständigen Widerspruch zwischen überragenden Fähigkeiten und dem krassen Unvermögen im zwischenmenschlichen Bereich. Die vielen Vorwürfe aus dem familiären Umfeld, von anderen Müttern, Lehrern etc. haben mich weiter verunsichert und zu ständigen 200 % Leistung getrieben.«

Heiko antwortet auf diese Frage: »Dieselben Gefühle, die alle meine Erinnerungen dominieren: meine Vergangenheit ist mir peinlich, ich hasse, wie ich mich früher verhalten habe, und wann immer irgendwelche Erinnerungen bei mir hochkommen, werde ich deprimiert.« Die Aussage, dass die eigene Kindheit einem peinlich sei, habe ich schon häufig vom Menschen mit High-Functioning-Autismus oder dem Asperger-Syndrom gehört. Hier spielen zwei Faktoren eine Rolle. Die kognitive Reife lässt diese Personen einerseits reflektiert auf ihre Kindheitserlebnisse zurückblicken oder das verarbeiten, was von umgebenden Personen erzählt wurde. Durch jahrelanges Zusammenleben, durch Erkenntnisse und Wissen über Autismus und auch durch Therapien oder Trainings haben die autistischen Menschen und die umgebenden Personen andererseits gelernt, Probleme zu meistern und den Alltag gut zu gestalten. Von dieser gegenwärtigen Position aus betrachtet, wirkt die eigene Kindheit so, als hätte man auch zu diesem Zeitpunkt – ohne die eben geschilderte Erfahrung und das Wissen – alles besser oder anders machen können. Aus eigener Erfahrung weiß ich, dass nur wiederholte und ausführliche Gespräche zu diesem Thema es vermögen, diese Gefühle abzuschwächen. Diese Gespräche können sowohl Bezugspersonen als auch Psychotherapeuten, die sich mit Autismus auskennen, führen.

Friedemann empfindet Dankbarkeit und Freude als dominierendes Gefühl während Tonis Kindheit und Jugendzeit. Das hinzugefügte »auch Unwohlsein« erklärt er folgendermaßen: »Toni ist eine Person geworden durch das ›in Sprache kommen‹, die Familiensituation, die davor äußerst angespannt war, hat sich um 180 Grad gewandelt. Unangenehm sind mir die Erinnerungen an die Zeit davor.«

Tonis »in Sprache kommen« funktioniert so, dass er Buchstaben auf einer Buchstabentafel ansteuert. Die stützende Person beim Interview war seine Mutter Ariane. Sie schrieb alles auf, was Toni auf seiner Tafel angetippt hatte. Die jeweilige Frage, die an einem bestimmten Tag bearbeitet werden sollte, wählte stets Toni aus. Er ging dabei nicht in chronologischer Reihenfolge vor. An dieser Stelle gebe ich einen ungekürzten Ausschnitt aus dem Interview wieder, um meinen Lesern, die mit dieser Form der Kommunikation keine Erfahrungen haben, einen Eindruck davon zu vermitteln, wie der Austausch ablief, aber auch wie zeitaufwändig es war, die Antworten auf die Interviewfragen zu erhalten. Des Weiteren liefen Tonis Antworten interessante Einblicke in sein Denken und Empfinden.

Gespräch zwischen Ariane (Mutter) und Toni (Sohn):

10:50 Uhr, Freitag
Tonis Wahl: Frage Nr. 9
Toni: Ich denke gerne an meine Kindheit zurück.
       Freude (dominierendes Gefühl)
       Gerne den Rest für mich behalten.
Ariane: Was gibt es noch zu Nr. 9 zu sagen?
Toni: Hunderte Dinge gäbe es noch zu sagen, aber ich traue mich nicht.
Ariane: Ist es ein Problem, weil es »Hunderte« sind?
Toni: Ja.
Ariane: Also ist es eine Frage der Sortierung …
Toni: Ja, Sortierung ist das genaue Wort.
Ariane: Dann lass uns doch mal sortieren! Erzähle mir etwas zu deiner Schwester Marlena!
Toni: –
Ariane: Vielleicht willst du etwas anderes erzählen?
Pause
Ariane: Über Friedrich?
Pause
Ariane: War da auch Freude als Jenny kam?
Pause
Ariane: Dringe ich jetzt zu sehr in dich ein? Werden vielleicht zu viele Erinnerungen geweckt, vielleicht auch manche, die gar nicht so schön sind?
Toni: Ja, das ist so in der Zeit nach Jenny.
Ariane: Wollen wir uns lieber noch mal auf die frühere Kindheit konzentrieren?
Toni: Ja, gerne denn das war schön.
Ariane: Hilft es dir, wenn ich dir konkrete Fragen stelle zu dieser Zeit?
Toni: Ja, rede bunt und ich antworte.
Ariane: Du warst oft bei den Spielen von Friedrich und Marlena dabei. Wie war das für dich?
Toni: Ich habe in Gedanken mitgemacht.
Ariane: Spielte die Sprache deiner Geschwister eine Rolle bei der eigenen Entwicklung deiner eigenen inneren Sprache?
Toni: Komische Frage, denn ich hatte die innere Sprache schon.
Ariane: Naja, diese Spiele, an die ich denke, fanden ja zu einer Zeit statt, wo du ganz klein warst. Als Friedrich fünf und Marlena drei war, bist du ein Jahr gewesen – die Zeit, wo sich Sprache entwickelt (beobachten, hören, verstehen, was um einen herum geschieht, wie »die Dinge der Welt« heißen usw.).
Pause

> Ariane: Möchtest du etwas über mich erzählen, wie du mich erlebt hast?
> Toni: Ja, du warst sehr gestresst.
> Ariane: Welche Gefühle hat das bei dir ausgelöst?
> Toni: –
> Ariane: Möchtest du etwas dazu sagen?
> Toni: Nein.
> Ariane: Wenn du an Familienaktivitäten denkst, die außerhalb des Zuhauses stattfanden, mit welchen Gefühlen verbindest du das?
> Toni: –
> Ariane: Ist die Frage zu allgemein, zu breit angelegt?
> Toni: –
> *ca. 12:00 Uhr, Freitag*
> Ariane: Wollen wir weitermachen oder erst mal aufhören?
> Toni: Ja, weitermachen.
> Denke dir weiter Fragen aus.
> Ariane: Welche Rolle hat Friedemann gespielt für dich, als du ca. 2–5 Jahre alt warst?
> Toni: Hunderte Dinge fallen mir ein dazu.
> Ariane: Möchtest du jetzt an dieser Frage weiterarbeiten?
> Toni: –
> Ariane: Hast du dich für seine Arbeit in der Tischlerei interessiert?
> Toni: –
> *12:15 Uhr, Freitag*
> Ariane: Ich leite eine Pause ein, denn ich habe den Eindruck, dass es im Moment nicht weitergeht.
> *9:00 Uhr, Montag*
> Toni: Ich mache weiter mit Nummer 14.

Christine gehört zu den oben erwähnten Interviewpartnern, die den positiven Gefühlen eine Einschränkung hinzufügen: »Es gab keine eigentliche Ruhe im Leben, man musste immer mit ›Aussetzern‹ rechnen. Trotzdem gab es viel Fröhlichkeit, Humor und gemeinsame sportliche Unternehmungen.«

Lars beschreibt, warum er Dankbarkeit empfindet, wenn er sich an seine Kindheit und Jugendzeit erinnert, wie folgt: »Rückblickend glaube ich Dankbarkeit, denn hätte ich den Lebensweg eingeschlagen, den mir meine Kindertagesstätte, die ich bis zum ca. vierten Lebensjahr besucht hatte, [empfahl], wäre mein Lebensweg ganz anders verlaufen. Diese hatte mir bzw. meiner alleinerziehenden Mutter den Besuch einer Sonderschule vorgeschlagen. Wäre ich dort gelandet, wäre ich wahrscheinlich heute in einer der Werkstätten für Sonder- oder sogar Hilfsschüler. Ich hätte wahrscheinlich niemals Abitur machen können, ich hätte heute kein selbstständiges Leben, sondern wäre heute evtl. in einer Wohngemeinschaft für Menschen, die kein selbstständiges Leben führen können. Ich kann mich nur mit Argwohn an diese Zeit in der Kindertagesstätte (Verwahranstalt) zurückerinnern. Ich musste trotz Widerstand noch im höheren Kindesalter einen Mittagsschlaf machen, ich musste bei einer Kita-Reise [...] zurückfahren bzw. als Höchststrafe mit den überforderten Erzieherinnen am Tisch sitzen. Diese Erzieher hatte ich als strenge, den damaligen Ansprüchen entsprechend, in bester NS-Manier agierende Dominas in Erinnerung. Im Anschluss, als ich in eine [andere] Kita kam, hatte ich trotz eines selbst verschuldenden Unfalls, den ich mit drei Monaten Krankenhaus beschenkt bekam, eine gute und schöne Zeit. Noch heute habe ich mit einigen Kindern aus dieser Zeit dank sozialer Netzwerke engen Kontakt. Auch später in der Grundschule ebneten mir meine Lehrer ein tolles Leben, dass ich ohne den Einsatz meiner Mutter und später meines Stiefvaters niemals hätte erreichen können.«

Hanna, der die Frage nach dem dominierenden Gefühl in der Kindheit mit ihrer autistischen Schwester zu komplex erscheint, ergänzt, dass auch sie Dankbarkeit empfindet. Sie formuliert es so: »Auf jeden Fall bin ich meinen beiden Eltern dankbar, dass sie als Ehe- und als Elternpaar gemeinsam ihren Weg gegangen sind und damit ein großes Stück Stabilität vermittelt haben, obwohl sich ihre Mentalität und teilweise auch ihre Ansichten durchaus unterschieden haben.«

Susanne blickt mit Freude und Dankbarkeit auf ihre Kindheit zurück und erklärt dies folgendermaßen: »Es fing [damit] an, dass meine Mutter mich aus dem Krankenhaus holte, in dem ich geboren worden bin und [wo ich] aufgrund meiner Frühgeburt noch vier weitere Monate verbringen musste. Weil ich erst im ›Brutkasten‹ sein musste, war ich anfangs wohl auch isoliert von anderen und vom Pflegepersonal vernachlässigt. (Heute legt man die Babys den Müttern auf den Bauch!) Damals war 1965. Sie [hat] mich ›schlechten Esser‹ wie ein Vögelchen gefüttert und ich bin ›durchgekommen‹. Da waren sich die Ärzte unsicher gewesen. Ich war sehr krank. Später erholte ich mich nach anstrengenden Kur-Aufenthalten (4–6 Wochen!) wegen körperlicher Probleme (Untergewicht, Rücken, Atemwege). Diese waren aber anstrengend, ich hatte Heimweh, erlebte einmal auch Mobbing und eine gewisse ›Vermassung‹ (20 Kinder in einem Schlafraum; wir wurden nummeriert und wenn der Name bei den Betreuern nicht gleich parat war, kam die Nummer; ich war die 20; einmal musste ich mit ansehen, wie ein Junge, erst 5, der sich eingenässt hatte, ausgescholten wurde). Das war alles anstrengend zu verarbeiten (1972 4 Wochen, 1975 6 Wochen. und 1977 6 Wochen), und ohne meine Eltern wäre es schwieriger gewesen, z.B., wenn ich keine Gelegenheit gehabt hätte, über diese Erfahrungen zu sprechen.«

Susannes Schilderung habe ich bewusst ungekürzt wiedergegeben, weil sie einerseits verdeutlicht, wie autistische Menschen in Assoziationsketten denken und dies auch so niederschreiben, und weil andererseits anhand persönlicher Erfahrungen einige historische Aspekte der Kinderbetreuung in der ehemaligen DDR hier aufgezeigt werden.

Frage Nr. 10: Resonanz auf Zuwendung

Frage Nr. 10: Was kam aus Ihrer Sicht von dem, was Sie/was Ihre Eltern und Sie/was Sie an Zuwendung gegeben haben, beim autistischen Kind/bei den Eltern an? Können Sie hierfür ein Beispiel geben?

Die Fragen Nr. 10 und Nr. 11 wurden von mir gestellt, weil einerseits autistischen Menschen aufgrund ihrer sozialen Schwierigkeiten oft unterstellt wird, sie wären gefühlskalt oder empathielos. Empathie beschreibt die Fähigkeit, auf Gefühle anderer Menschen reagieren zu können. Der US-amerikanische Psychologe Paul Ekman beschreibt folgende Formen von Empathie: »*Kognitive* Empathie lässt uns erkennen, was ein anderer fühlt. *Emotionale* Empathie lässt uns fühlen, was der andere fühlt […]« (Ekman, 2010, S. 249, Hervorhebungen im Original). Studien zufolge sind autistische Menschen in ihrer kognitiven, jedoch nicht in ihrer emotionalen Empathie eingeschränkt (Dziobek et al., 2008). Das bedeutet, sie haben Schwierigkeiten, Gefühle bei anderen zu erkennen und zu benennen, aber nicht damit, mitfühlend und anteilnehmend zu reagieren. Dazu müssen umgebende Personen ihre Gefühle oder die Gefühle anderer jedoch korrekt kommunizieren im Sinne von bedarfsgerechtem Benennen, Beschreiben und Erklären.

Andererseits wird die Beziehung des autistischen Kindes zu seinen Eltern von Fachpersonen immer noch häufig »als einseitige Abhängigkeit« (Rollett & Kastner-Koller, 2001, S. 51) dargestellt, was den Anschein erweckt, dass vom autistischen Kind keine Zuwendung ausgeht.

Was kam aus Sicht der Bezugspersonen meiner autistischen Interviewpartner von dem, was sie an Zuwendung gegeben haben, bei ihrem autistischen Kind bzw. bei der autistischen Schwester an?

»Zweifelsfrei sehr viel«, lautet Friedemanns Antwort auf diese Frage. Dann schildert er eine Begebenheit als Beleg für seine Aussage:

---

10. September 2016

Friedemann: Ich fand, das war gestern Abend eine tolle Sache, bei diesem schönen Spätsommerwetter mit dem Tandem im Dunkeln zu fahren! Wie fandest Du es?
Toni: Ich zehre, Papa, richtig real eifrig Rettungsruhe spendend immer noch davon!

Zweifelsfrei sehr viel an Zuwendung ist wohl auch bei den autistischen Familienmitgliedern der anderen Bezugspersonen angekommen. Dies verdeutlichen ihre Beispiele.

Im Rückblick scheint Emma die Zeit am wichtigsten zu sein, »in der mich das Kind in seine (Gedanken-)Welt mitgenommen und in einer Satzflut, ohne Punkt und Komma, erzählt hat. Häufig war die Grundlage eine umfangreiche Zeichnung, die einen Bildschirm zu einem selbst erdachten Computerspiel zeigte und bis in das kleinste Detail geplant und durchdacht war. Seine Geschichten bezogen sich auch auf Ereignisse aus Büchern oder aus realen Alltagssituationen, die mithilfe einer eigenen Geschichte aufgearbeitet wurden.«

Susanne hat laut ihrer Schwester Hanna »ihrer Dankbarkeit und Zuneigung immer durch gute Worte Ausdruck gegeben. Sie würde immer versuchen, jede Bitte zu erfüllen und erkennt dabei oft nicht ihre eigenen Grenzen. Bei der Auswahl z. B. kleiner Geschenke zeigt sich manchmal die besondere Art ihrer Wahrnehmung, die nicht ganz mit unserer übereinstimmt. Ich denke, dass die Bemühungen vor allem meiner Mutter bei Susanne vollständig ankommen, aber die daraus resultierenden Erwartungen auf Grund ihres Autismus oft nicht realisierbar sind.«

Christine empfindet es jetzt schon so, »dass alles [an Zuneigung] ankam«. Sie ergänzt: »Bis heute verstehen wir uns im Prinzip gut, wertschätzen uns und er hat totales Vertrauen in uns bei unserer Erziehung seiner Kinder. Das ist eine indirekte Bestätigung für unsere Zuwendung. [...] Unsere gemeinsamen Freizeitaktivitäten schätzt er bis heute und liebt sie genau wie wir immer noch, z. B. treibt er Sport im Sportverein und nutzt das Rad als Fortbewegungsmittel.«

»Rainer hat großes Vertrauen zu uns«, antwortet Hannelore auf die Frage. Dieses Vertrauen sieht sie als Frucht ihrer Zuwendung an, denn sie schreibt weiter: »Wenn er in der Zeit, in der er während der Berufsausbildung im Internat gelebt hat, in Not geraten ist, hat er immer nach uns gerufen. Ich glaube, wir konnten das Gefühl verankern, dass auf uns Verlass ist.«

Die Palette der genannten Resonanzen auf geleistete Zuwendung reicht von der Mitnahme in die Gedankenwelt und Bekundungen des Wohlfühlens über das Erfüllen von Bitten bis hin zu Vertrauen und Dankbarkeit.

Was kam aus Sicht der autistischen Interviewpartner von dem, was sie an Zuwendung gegeben haben, bei den Eltern oder der Schwester an?

Diese Frage beantwortet Rainer kurz und prägnant: »Ich glaube, sie haben bemerkt, dass ich sie mag.«

Lars und Susanne gehen bei der Beantwortung der Frage mehr ins Detail. »Ich glaube, dass diese Frage kaum oder nur äußerst schwer lösbar ist«, beginnt Lars seine Ausführungen. Er fährt fort: »Ich denke, dass ich häufig versucht habe, ihnen irgendwie zu gefallen, trotzdem war ich häufig nur schwer in der Lage dieses zu erfüllen. Ich habe häufig bestimmte Taten von mir als Niederlage empfunden, ich hatte häufig das Gefühl, es ihnen nicht recht machen zu können, und dass ich mich deswegen in Traumwelten geflüchtet hatte. Ich wollte ihnen irgendwie gefallen, und deswegen habe ich häufig den Kontakt zu Menschen gesucht, die irgendwie ähnlich schräg waren wie ich. Ich suchte immer den größten Erfolg für mich selbst und scheiterte dabei äußerst oft. Das habe ich ihnen wahrscheinlich häufig vermittelt. Trotzdem haben mir meine Eltern niemals das Gefühl gegeben, dass ich etwas falsch gemacht hatte, das war tragend. Ich konnte mich dort immer öffnen.«

Susanne beschreibt ihre Erfahrungen mit körperlicher Nähe: »Glücklicherweise komme ich innerhalb der Familie sowie unter langjährigen, alten Freunden mit körperlicher Nähe (Umarmungen) zurecht. Als Kind habe ich oft vor dem Aufstehen gekuschelt. Wenn ich nachts wach wurde und mich vielleicht ein wenig gefürchtet habe, bin ich hinüber zu ihnen [den Eltern] gekommen, vielleicht für eine Weile. Ob und wie viel dieser Nähe ich bei anderen Menschen zulasse, hängt selbstverständlich davon ab, wie nah ich der betreffenden Person stehe und sie mir. Als ich älter wurde, wurden die Berührungen seltener und ich vermisse sie sogar jetzt manchmal. Ich merke, dass ich Zuwendung gegeben und auch zugelassen habe. Heute versuche ich es oft auf andere Weise zu zeigen, z. B., indem ich meiner Mutter lange zuhöre, z. B. auch bei Geschichten, die ich schon oft gehört habe, oder ich versuche, ihr bei Erledigungen zu helfen.«

Obwohl autistische Menschen ihre Gefühle oft anders äußern und kommunizieren als nicht-autistische Menschen, ist bei den Bezugspersonen meiner Interviewpartner aus deren Sicht viel von dem, was sie an Zuneigung gaben, angekommen. Manche können das an konkreten Handlungen – wie Zuwendung in Form von Körperkontakten geben und zulassen – festmachen, andere nennen ein grundlegendes Lebensgefühl – wie bspw. sich bei den Eltern immer öffnen können – als Beleg für das Ankommen oder Annehmen ihrer Zuwendung.

Emma beschreibt in ihrer Antwort bereits eine spezielle Form von Zuwendung, indem ihr Sohn sie in seine Gedankenwelt mitnimmt. Laura Donovan, die Mutter eines autistischen Sohnes ist, fand heraus, dass ihr Sohn Gefühle und Wünsche mithilfe von Filmzitaten kommuniziert. James, der Sohn, äußert zum Beispiel: »My name is Alyssa Callaway!« – und dann folgt eine verzweifelte Aussage von Alyssa Callaway (Filmfigur), um auszudrücken, dass er den Park noch nicht verlassen möchte (Donovan, 2022). Autistische Kinder und Jugendliche zeigen ihren Bezugspersonen oft durch bestimmte Taten, dass ihnen die Familienmitglieder etwas bedeuten. Sie legen dem Bruder wortlos ein Buch auf den Schreibtisch, weil sie glauben, dass dieser es gern lesen würde. Oder sie positionieren das Lieblingskuscheltier im elterlichen Bett – ebenfalls wortlos. Autistische Jugendliche und Erwachsene bringen Gefühle zu Papier, schicken Textnachrichten oder transportieren sie mittels künstlerischer Darstellungen oder Musik, wie es der autistische Savant Derek Paravicini praktiziert (Ockelford, 2008).

Ihre Probleme beim Ausdrücken von Gefühlen beschreibt die Autistin Gunilla Gerland wie folgt: »Meine Gefühle zu zeigen, wäre eine aktive Tat gewesen, als müsste ich sie mit der Hand aus mir herausholen und sie in etwas umwandeln, das ich mir außen umhängen konnte« (Gerland, 1998, S. 113). Gefühle können auch in einer Art und Weise geäußert werden, die den Bezugspersonen verdreht erscheint. Nach der Ursache eines heftigen Stöhnens befragt, antwortete mein autistischer Sohn: »Ich habe vor Freude gestöhnt.«

Eltern eines autistischen Kindes sollten für zwei Dinge sensibilisiert werden: Erstens – ihr autistisches Kind hat ebenso Gefühle wie jedes andere Kind, auch wenn die Eltern dies an äußeren Merkmalen vielleicht nicht erkennen können. Und zweitens – autistische Kinder äußern Gefühle oft anders als nicht-autistische Kinder und diese anderen Gefühlsäußerungen gilt es zu bemerken, zu ergründen, zu kommunizieren. Es gilt nicht, die Gefühlsäußerungen des autistischen Kindes zu korrigieren, denn sie sind nicht falsch und dies würde dem Kind einen Teil seiner Identität rauben. Vielmehr ist es wichtig, autistischen Kindern und Jugendlichen die eigenen Gefühle in ihren individuellen Formen bewusst zu machen und diese mit Gefühlsäußerungen nicht-autistischer Menschen zu vergleichen.

Frage Nr. 11: Ausdrucksformen von Zuwendung und Zuneigung

Frage Nr. 11: Wie äußerte sich Zuwendung/Zuneigung für die Eltern/für die Eltern und für Sie/für Sie beim autistischen Kind/bei Ihren Eltern? Können Sie hierfür ein Beispiel geben?

Die Frage, wie Zuwendung bzw. Zuneigung der Eltern vom autistischen Familienmitglied im Kindesalter wahrgenommen wurde, beantwortete Susanne ausführlich und strukturiert. Daher gebe ich ihre Antwort an dieser Stelle ungekürzt wieder und werde im Anschluss daran Dinge ergänzen, die von den anderen autistischen Interviewpartnern zusätzlich genannt wurden.

Susanne unterteilt ihre Antwort in die Kategorien Eltern, Mutter und Vater. Zuwendung und Zuneigung der Eltern für sie äußerte sich durch Handlungen wie »kuscheln (besonders als Kind), singen (als kleines Kind)«.

Zuwendung und Zuneigung der Mutter empfand sie bei folgenden Handlungen:

- »Essen kochen, Kleider nähen (das tut meine Mutter heute noch für meine Schwester und mich), überhaupt: Haushalt,
- Hilfe bei den Hausaufgaben, wo es nötig war (selten!),
- Autofahrdienste z.B. zum Musikunterricht, später bei Umzügen [Wohnungswechsel, Anm. d. Verf.],
- Beratung bei Problemen persönlicher Art,
- miteinander musizieren, Unterricht (teilweise!),
- Gesellschaftsspiele (Brettspiele) machen (mit meinem Vater und uns dreien),
- Fernsehserien ansehen (Sonntagabend), beides fand manchmal statt, vielleicht nicht jede Woche, aber häufig,
- vor allem aber Weihnachten: zusammen backen«.

Zuwendung und Zuneigung des Vaters empfand sie bei folgenden Handlungen:

- »kuscheln (besonders als Kind),
- Beratung bei den Hausaufgaben, wo es nötig war (später vor allem in Mathe), Hilfe,
- Autofahrdienste, siehe oben,
- Beratung bei Problemen persönlicher Art,
- Gesellschaftsspiele machen (mein Vater hatte eigentlich immer dazu die Idee), Sonntagabend,
- Fernsehserie anschauen, Sonntagabend«.

Fünf Punkte nennt Susanne übereinstimmend bei Mutter und Vater. Bei Hausaufgabenhilfe, Beratung bei Problemen und Fahrdiensten scheint es naheliegend, dass hier eine Aufgabenteilung aufgrund von Ressourcen, Verfügbarkeit und Präferenzen bei den Eltern vorlag und damit die jeweilige Zuwendung anders ausgestaltet war – der Vater half bspw. bei Matheaufgaben. Warum Susanne die gemeinsamen Brettspiele und Fernsehabende getrennt nach Mutter und Vater aufgelistet hat, bleibt unklar.

Folgende Handlungen empfanden die anderen autistischen Interviewpartner außerdem als Zuwendung oder Zuneigung:

- getragen werden,
- freundlich reden, freundliche Mutter,
- ein Elternteil arbeitet verkürzt oder gibt den Beruf auf,

- sich um das autistische Familienmitglied sorgen,
- ohne Groll aufeinander zugehen, auch wenn es schwierig ist oder wird.

Lars findet es schwierig, diese Frage zu beantworten, »da beide Seiten hier äußerst introvertiert sind«. Er bezieht dann die Frage auf die Gegenwart und schreibt dazu: »Ich glaube, dass es hier äußerst wichtig ist, dass wir weiterhin auch nach der Pandemie, nach den persönlichen Krisen und auch nach dem schwierigen Jahr 2020 noch immer auf meine Eltern zugehen können. Das vor allem ohne Groll zeigt, dass wir ein enges und liebevolles Verhältnis haben.«

Die Beispiele fast aller Interviewpartner wurden im Rückblick gegeben. Dies geschah also zu einem Zeitpunkt, an dem alle Interviewpartner mit einer gewissen Lebenserfahrung auf die Kindheit oder Jugendzeit des autistischen Familienmitgliedes zurückblicken. Die autistischen Interviewpartner haben zudem verschiedene Therapien durchlaufen, Trainings absolviert oder sich selbst Wissen über das Verhalten nicht-autistischer Menschen angeeignet. Ob autistische Kinder oder Jugendliche diese Handlungen auch als Formen von Zuwendung oder Zuneigung wahrnehmen und sie als solche benennen können, ist ungewiss. Aufgrund ihrer Schwierigkeiten in der sozialen Interaktion muss man davon ausgehen, dass auf diesem Gebiet zumindest Schwierigkeiten bestehen können. Heiko erwähnte bspw. bereits bei der Frage nach dem Zusammengehörigkeitsgefühl, dass er nicht beschreiben kann, woran er ein solches festmachen würde. Seine Begründung dieser Schwierigkeit lautete: »Nicht verwunderlich, wenn man bedenkt, dass soziale Beziehungen nicht die Stärken von Autisten sind.«

Aus diesen Überlegungen folgt der logische Schluss, dass autistische Kinder und Jugendliche über solche Dinge aufgeklärt werden müssen. Bezugspersonen können darauf hinweisen, an welchen Handlungen man Zuneigung oder Zuwendung festmachen kann. Sie können gemeinsam mit dem autistischen Kind oder Jugendlichen bewusst im Alltag nach Anzeichen von Zuneigung und Zuwendung suchen, diese dann evtl. benennen lassen. Es ist auch möglich, die Anzeichen in Wort und Bild festzuhalten, um sie in der Erinnerung zu verankern. Andererseits sollten Bezugspersonen genau darauf achten, wie das autistische Familienmitglied Zuwendung und Zuneigung äußert (▶ Kap. 3.2.2, ▶ Frage Nr. 10: Resonanz auf Zuwendung), und sich bei Bedarf darüber austauschen.

Alle erwachsenen Bezugspersonen meiner Interviewpartner nennen Handlungen, die für sie Zuneigung und Zuwendung des autistischen Familienmitgliedes ausdrücken.

Emma glaubt, »dass das autistische Kind sehr gute Antennen hat, wenn es um die Emotionen der Familienmitglieder geht. Der Wunsch nach Harmonie und das Bemühen, bei Problemen zu helfen, war von klein auf sehr stark.«

Friedemann schreibt als Antwort auf Frage Nr. 11: »Erlebte Rücksichtnahme von ihm.« Er fügt ein aktuelles und ein älteres Beispiel hinzu: »Jetzt zum Beispiel, während ich hier schreibe, ging er allein in sein Zimmer und verhält sich dort ganz ruhig. Einmal, bei einer gemeinsamen Tandemfahrt, wartete er geduldig auf mich, bis der von mir beobachtete Seeadler nicht mehr zu erkennen war, dann erst gab er ein Signal zum Weiterfahren.«

Hanna, Christine und Hannelore nennen Kuscheln, spontanes Küssen (der Mutter) und Umarmungen als Anzeichen für Zuneigung. Hier zeigt sich einmal mehr, dass die immer noch verbreitete Annahme, autistische Menschen würden Körperkontakt generell ablehnen oder nicht aushalten, ein Irrglaube ist. Wenn die Art des Körperkontaktes und die Umstände den Bedürfnissen des autistischen Menschen entsprechen, sind solche Zuneigungsbekundungen durchaus möglich und üblich. Gerade im familiären Umfeld lassen sich die Bedingungen für Körperkontakte durch die langjährige Erfahrung des Zusammenlebens optimal gestalten. Christine erwähnt allerdings die Distanzlosigkeit ihres Sohnes, die dazu führte, dass »Kuscheln oft auch unpassend« war.

Frage Nr. 12: Fehler der Eltern

Frage Nr. 12: Welche Fehler haben Sie/Sie oder Ihre Eltern aus Ihrer heutigen Sicht im Umgang mit Ihrem autistischen Kind/mit Ihrer autistischen Schwester gemacht? Welche Dinge hätten Sie sich aus Ihrer heutigen Sicht von Ihrer Familie gewünscht? Können Sie hierfür Beispiele geben?

Bereits die Volksweisheit *aus Fehlern lernt man* weist darauf hin, dass Fehler zum Leben gehören und eine Chance bieten können, das eigene Handeln zu verbessern. Der chinesische Philosoph Konfuzius lehrt Folgendes: »Wer einen Fehler gemacht hat und ihn nicht korrigiert, begeht einen zweiten« (Belardi, 2020, S. 116). Eine Auseinandersetzung mit den eigenen Fehlern kann dazu führen, neue Prioritäten zu setzen und damit die Entwicklung in eine andere Richtung zu lenken. In einem Familiengefüge wird der Umgang mit Fehlern allerdings komplexer. Hier beeinflussen nicht nur eventuelle eigene Fehler, sondern auch Fehler anderer Familienmitglieder das Familienleben. Ganz entscheidend ist, wie die Familie mit Fehlern umgeht. Werden Schuldige gesucht oder wird danach gefragt, warum der Fehler passiert ist oder passieren konnte? Betrachten alle Familienmitglieder dies ebenfalls als Fehler? Gewichten sie die Schwere des Fehlers gleichermaßen? Stellt sich die Familie die Frage, wie sie als Familiengemeinschaft mit diesem Fehler umgehen kann oder umgehen wird?

Fehler werden im Kleinen sowie im Großen begangen. Kleine alltägliche Fehler wie einen nicht eingepackten Regenschirm vergisst man rasch. Sie beeinflussen meist das aktuelle Wohlbefinden, haben aber keinen Einfluss auf den weiteren Lebensweg. Sie verdienen vielleicht nicht einmal, als Fehler bezeichnet zu werden, sondern sind eher einer Vergesslichkeit geschuldet. Große Fehler können eine einschneidende Wirkung auf das Leben eines einzelnen oder einer Gemeinschaft haben. Diese Fehler lassen sich in zwei Arten unterteilen: Fehler, die man recht schnell bemerkt, wie bspw. ein falsch gewähltes Studienfach, lassen sich zeitnah korrigieren. Fehler, die gemacht werden, weil bspw. Wissen zu einem bestimmten Thema nicht verfügbar ist oder weil die wahren Gründe für das Verhalten eines Familienmitgliedes erst viel später bekannt werden, lassen sich mit Blick auf eine einzelne Person oder Familie meist nicht mehr korrigieren. Sie sind aber von unschätzbarem Wert für alle, die sich zu einem späteren Zeitpunkt in einer ähnlichen Situation befinden.

Aus diesem Grund befragte ich die Bezugspersonen der autistischen Interviewpartner nach Fehlern, die sie aus ihrer heutigen Sicht im Umgang mit dem autistischen Familienmitglied gemacht haben. Alle Bezugspersonen nannten in der Rückschau Fehler.

Susanne und Lars haben ihre Autismus-Diagnose erst im Erwachsenenalter erhalten. Christine, die Mutter von Lars, und Susannes Schwester Hanna geben demzufolge beide an, dass eine frühere Diagnose und das damit verbundene, spätere Wissen über Autismus dazu geführt hätte, dass sie im Zusammenleben vieles anders gemacht hätten.

Hanna führt dazu aus: »In der Rückschau besteht unser größter Fehler darin, Susanne nicht genug in ihrer Besonderheit wahrgenommen und akzeptiert zu haben. Aus meiner jetzigen Sicht ist es leichter, ihre Stärken und (vermeintlichen) Schwächen hinzunehmen und von diesem Ist-Zustand Strategien zu entwickeln, um das Zusammenleben für alle Beteiligten stressfreier zu machen.« Sie erläutert ihre Sichtweise mit folgendem Beispiel: »Ich selbst habe mich oft über ihren fehlenden Orientierungssinn – auch in sehr bekannten Räumen – und ihre Schwierigkeit, beispielsweise eine Mappe von Noten vor dem Konzert zu sortieren, geärgert und dann unwillig und genervt reagiert und auch Schuldzuweisungen ausgesprochen. Das trifft auch auf andere Lebensbereiche zu. Wichtig ist, glaube ich, manche Hilfe zu organisieren – im Beispiel – die Noten für sie zu sortieren und die Zeit dafür einzuplanen – und sich anderseits als Familienangehöriger auch nicht selbst zu überfordern, sondern die Einschränkungen der Schwester und auch die eigenen zu akzeptieren und vor sich und anderen zuzugeben.«

Christine bedauert es ebenfalls, nicht schon früher über den Autismus ihres Sohnes informiert gewesen zu sein: »Hätten wir eher gewusst, dass die auffälligen Verhaltensweisen durch Autismus bedingt auftraten, hätten wir ihm empathischer erklären können, wie wir so fühlen und handeln und uns gemeinsam erklären können, wieso das Problem auftrat. Zum Beispiel konnte er sich nie vorstellen, dass andere Menschen anders als er denken und fühlen. Er ging immer von seiner Gedankenwelt aus. So glaubte er, dass eine Freundin sich von ihm trennen würde, wenn er wegen einer Gehirnerschütterung ein Sportturnier absagen würde. Es dauerte wie so oft mehrere Tage, bis wir das Problem gemeinsam vernünftig lösen konnten. Nach der Diagnose im Alter von 22 Jahren war alles einfacher.«

Friedemann, Hannelore und Emma erhielten die Autismus-Diagnose während der Kindheit ihrer Söhne. Sie geben als Fehler an, dass sie zu ungeduldig waren und zu viel Anpassung von ihrem autistischen Kind verlangten wie bspw. die Aufgabe der Tagesstruktur bei Reisen. Weiterhin werden das Setzen von Limits, konsequentes Handeln und das Ausüben von Druck als Fehler genannt. Die letztgenannten Punkte sind Dinge, die oft von Eltern autistischer Kinder gefordert werden – sowohl vom familiären Umfeld als auch von Fachpersonen wie Therapeuten, Lehrer, Erzieher, Schulbegleiter, Einzelfallhelfer u. a. (siehe auch ▶ Kap. 2.1).

Emma fasst zusammen: »Aus heutiger Sicht würde ich ganz vieles anders machen.« Sie gibt zwei Beispiele dafür, was sie anders machen würde: »Schon in den ersten Lebenstagen hat das Kind seine Abneigung gegen Babymassage gezeigt. Hätte ich damals einen sanften Weg gefunden, um weiterzumachen, wäre das taktile Empfinden vielleicht ein anderes geworden. Vor allem aber würde ich mir wünschen, ich hätte die Stärken meines Kindes viel mehr in den Mittelpunkt gestellt, statt immer zu versuchen, die Defizite zu verbessern.«

»Eine Erkenntnis von heute kann die Tochter eines Irrtums von gestern sein«, erklärt die Schriftstellerin Marie von Ebner-Eschenbach (Reichardt & Reichardt, 2003, S. 78). In diesem Sinne hoffe ich, dass die Erkenntnisse meiner Interviewpartner Eltern und Fachpersonen, die mit autistischen Kindern zusammenleben oder arbeiten, zum Nachdenken und Handeln anregen. Besonders prägnant erscheint mir Emmas Aussage, dass es wichtig ist, sich auf die Stärken des autistischen Kindes zu fokussieren. Diese Aussage trifft sicherlich nicht nur auf autistische, sondern auf alle behinderten, anderweitig eingeschränkten oder benachteiligten Kinder zu.

Alle Bezugspersonen gaben im Interview rückblickend Fehler im Umgang mit dem autistischen Familienmitglied an. Wirkte sich dies auf die autistischen Personen aus? Haben sie ähnlich wie ihre Bezugspersonen empfunden? Welche Dinge hätten sie sich aus ihrer heutigen Sicht von ihrer Familie gewünscht?

Die Mehrheit der autistischen Interviewpartner gab an, dass sie nichts in ihrer Kindheit und Jugendzeit vermisst haben und dass sie sich demzufolge auch keine Dinge von ihrer Familie gewünscht haben, da sie ihre Bedürfnisse als erfüllt betrachteten. Rainer wünscht sich von seiner Familie weiterhin Verständnis, »falls ich mal wieder in eine Krise komme«.

Lars beschreibt eindrücklich anhand seiner Erlebnisse während der Corona-Pandemie, wie sich seine Erkenntnis, dass ihm in der Kindheit nichts gefehlt hatte, verfestigte. Folgendes schildert er: »Ich habe mir weder etwas gewünscht noch wollte ich etwas von ihr haben, bis Corona als Pandemie kam. Davor konnte mir meine Familie als solches alles aufbieten, ich habe niemals etwas vermisst. Vor allem Materielles war bei mir in meinem Leben schon immer hochgeschätzt worden, und dieses ging durch Corona komplett verloren. Auf einmal konnte man mit Menschlichkeit, Miteinander und Nächstenliebe Menschenleben retten, eine Tatsache, die ich davor ausschließlich durch Materielles kompensiert hatte. Höher, schneller, weiter war davor ein Lebensmotto in meinen Augen, auch wenn wir uns immer herzlich und gerne gesehen haben, war in der Corona-Pandemie die enge familiäre Bindung im engen Kontext spürbar. Wir sind als Familie trotz Abstand, Isolierung und Vorsicht zusammengewachsen. Das wurde mir im Frühjahr 2021 bewusst, als meine Cousine in Hessen (Down-Syndrom) ihren Geburtstag via Zoom-Konferenz feierte. Das hat mir gezeigt, dass wir als Familie zusammengewachsen sind. Wir konnten auf einmal unsere familiäre Bindung feiern und verbinden, das war für mich eine Tatsache, dass wir gemeinsam und gesellschaftlich unglaublich stark zusammenhalten. Aus diesem Grund bin ich froh, gemerkt zu haben, wie eng und geschlossen wir als Familie zusammengewachsen sind, und dass mir nichts gefehlt hat, auch wenn es davor nicht unbedingt spürbar war.«

Susanne ist die einzige autistische Person, die im Rückblick Dinge nennt, die ihre Bezugspersonen, konkret ihre Mutter, aus ihrer Sicht hätten besser machen können. Sie schreibt dazu: »Vielleicht hätte sich meine Mutter weniger laut über Fehler meinerseits aufregen können. Beide [Eltern] hatten aber auch wenig Zeit für uns wegen beruflicher Arbeit. Aber weil wir ihre Arbeit gut finden und fanden, ist das nicht so ein großes Problem gewesen. [...] Der Autismus bei mir war lange nicht bekannt, erst als Erwachsene erfuhr ich davon. Das Problem mit den Augen (Kurzsichtigkeit und fehlende 3-D-Sicht) erfuhr ich am frühesten, dann las ich in einem Schulzeugnis von einer motorischen Störung, die sich später für mich als kleine Spastik in beiden Händen sowie aus beidem sich ergebende Augen-Hand-Koordinationsstörung herausstellte. Später hörte ich und las ich über diese Dinge einige interessante Sachen und konnte mir darum vieles auch erklären. Ich habe also mehrere kleine Handicaps, die nicht dieselbe Ursache haben, aber bei mir zusammenkommen. Manchmal unterbricht mich meine Mutter im unpassenden Moment bei einer konzentrierten Arbeit. Aber das kann sie nicht wissen, dass ich dann so konzentriert bin, oder es ist ihrerseits etwas Wichtiges. Für mich ist es schon unangenehm, weil man immer so herausgerissen wird und sich schwer wieder einfinden kann in seine Arbeit.«

Wie lässt es sich miteinander vereinbaren, dass einerseits alle Bezugspersonen im Rückblick Fehler im Umgang mit dem autistischen Familienmitglied nennen, andererseits die Mehrheit der autistischen Familienmitglieder aber zufrieden oder sogar glücklich mit der Betreuung durch die Eltern war? Die Bezugspersonen eigneten sich im Laufe der Zeit Wissen über Autismus an und damit auch Wissen über andere oder bessere Handlungsoptionen. Das bedeutet allerdings nicht, dass ihr Tun vor dem Erwerb dieses Wissens grundsätzlich falsch war, sondern es war geleitet von dem Wunsch, das Beste für das Kind zu tun. Diese Intentionen kommen beim autistischen Kind an und prägen seine Erinnerung. Emma beschrieb diesen Prozess im Interview folgendermaßen: »Ich glaube, dass das autistische Kind sehr gute Antennen hat, wenn es um die Emotionen der Familienmitglieder geht.«

Wenn Wissen oder Therapien zu einem bestimmten Zeitpunkt noch nicht existierten, nicht bekannt waren oder nicht zur Verfügung standen, kann man dies allerdings nicht als Fehler bezeichnen. Ebenso ist die Einschätzung dessen, was als Fehler anzusehen ist, schwierig, wenn die Ressourcen der Familie einen Zugriff auf bestimmte Hilfen nicht zugelassen haben.

An sehr frühe Ereignisse erinnern sich die autistischen Familienmitglieder möglicherweise nicht, bspw. wenn Eltern mit Gereiztheit oder Ungeduld auf die Schlafprobleme des autistischen Kindes reagierten. Allerdings gibt es zumindest einige autistische Menschen, die sich selbst an sehr frühe Erlebnisse wie die eigene Geburt erinnern (Schmidt, 2013).

Allgemeine Strategien, die aus Fehlern entwickelt werden, wie bspw. mehr Geduld üben, mehr Verständnis und Toleranz aufbringen oder weniger Forderungen stellen, funktionieren mit Sicherheit in jeder Familie. Bei speziellen Strategien kann man im Rückblick nicht sagen, ob sie zum Erfolg geführt hätten oder nicht. Emma schrieb, dass das taktile Empfinden ihres Sohnes »vielleicht« heute ein anderes wäre, wenn sie einen Weg gefunden hätte, mit der Babymassage weiterzumachen. Das »vielleicht« in Emmas Aussage spiegelt die eben skizzierte Ungewissheit wider.

Frage Nr. 13: Hilfen im familiären Zusammenleben

Frage Nr. 13: Was hat Ihnen geholfen, um das Familienleben/das Zusammenleben mit einem autistischen Kind/mit Ihrer autistischen Schwester gut zu meistern? Was hat Ihnen geholfen, um im Familienleben gut zurechtzukommen? Wer hat ihnen geholfen?

Unabhängig davon, ob die Autismus-Diagnose eines Familienmitgliedes bereits im Kindes- oder Jugendalter oder erst im Erwachsenenalter gestellt wurde, entwickeln Familien Strategien, um mit Situationen, die von ihrem Erfahrungswissen oder ihren Erwartungen abweichen, umzugehen. Neben diesen familieninternen Strategien besteht weiterhin die Möglichkeit, sich Hilfe, Rat und Unterstützung zu suchen. Was hat den einzelnen Familienmitgliedern geholfen, um gut im Familienleben zurechtzukommen? Und wie unterscheiden sich die Antworten der beiden befragten Generationen?

Emma und Heiko geben übereinstimmend an, dass sie aus ihrer jeweiligen Sicht das Familienleben nicht gut gemeistert haben. »Ich würde nicht sagen, dass ich ›gut‹ zurechtgekommen bin«, schreibt Heiko. »Wir haben das Familienleben nicht gut gemeistert, nur überlebt«, ist Emmas Ansicht zu dieser Frage. Heiko nennt eine Person, die ihm zur Seite stand: »aber wenn es eine Person gibt, die geholfen hat, dann ist es meine Mutter.« Emma nennt sehr viele Personen, die im Umgang mit dem Autismus des Sohnes nicht hilfreich waren, aber es gab diesbezüglich auch wenige positive Erfahrungen. Sie berichtet: »Hilfe aus der Verwandtschaft gab es nicht, ehrlich gesagt auch deshalb, weil wir uns nach manchen Erfahrungen eher abgeschirmt haben. Der Vorwurf meiner Mutter blieb unvergessen: So etwas Schreckliches (wie Autismus) gibt es in unserer Familie nicht! In der Schule waren jene Lehrer am hilfreichsten, die das Anderssein akzeptieren konnten und nicht ständig auf ihren Prinzipien beharrten. Leider sind solche Lehrer selten. Therapeuten gab es viele, zu viele.«

Das Ablehnen des autistischen Kindes insbesondere durch die Großeltern ist eine Erfahrung, die Emma mit vielen anderen Eltern teilt. Nachdem ich in meinem Buch *Geschwister von Kindern mit Autismus* diesem Thema ein eigenes Kapitel gewidmet habe (vgl. Maus, 2017a, S. 51 f.), erreichten mich viele Nachrichten von Eltern mit ähnlichen Erfahrungen. Diese Angst vor Behinderungen im Allgemeinen und psychiatrischen Diagnosen im Besonderen ist bei der Großelterngeneration möglicherweise durch die Auswirkungen der sogenannten Kinder-»Euthanasie« begründet, die neben der T4-Aktion Teil der »rassenhygienischen Säuberung« während des Dritten Reiches war. Von 1939 bis 1945 Kinder wurden Kinder mit Behinderungen, aber auch verhaltensauffällige und später sogenannte schwer erziehbare Kinder grausam getötet (Aly, 2017). Nach dem zweiten Weltkrieg wurden diese Verbrechen totgeschwiegen. Erst in den letzten zwanzig Jahren begann eine vorsichtige Aufarbeitung dieses düsteren Kapitels der Geschichte. Eine Aufklärung über Autismus, die auch die Stärken beachtet, kann dafür sorgen, dass die Akzeptanz einer solchen Diagnose durch die Großeltern ermöglicht wird.

Christine und Lars beschreiben ebenfalls übereinstimmend, dass es keine familienfremden Personen gab, die hilfreich oder unterstützend in Erscheinung getreten sind. »Es hat niemand geholfen, eher gab es Unverständnis von anderen«, beginnt

Christine ihre Antwort auf die Frage nach hilfreichen Dingen oder Personen. Sie fährt fort: »Unser Glück war, dass mein Mann nicht der leibliche Vater unseres Sohnes ist, aber Erziehungsverantwortung von Kindheit an übernommen hat und uns manchmal aus einer Außenperspektive beobachten konnte. Wir haben uns dann sehr viel mit ihm und seinem Sozialverhalten sowie seinen Ängsten auseinandergesetzt. Sonst wäre die ›Unnormalität‹ vielleicht bei uns die Normalität geworden und er hätte zu sehr im Mittelpunkt gestanden.«

Lars bestätigt die Aussagen seiner Mutter und beschreibt den Sachverhalt aus seinem Blickwinkel: »Mir hat weder etwas geholfen noch hat mit etwas gefehlt, um in meinem Leben zurechtzukommen. Da ist meine Familie nicht anders als alle anderen Familien, die ich kenne. Ich glaube, dass wir uns gegenseitig gestützt und gehalten haben. Ich hatte es häufig schwer in meinem Leben, da mein Asperger mich häufig gebremst hat. Ich hatte häufig eine große Wut gegen einen unbekannten Feind, den ich kaum besiegen konnte, da dieser für mich unsichtbar war. Wer sollte mein Feind sein, ich sah ihn immer, doch er war nur unreal sichtbar. Ich war häufig der gefühlte Außenseiter, auch wenn ich es nicht war. Ich fühlte mich gekränkt, wenn meine Eltern meine Behinderung ansprachen, auch wenn sie es in ihrer Ansicht als Schutz gemacht hatten. Ich fühlte mich immer zurückversetzt, auch wenn es die anderen nicht sahen. Deswegen hatte mir weder etwas geholfen, um mich zu integrieren, sondern es war meine Familie selbst, die jeden so werden ließ, wie er ist.« Bei der Beantwortung der nächsten Frage nennt Lars dann doch noch einige »Hilfen, die ich auch unbewusst annahm«.

Übereinstimmung herrscht bei dieser Frage ebenfalls bei Hannelore und Rainer. Rainer zählt die Eltern, die Geschwister und die Freunde der Geschwister als Personen, die ihm geholfen haben, gut im Familienleben zurechtzukommen. Als Beispiel nennt er: »Mein Bruder ist sogar mit mir alleine zu den Großeltern nach Spanien geflogen.« Hannelore bestätigt Rainers Empfindungen. Auf die Frage, was ihr geholfen hat, um das Familienleben gut zu meistern, schreibt sie Folgendes: »Ein Freundeskreis, in den Rainer hineingeboren wurde. Rainer war Rainer und wurde so akzeptiert. Einmal hat mich ein Mädchen in seinem Alter (damals ca. 5 Jahre) gefragt, ob Rainer wohl so 1/3 behindert sein könnte, mitfühlend und rührend. Nach dem Umzug waren der Regionalverband Stuttgart und die anderen betroffenen Eltern eine große Hilfe.«

Toni beantwortet die Frage, was ihm im familiären Zusammenleben geholfen hat, indirekt beim Beantworten einer anderen Frage. An dieser Stelle schreibt er: »Ich denke es war das Optimale, was die Familie machen konnte. Ohne den Friedemann wäre alles den Bach runtergegangen. Und du [Ariane, die Mutter, Anm. d. Verf.] hast getan, was du konntest.«

Friedemann hat u. a. durch den Besuch von Seminaren sowie durch Kontakte zu Menschen in ähnlichen Situationen und durch sich daraus entwickelnde Freundschaften dafür gesorgt, dass nicht alles den sprichwörtlichen Bach runtergeht[48]. Für

---

48 Die Redensart *alles geht den Bach runter* beschreibt, dass etwas zunichtegemacht wird oder dass etwas im Niedergang begriffen ist. Sie wird auch für den Prozess des Scheiterns oder für das Zugrundegehen verwendet. Ihren Ursprung hat die Redensart darin, dass der Bach als fließendes Gewässer Dinge, die in ihn hineinfallen, unwiederbringlich fortschwemmt.

ihn ist ebenfalls die »funktionierende Kommunikation mit unserem ›nicht sprechenden‹ Sohn« ein wichtiger Fakt, um den familiären Alltag gut zu meistern.

Susanne zählt sechs Punkte auf, die ihr im Umgang mit der Familie geholfen haben bzw. immer noch helfen:

- Gespräche miteinander,
- Freunde, Bekannte (Gespräche),
- externe Therapie (kognitive Verhaltenstherapie),
- Lektüre von Büchern »(z. B. ein psychologisches Buch über Bindungstheorie und Autismus)«,
- christliche Bindung,
- eigenes Nachdenken (Einstellung auf andere Menschen).

Hanna unterteilt ihre Antwort auf diese Frage in die Vergangenheit und die Gegenwart. Als Kind haben ihr »zum Beispiel die Besuche meiner Patentante aus Duisburg, die Sonderpädagogin war und durch ihre Art des Umgangs mit uns Impulse gegeben hat«, geholfen. Als Erwachsene schöpft sie Kraft aus folgenden Umständen: »Geholfen hat mir meine persönliche und meine berufliche Lebenserfahrung als Musikerin und Pädagogin, mein starkes Interesse an den verschiedensten Lebensschicksalen, das Lesen einiger wissenschaftlicher Publikationen, Gespräche mit Freunden und Freundinnen und mit meinem Ehemann und auch meine geistliche Verwurzelung im christlichen Glauben.«

Fast alle Interviewpartner haben prägende und stützende Erfahrungen mit Mitgliedern der Familie gesammelt. Hier werden von allen die Eltern oder ein Elternteil genannt, aber auch andere Personen wie die Patentante. Weitere wichtige Personen, die als Entlastung empfunden werden, sind Freunde oder Eltern aus entsprechenden Vereinen. Neue Freundschaften entstehen oft aufgrund ähnlicher Familiengeschichten. In einem solchen Umfeld muss man einerseits die Besonderheit seiner Familie nicht erklären, man wird sofort verstanden. Andererseits weisen solche Freundschaften gelegentlich eine zu starke Fokussierung auf das Thema *Autismus* auf und schränken damit die Bandbreite der Interessen ein. Für Geschwisterkinder kann dies rasch zum Problem werden.

Nicht personelle Hilfen werden von Hanna, Susanne und Friedemann in Form von Büchern, Seminaren und Therapien genannt.

Frage Nr. 14: Weitere Hilfen im familiären Zusammenleben

Frage Nr. 14: Wenn Sie zurückblicken – was oder wer hätte Ihnen außerdem helfen können, um das Familienleben mit einem autistischen Kind/ um das Zusammenleben mit einer autistischen Schwester gut zu meistern, um im Familienleben gut zurechtzukommen? Warum war solche Hilfe nicht erreichbar?

Die Antworten auf die Fragen nach dem, was den Familien im Rückblick geholfen hat (Frage 13) und geholfen hätte (Frage 14), um das Familienleben gut zu meistern oder in diesem gut zurechtzukommen, sind von unschätzbarem Wert für Eltern eines autistischen Kindes, welches noch im Kindesalter ist. Sie liefern diesen Eltern Hinweise und Anregungen für Handlungsoptionen und helfen möglicherweise auch dabei, Fehler zu vermeiden.

Zwei der interviewten Familien erfuhren erst vom Vorhandensein des Autismus eines Familienmitgliedes, als der Sohn bzw. die Schwester (und Tochter) schon erwachsen war. Daher hatten sie während der Kindheit und Jugendzeit keine Erklärungsmodelle für abweichendes Verhalten, keinen Zugriff auf Hilfen für behinderte Menschen und keine Möglichkeiten, familienentlastende Dienste oder anderweitige, an Diagnosen festgemachte Unterstützungsleistungen in Anspruch zu nehmen.

Hanna und Christine stellen sich Unterstützung von außenstehenden Fachpersonen, die in der Kindheit und Jugendzeit des autistischen Familienmitgliedes nicht erreichbar war, als hilfreich vor. »Im Rückblick hätte ich mir die Beratung und Begleitung gewünscht, die heute autistische Kinder (vor allem auch Asperger wie meine Schwester) und ihre Angehörigen erhalten«, beginnt Hanna ihre Ausführungen. Sie fährt fort: »Leider war die Diagnose meines Wissens in unserer Kindheit sowohl in der DDR wie auch in Westdeutschland gänzlich unbekannt. Meine Eltern waren auf sich gestellt und bekamen mitunter noch unberechtigte Vorwürfe zu hören. Außerdem waren sie etwas durch ihre eigene Kindheit zu Zeiten des Nationalsozialismus und den damit verbundenen Ängsten vor jeder ›Normabweichung‹ geprägt. Auch mir hätte vor allem in der Pubertät ein Gespräch mit einem verständnisvollen Außenstehenden manches erleichtern können. Meine Schwester selbst war natürlich von den Umständen am meisten betroffen.«

Christine nennt ein konkretes Beispiel für eine unterstützende Maßnahme: »Hätten wir gewusst, dass unser Sohn ein Autist war, hätten wir professionelle Hilfe wie Einzelfallhilfe beantragen können und dann auch mal einen Nachmittag Erholung haben können.«

Aus Hannas und Christinas Antwort folgt der logische Schluss, dass die Stellung der Autismus-Diagnose von Eltern nicht hinausgezögert oder verhindert werden sollte. Gerade Eltern eines Kindes, das intellektuell nicht eingeschränkt und sprechend ist, aber Autismus-Symptome aufweist, neigen gelegentlich dazu, dem Kind keinen sogenannten Stempel aufdrücken[49] zu wollen. Da Maßnahmen wie bspw. Schulbegleiter und schulischer Nachteilsausgleich an eine entsprechende Diagnose geknüpft sind, erschwert ein solches Vorgehen nicht nur das Familienleben, sondern behindert möglicherweise auch die Entwicklung des vermutlich autistischen Kindes. Auch für Geschwisterkinder ist eine Diagnose, über die man reden kann und mit der man sich auseinandersetzen kann, besser zu verarbeiten als ein Bruder oder eine Schwester, die sich vermeintlich peinlich, ungezogen, desinteressiert, unhöflich oder aggressiv erhält. Entscheidend ist nicht, ob eine Diagnose gestellt wird, sondern wie die Familie mit der gestellten Diagnose umgeht.

---

49 Die Formulierung *jemandem einen Stempel aufdrücken* leitet sich von der Redensart *der ist gestempelt* ab. Diese bedeutet entweder »er spricht nicht unbeeinflusst, äußert seine Meinung nicht« oder »er ist durch ein Vorurteil einer bestimmten Kategorie zugeteilt worden« (Röhrich, 2001, S. 1547).

Christines Sohn Lars antwortet auf die Frage nach möglicher Unterstützung mit einer Gegenfrage: »Welche Hilfen hätten wir denn ernsthaft erreichen können? Ich fühlte mich immer von meinen Eltern unterstützt und geliebt, genauso wie von meiner gesamten Familie. Wer sollte mir dabei helfen?« Lars fährt mit seiner Antwort fort, indem er Gegebenheiten beschreibt, die ihm indirekt geholfen haben. Da dies eine Ergänzung zu seiner Antwort auf die vorherige Frage darstellt, möchte ich es hier wiedergeben. Er schildert: »Na klar, es gab genug Hilfen, die ich auch unbewusst annahm, besonders von meinem Onkel (Psychologe und Marathononkel), mit dem ich mindestens einmal in der Woche telefoniere, lache, streite, und der mich einfach so nimmt, wie ich bin. Er ist im Übrigen der Vater meiner Cousine mit Down-Syndrom. Ich vergleiche uns häufig miteinander, trotz Altersunterschied und Behinderung. Wir wollen beide geliebt und gemocht werden, und das machen alle, egal welche Behinderung wir haben. Wir werden beide gleich doll in den Arm genommen, wir werden beide gleichartig geliebt. [...] Wir sind eine starke und tolle Gemeinschaft und wir halten zusammen und da zähle ich auch meine Freundin und auch meinen besten Freund dazu, die für mich wie Familie sind. Vor allem seit dem Corona-Ausbruch 2020.«

Für Susanne, die Schwester von Hanna, wäre es hilfreich gewesen, »wenn ich von meinem Autismus eher gewusst hätte.« Eine Empfindung, die sie mit ihrer Schwester Hanna teilt. Auf die Teilfrage, warum Hilfe nicht erreichbar war, nennt Susanne folgende drei Punkte:

- »Der Forschungsstand war früher noch nicht so wie heute.
- Anfangs: Leben im etwas abgelegenen Dorf, später: näher an Berlin, aber auch nicht die entsprechenden Einrichtungen (Beratung, Diagnose) vorhanden.
- Autismus wurde früher anders beurteilt als heute. Es wurde als eine Art Bindungsstörung verstanden, die auf mangelnder Zuwendung seitens der Eltern beruhe. Als Hospitalismus. Autismus sieht äußerlich vielleicht manchmal so aus, besonders vielleicht, wenn er stärker ist, aber die genannten Störungen sind trotzdem verschieden. Sie haben auch verschiedene Ursachen. Autismus ist auch eine Veranlagung, und dann spielt die Menge an äußeren Eindrücken eine Rolle und die Schwierigkeit, so eine Menge an Eindrücken zu verarbeiten und so auf die Umwelt zu reagieren. Je mehr Eindrücke es gibt, umso länger braucht man für die Verarbeitung. Bindungsstörung und Hospitalismus haben vielleicht Vernachlässigung, aber auch ganz andere Dinge zur Ursache: längere Krankheit, Krankenhausaufenthalte, Katastrophen wie z. B. Kriege [...].«

Hannelore ist der Meinung, dass sie als Familie »eigentlich immer die Hilfen bekommen« haben, die gebraucht wurden. Ihr Sohn Rainer scheint das ähnlich zu empfinden, denn er schreibt zu dieser Frage: »Dazu fällt mir nichts ein.«

Friedemann spricht bei der Frage nach möglichen Hilfen ein Gebiet an, welches sich außerhalb der Familie befindet. Für ihn ist es wünschenswert, »wenn man in Fachkreisen und Förderschulen offener für UK [Unterstützte Kommunikation] und kritischer beim Begriff ›geistige Behinderung‹ wäre«, denn dann »könnte dort zielgerichteter geholfen und wirkungsvoller unterrichtet werden«. Dies wiederum hätte einen direkten Einfluss auf das Familienleben, weil jeder externe Stress, der wegfällt, Energie freisetzt, die der Familie zugutekommen kann. Ich verstehe sehr gut, was Friedemann mit seiner Aussage meint, denn mein autistischer Sohn galt bis zu seiner Einschulung als geistig behindert, weil er zu dieser Zeit kaum in der Lage war, verbal zu kommunizieren.

Toni schreibt zu der Frage, was ihm geholfen hätte, im Familienleben gut zurechtzukommen, Folgendes: »Ich habe Gernegroß vermisst, als ich ein Jugendlicher war.« Mit »Gernegroß« meint er seinen Vater. Er ergänzt: »Deswegen geht es mir heute besser, denn er ist für mich da.«

Emma und ihr Sohn Heiko gaben bei der vorherigen Frage übereinstimmend an, dass sie aus ihrer jeweiligen Sicht das Familienleben nicht gut gemeistert haben. Die Frage, was ihr geholfen hätte, um das Familienleben mit einem autistischen Kind gut zu meistern, beantwortet Emma indirekt, indem sie berichtet, was nicht gut gelaufen ist und was sie sich gewünscht hätte. Sie schreibt dazu: »An erster Stelle wäre eine gut funktionierende Elternschaft und Partnerschaft wertvoll gewesen, wobei ich heute der Meinung bin, dass auch der Vater autistische Züge hat. Aus anderen Familien mit autistischem Kind höre ich über gute Beziehungen zu (älteren) Geschwistern. Unsere Zwillinge waren immer unterschiedlicher Meinung, das neurotypische Mädchen hat gefühlt täglich zehn Mal ihren Bruder zum Explodieren gebracht und diese Situationen genossen. Aus der Herkunftsfamilie habe ich viele Vorwürfe bekommen und grundsätzlich alles falsch gemacht. ›So etwas Schreckliches wie Autismus gibt es in unserer Familie nicht.‹ Dabei wurde ganz übersehen, dass der Enkel oder Neffe auch viele besondere und schöne Eigenschaften bzw. Fähigkeiten hat. Viele Ärzte, Therapeuten, Lehrer und andere Fachleute haben mit unterschiedlichsten Methoden versucht, mein Kind zu ändern. Im Rückblick sind nur ganz wenige darunter, die geholfen haben. Mit ca. acht Jahren hat mein Sohn gefragt: ›Bin ich immer noch nicht richtig?‹«

Heikos Frage »Bin ich immer noch nicht richtig?« weist auf ein Problem hin, welches gravierende Auswirkungen auf alle Lebensbereiche autistischer Menschen, einschließlich des familiären Zusammenlebens, hat. Vielfach ist auch heute noch das Bestreben, in Therapien oder Trainings zu erreichen, dass autistische Menschen sich wie nicht-autistische Menschen verhalten, vorherrschend. Vielen autistischen Menschen ohne kognitive Einschränkungen gelingt dieses als Maskieren bezeichnete Verhalten für einen gewissen Zeitraum, es fordert aber sehr viel Energie – Energie, die dann für andere Leistungen wie bspw. alltägliche Dinge oder Hausaufgaben nicht mehr zur Verfügung steht. Anerzogenes Maskieren (masking, camouflaging) kann der psychischen Gesundheit schaden (Cook, Hull, Crane & Mandy, 2021). Therapien und Trainings sollten darauf abzielen, mit den eigenen Besonderheiten gut umgehen zu können, bei Wunsch anderen seine Besonderheiten erklären zu können und in der Lage zu sein, eigene Bedürfnisse zu erkennen und zu formulieren. Des Weiteren sollten – wie Emma bereits angedeutet hat – die Stärken, Eigenschaften und Fähigkeiten autistischer Menschen in den Fokus sämtlicher Bemühungen erzieherischer oder bildender Art gerückt werden.

Ein zweiter wichtiger Aspekt, der von Emma angesprochen wird, ist das Vorhandensein eines autistischen Elternteils in einer Familie. Häufig wird dessen Autismus erst mit dem Verdacht oder der Diagnose des Kindes erkannt. Bevor Probleme mit dem Kind auftreten, werden solche Partner häufig als fleißig, ehrgeizig, gebildet, schüchtern oder naturverbunden wahrgenommen und erlebt. Schwierige Situationen mit dem Kind können rasch dazu führen, dass sich Probleme potenzieren, anstatt gelöst zu werden. Der autistische Partner hat möglicherweise eine andere Sicht auf die Probleme oder er ist von der Gesamtsituation überfordert. Der nicht-autistische Partner fühlt sich in solch einer schwierigen Situation emotional vernachlässigt, was Schuldzuweisungen und Frustration nach sich ziehen kann. Die Chance einer guten Beziehung mit einem Partner, der das Asperger-Syndrom hat, erhöht sich, wenn eine gesicherte Diagnose vorliegt, die von beiden Partnern akzeptiert wird. Zudem sollte sich der autistische Partner verbindlich zu der Beziehung bekennen, was ein nicht-autistischer Partner in der Regel intuitiv und unaufgefordert tut. Des Weiteren fördert professionelle Hilfe für den autistischen Partner das Gelingen der Beziehung (Simone, 2016).

Frage Nr. 15: Neurodiversität versus Störung

Frage Nr. 15: Empfinden Sie Autismus eher/überwiegend als Neurodiversität oder als Störung?

Die gängigen Klassifikationssysteme (ICD-11 und DSM-5) bezeichnen Autismus bzw. das Autismus-Spektrum als *Störung* (ICD-11, 2022, Falkai et al., 2015). Demgegenüber steht die Neurodiversitätsbewegung, die Autismus und andere psychologische bzw. psychiatrische Zuschreibungen als genetisch bedingte Vielfalt ansieht und somit eine Pathologisierung zu vermeiden versucht. *Neurodiversität* ist ein Neologismus (im nicht psychopathologischen Sinn), der aus den Wörtern *neurologisch* und *Diversität*, also Vielfältigkeit gebildet wurde. Autismus wird somit als eine Variante des Menschseins wie Geschlecht, sexuelle Orientierung oder Ethnie und nicht als Krankheit, die behandelt oder geheilt werden müsste, angesehen (Ortega, 2009, Elliman, 2011).

Der Erfolg der Neurodiversitätsgemeinschaft hat nach Meinung einiger Fachpersonen aber auch dazu geführt, dass autistische Menschen mit schwerer geistiger Behinderung und herausfordernden Verhaltensweisen unsichtbar geworden sind und zurückgelassen wurden. Dies liegt daran, dass das Wort *Autismus* für die breitere Öffentlichkeit jetzt nur noch das verbale, traditionell qualifizierte, sichtbare Ende des Spektrums beschreibt, denn Menschen, die diese Kriterien erfüllen, sind in der Lage, eine Stimme zu haben, an Konferenzen teilzunehmen, sich bei politischen Treffen zu vertreten und in den Medien in Erscheinung zu treten (Singer, 2022).

Meine autistischen Interviewpartner vertreten Facetten aus dem gesamten Autismus-Spektrum. Die folgende Tabelle (▶ Tab. 3.5) gibt ihre Ansichten und die ihrer Bezugspersonen bezüglich der Frage wieder, ob sie Autismus als Störung oder als Neurodiversität betrachten.

3.2 Ergebnisse und Auswertung der Interviews

Tab. 3.5: Aussagen der Interviewpartner über Neurodiversität (Auszüge)

Familie	Elternteil/Schwester	Autistisches Familienmitglied
Familie 1	»Eindeutig als Neurodiversität.«	»Ich empfinde mich nur als anders. Dass ich Geräusche und andere Dinge anders wahrnehme.«
Familie 2	»Heute denke ich, dass Autismus eher eine Neurodiversität ist, die nur als Störung empfunden wird, weil Erwartungen aus dem Umfeld nicht erfüllt werden und das Anderssein oft keinen Platz im System hat.«	»Als Neurodiversität. Das schließt jedoch nicht aus, dass der Autismus sich negativ auf das Leben auswirkt.«
Familie 3	»Ganz klar als Neurodiversität.«	»Ich empfinde es als Neurodiversität.«
Familie 4	»Ich empfinde Autismus eher als Störung [...]«	»Weder noch, im Gegenteil. Ich empfinde dies als Beleidigung, sogar als Kränkung. [...] Ich bin ein Mensch und habe beides nicht.«
Familie 5	»Ich empfinde Autismus überwiegend als Neurodiversität.«	»Ich empfinde den Autismus schon als eine Art Störung. Bei mir selbst.«

Die Frage, ob Autismus eine Störung ist oder als Neurodiversität betrachtet werden sollte, ist von einigen Interviewpartnern recht ausführlich beantwortet worden. Ausgewählte Aspekte dieser Ausführungen möchte ich hier wiedergeben.

Christine empfindet Autismus eher als Störung, weil »Kleinigkeiten werden ständig zum Riesenproblem, die Wahrnehmung unseres Sohnes ist extrem anders und macht viel Stress für alle bis heute. Ohne Autismus wäre er ein soo sympathischer angenehmer Mensch, da er viel Liebe und Lebensfreude ausstrahlt. Er ist auch sehr gerne mit anderen Menschen zusammen.«

Lars, der Sohn von Christine, empfindet Autismus weder als Störung noch als Neurodiversität. Er begründet dies folgendermaßen: »Ich empfinde dies als Beleidigung, sogar als Kränkung. Eine Störung ist ein physikalisches Ereignis und eine Störung beinhaltet eine widernatürliche Sperre. Wir sind keine Sperre, oder wir stören auch nicht, sondern wir sind einfach da. Es ist auch keine Neurodiversität, denn warum sollten wir eine diversitäre [diverse?] Gruppe sein. Ich fühle mich als gesunder Mensch mit 42 Jahren, ich freue mich auf den Berlin-Marathon im September 2022, nach einer harten Arbeitsschicht seit drei Monaten, ich liebe meine Kinder, die in zwei Haushalten geliebt und geborgen leben. Ich bin ein Mensch und habe beides nicht.«

Hanna betrachtet Autismus »überwiegend als Neurodiversität«. Sie schreibt dazu: »Er ist nicht ›heilbar‹. Die Betroffenen können nur versuchen, damit so gut wie möglich umzugehen und ihre Grenzen auszuloten bzw. das Zusammenleben mit anderen zu gestalten. Das ist für alle Beteiligten – nicht zuletzt für Eltern und

Geschwister – nicht einfach, aber meiner Meinung nach der einzige Weg. Er gilt so gesehen für alle, nicht nur für Autisten und ihr Umfeld.«

Susanne, die autistische Schwester von Hanna, empfindet Autismus bei sich selbst als Störung. Zu diesem Thema führt sie Folgendes aus: »Anderen Autisten, die ich kennengelernt habe, kann ich wertschätzend und mit Toleranz entgegenkommen. Das halte ich sowieso im Zusammenhang mit Beeinträchtigungen für das Beste und versuche das auch im Verhältnis zu meinen Arbeitskollegen anzuwenden. Ich mache keine Unterschiede in der Behandlung zwischen Menschen mit und ohne Beeinträchtigung, in der Akzeptanz. Ich versuche, mich verständlich auszudrücken, denn das ist für alle gut. – Manchmal ist es aber auch hilfreicher, Autismus als eine Art Neurodiversität zu denken. Aber das hat für mich andererseits auch etwas von Drumherumreden, Schönreden, mangelndem Realismus, ich kann mir da nicht helfen. Ich denke, dass Beeinträchtigungen oder/und Erkrankungen zum Leben gehören und keine Schande sind. Geholfen hat mir sicherlich auch das Aufwachsen mit meinen alten Großeltern, das ich als Kind erleben durfte. Wir waren eine 3-Generationen-Familie, und ich habe dabei viel gelernt. Meine Oma lebte in den letzten Wochen ihres Lebens fast völlig in der Vergangenheit, Heimat- und Kriegserlebnisse tauchten wieder auf. Sie hatte mehrere Schlaganfälle erlitten und war auch neurologisch betroffen. Beide Großeltern sind bei uns zu Hause verstorben. Ich konnte ihren Tod verarbeiten, aber das ist wieder ein anderes Thema.«

Die Antworten der Interviews zeigen, dass selbst innerhalb einzelner Familien unterschiedliche Auffassungen darüber herrschen, ob Autismus als Neurodiversität oder Störung betrachtet werden sollte oder ob keine der beiden Bezeichnungen treffend ist. Auf die Bindungen innerhalb der Familie scheinen die unterschiedlichen Meinungen zu diesem Thema keinen Einfluss zu haben. Das mag daran liegen, dass in funktionierenden Familien offen über solche Themen geredet wird und dass abweichende Ansichten toleriert oder sogar respektiert werden.

Die Antworten der Interviews zeigen auch, dass bestimmte Formulierungen – die sich im Bereich Autismus nicht nur auf Störung vs. Neurodiversität, sondern ebenfalls auf Formulierungen wie Behinderte, Leidende, Betroffene beziehen – niemals allen Mitgliedern einer bestimmten Gruppe gerecht werden können. Kämpfe, die geführt werden, um bestimmte Formulierungen durchzusetzen, sind verschwendete Energie, sofern diese Begriffe nicht die Würde der Menschen, die sie beschreiben sollen, verletzen. Energie, die bspw. für bessere Aufklärung über Autismus oder die Vernetzung von Fachpersonen eingesetzt werden könnte.

3.3 Schlussfolgerungen aus den Interviews

Viele äußere Dinge und Gegebenheiten haben einen Einfluss auf das familiäre Miteinander. So äußern bspw. alle Teilnehmer der Familien, bei denen die Diagnose des autistischen Familienmitgliedes erst im Erwachsenenalter erfolgte, dass eine frühe Diagnose zu mehr Verständnis, zu weniger Kämpfen und Reibereien und zu Zugang zu Hilfen geführt hätte.

Einige Eltern von Kindern, die die Diagnose im Kindesalter erhielten, geben an, dass die eingeleiteten Therapien und Fördermaßnahmen viel Zeit und andere Ressourcen verschlungen haben, aber nicht den erhofften Erfolg brachten. Diese Zeit hätten sie im Rückblick lieber in die Familie investiert.

Das Einschränken oder die Aufgabe der Berufstätigkeit ist in mehreren Familien ein Thema. In den meisten Fällen führte dieses Einschränken oder die manchmal auch vorübergehende Aufgabe der Berufstätigkeit aber zu einer teilweise dramatischen Verbesserung des familiären Miteinanders.

Mehrere Teilnehmer des Interviews – überwiegend die Eltern und Geschwister – nennen positive Auswirkungen des Autismus auf das Familienleben. So kommen Aufklärung und Rücksichtnahme nicht nur dem autistischen Familienmitglied zugute, sondern leisten auch einen wichtigen Beitrag zur Entwicklung der eigenen Persönlichkeit. Spezielle Interessen des autistischen Familienmitgliedes werden oft als Bereicherung empfunden. Anstrengende Situationen, die in der Familie besprochen werden, ermöglichen, dass alle über die eigenen Befindlichkeiten ins Gespräch kommen. Der Autismus eines Kindes führt auch dazu, dass Eltern ihre Sicht auf Dinge, die ihnen wichtig sind, ändern.

Ein wohlwollendes Umfeld, was auch beinhaltet, dass nahe Verwandte die Diagnose des Kindes nicht bezweifeln, und das Überdenken bestimmter von der Fachwelt verwendeter Termini wünschen sich mehrere Eltern.

Zu einem wohlwollenden Umfeld gehören auch umgebende Personen, die Fragen an und Aussagen zu Eltern eines autistischen Kindes überdenken, bevor sie diese äußern.

Häufig werden Eltern mit Sätzen wie den folgenden konfrontiert, wobei die äußernden Personen dies meist nicht kritisch sehen (in Klammern befindet sich das, was bei den Eltern oft ankommt):

- Ich könnte das nicht/ich würde das nicht schaffen. (Ich habe irgendeinen Vorteil oder eine Gabe, die mich diese Aufgabe schon bewältigen lässt. Ich brauche wohl keine Unterstützung.)
- Habt ihr das vorher gewusst? Konnte man das nicht verhindern? (Für Eltern klingt diese Frage so, als hätte ihr autistisches Kind kein lebenswertes Leben.)
- Und dann noch ein weiteres Kind? Musste das sein? Gab es da nicht ein hohes Risiko für noch ein autistisches Kind? (Ich habe aus Sicht der anderen unverantwortlich gehandelt, denn ein autistisches Kind kann wohl nur als eine Belastung aufgefasst werden.)
- Der arme Erstgeborene, muss er nicht ständig zurückstecken? (Ich kümmere mich nicht ausreichend um meine anderen Kinder.)
- Ich kenne das auch, ich schlafe auch oft schlecht. (Wenn man selbst schlecht schläft, weiß man immer noch nicht, wie es sich anfühlt, ein autistisches Kind mit massiven Schlafproblemen zu haben. Der Vergleich hinkt.)
- Mein Sohn ist auch sehr reizempfindlich. (Äußerungen wie diese fühlen sich wie Banalisierungen von Problemen an, wenn sie von Eltern stammen, die kein behindertes Kind haben.)

Solche Sätze bringen Eltern in einen Erklärungszwang, der ein konstruktives oder informierendes Gespräch ausschließt. Antwortet bspw. eine Mutter auf die Frage, ob das ältere Kind nicht ständig zurückstecken müsse, indem sie beschreibt, was sie alles mit dem älteren Kind unternimmt, wie sie ihm Autismus erklärt hat und welche Dinge den gemeinsamen Alltag erleichtern, dann wirkt das in der Wahrnehmung des Fragenden wie eine Verteidigungsrede, der i.d.R. wenig Glauben geschenkt wird.

Sätze, die Eltern anstatt der eben beispielhaft angeführten hören möchten, können folgende sein:

- Brauchst du jemanden zum Reden? Ich kann dir zuhören.
- Wie kann ich helfen?
- Darf ich die Geschwister ins Kino einladen?
- Was muss ich wissen und beachten, wenn ich euch besuchen möchte?
- Womit kann ich deinem (autistischen) Kind eine Freude bereiten?

Derartige Formulierungen sind gleichzeitig unterschwellige Hilfsangebote, die Eltern mit einem guten Gefühl annehmen können. Kommt es dann auch zu den angebotenen Handlungen, dann wirkt sich dies letztendlich positiv auf die gesamte Familie aus.

3.4 Resümee des Kapitels: Familienbande – Mythos oder Möglichkeit?

Ein sicheres Eingebundensein in die Familie und dadurch verfügbare angemessene Unterstützung kann dazu führen, dass autistische Menschen öfter angestellt sind und häufiger enge Freundschaften pflegen. Dies geht aus einer Verlaufsuntersuchung hervor, bei der die Teilnehmer im Alter von durchschnittlich ca. 7 Jahren und in der Nachuntersuchung im Alter von durchschnittlich ca. 32 Jahren durch standardisierte Bewertungen des diagnostischen Status, der kognitiven Fähigkeiten und des adaptiven Verhaltens beurteilt wurden. Der Vergleich bezieht sich auf Ergebnisse mit Probanden anderer Studien. An der Studie nahmen mit 93 % der Teilnehmer überwiegend Mitglieder der Mormonen-Gemeinschaft *Church of Jesus Christ of Latter Day Saints* (LDS Church) teil (Farley, 2009).

Die LDS Church ist einerseits sehr familienorientiert und andererseits bestrebt, dass jedes Mitglied der Kirche einen Freund hat. Beides wird mit speziellen Programmen sichergestellt. Der an einem Abend pro Woche veranstaltete spezielle Familienabend dient dazu, etwas über das Evangelium zu lernen, gemeinsam zu essen und Spaß zu haben. Ein weiteres Programm regt Erwachsene und Jugendliche dazu an, sich um Menschen oder Familien zu kümmern, die Zuwendung oder Unterstützung benötigen. Alle Menschen der Gemeinschaft sollen einen Freund haben, auf den sie sich in Notzeiten verlassen können. Viele junge Mitglieder der LDS Church führen eine zweijährige Missionszeit durch, andere arbeiten vor Ort in kirchlichen Institutionen.

Dies erklärt, warum die Teilnehmer der oben genannten Studie arbeitsmäßig und sozial verortet betrachtet besser abschnitten als Probanden anderer Studien. Drei Teilnehmer dienten bspw. bei internationalen Missionen, für die sie eine neue Sprache gelernt haben. Fünf Teilnehmer dienten bei Missionen in US-Städten fern von ihrer gewohnten Umgebung und zwei weitere Teilnehmer erfüllten Dienstmissionen, während sie in der Heimat bei ihrer Familie wohnten (Farley, 2009). Die speziellen Programme der Kirche sorgen also hier dafür, dass autistische Menschen Arbeit finden und sozial eingebunden sind.

Feste Strukturen, die von einer Gemeinschaft zum Zusammenleben vorgegeben werden, können es Familien mit einem autistischen Kind erleichtern, mit anderen Menschen in Kontakt zu bleiben und Zugriff auf schnelle, meist unbürokratische Hilfe zu erhalten. Dies spielt bei einigen meiner Interviewpartner eine Rolle und führte dazu, dass die Familie mit den Schwierigkeiten, die durch den Autismus des einen Kindes bedingt waren, umgehen konnte.

Vorgegebene äußere Strukturen erleichtern zwar das Einhalten der Aktivitäten oder Aktionen, weil in einer solchen Gruppe ein gewisser Beobachtungsdruck entsteht, sind aber keinesfalls zwingend erforderlich, um den eben beschriebenen gewünschten Effekt zu erreichen. Strukturen, die das Familienleben stabilisieren und erleichtern, können auch von Eltern selbst ohne die Anbindung an eine bestimmte Gemeinschaft initialisiert werden.

Strukturen, die die Familie zusammenführen bzw. zusammenhalten, lassen sich in innere und äußere unterscheiden. Innerhalb der Familie ist es wichtig, dass die Familie erst einmal eine Vorstellung von sich als Familie entwickelt (▶ Kap. 2.5): Was ist uns als Familie wichtig? Was zeichnet uns aus? Im Anschluss daran kann gemeinsam überlegt werden, wie die Familie diese Erkenntnisse umsetzt. Ein Familienabend bspw. lässt sich auch ohne die Vorgabe einer christlichen Gemeinschaft realisieren, wobei evtl. der Wille zum Durchhalten etwas größer sein muss.

In mehreren Interviews wurde deutlich, dass äußere Strukturen dazu beitragen können, dass Familien entlastet werden und somit mehr Zeit und Ressourcen haben, um sich auf die Familie zu konzentrieren. Solche Unterstützungsmöglichkeiten beziehen sich auf alle Bereiche des Lebens, die durch die Existenz des autistischen Kindes zusätzlich Beachtung finden müssen. Kompetente externe Beratung und Unterstützung kann für Eltern eines autistischen Kindes u. a. in folgenden Bereichen von fundamentaler Bedeutung sein:

- Diagnose: Personen, die den Eltern die Diagnose ihres Kindes erklären, die Eltern anleiten, Informationen kritisch zu reflektieren, und die Eltern ermutigen, das Besondere ihres Kindes wertzuschätzen, sind äußerst hilfreich. Ganz konkret profitieren Eltern davon, wenn mit Autismus erfahrene Personen sie beim Beantworten der folgenden beispielhaften Fragen unterstützen:
  – Wie äußert sich Autismus bei meinem Kind?
  – Wie funktioniert die Kommunikation mit meinem Kind?
  – Was mag mein Kind wirklich?

– Wie kann mein Kind seine Ziele erreichen?
Nützliche Informationen für Eltern nach der Diagnose des Kindes sind auch Details zur Entbindung von der Schweigepflicht (vgl. Maus, 2020, S. 60f.) und generell der Umgang mit den Daten, die das Kind betreffen.
- Therapien: Aufgrund der Fülle an angebotenen Therapien für autistische Kinder fällt es Eltern oft schwer, sich hier einen Überblick zu verschaffen (▶ Kap. 2.1.3). Fachkundige Unterstützung bei der Einordnung von Therapien setzt Ressourcen für andere Dinge frei und ermöglicht Eltern, mit einem guten Gefühl zu handeln. Folgende Fragen sollten in diesem Zusammenhang u. a. diskutiert werden:
  – Gibt es wissenschaftliche Studien, die eine Wirksamkeit belegen?
  – Passt die Therapie zu den Besonderheiten meines autistischen Kindes?
  – Würden die Eltern diese Therapie auch mit einem nicht-autistischen Kind durchführen?
  – Was sagen autistische Menschen dazu?
- Versorgungsamt: Das Versorgungsamt stellt für das Kind einen Schwerbehindertenausweis (SBA) aus. Vor dem Beginn der Diagnostik haben die meisten Eltern noch keinen Kontakt zu dieser Behörde gehabt, einige kennen sie gar nicht. Eltern benötigen Aufklärung darüber, warum das Kind einen SBA benötigt, aber auch Informationen zur Antragstellung, zum Einlegen eines Widerspruchs und zur Bedeutung des Grades der Behinderung und der Merkzeichen.
- Pflegegrad: Ähnlich schwierig wie Anträge beim Versorgungsamt sind Anträge auf Pflegegeld. Zur Einschätzung der Pflegebedürftigkeit beurteilt ein Gutachter des MD (Medizinischer Dienst)[50] bei einem Hausbesuch, ob und in welchem Ausmaß eine Pflegebedürftigkeit vorliegt. Das autistische Kind und die Eltern geraten dadurch häufig in eine Stresssituation. Zudem können Eltern die Schwierigkeiten ihres Kindes oft nicht so beschreiben, dass sie für das Gutachten Relevanz haben. Ihnen fehlen Vokabeln wie *mangelnde Automatisierung von Handlungen* oder *Anleitung und Durchführungskontrolle*, die die Probleme des Kindes nicht wie mangelnde Erziehungskompetenz wirken lassen. Kompetente Unterstützung bei derartigen Terminen wäre eine große Hilfe.
- Alltag: Eine große Hilfe stellen ebenfalls Ansprechpartner für den Alltag dar, mit denen Eltern über aktuelle Schwierigkeiten reden können. Eine gute Möglichkeit für einen solchen Austausch bieten Selbsthilfegruppen.
- Kindergarten und Schule: Im Bildungsbereich gibt es vielfältige Fragen zu klären und schon bald tauchen Begriffe wie Sonderpädagogisches Gutachten, Förderschwerpunkt, Nachteilsausgleiche oder Schulbegleitung auf. Personen, die sich professionell mit diesen Themen beschäftigen, sollten ihr Wissen an Eltern weitergeben.
- Ausbildung und Arbeitsmarkt: Ähnlich wie beim vorherigen Punkt verhält es sich beim Übergang in Ausbildung und Arbeit. Eltern und der autistische Jugendliche

---

50 Bis Mitte des Jahres 2021 trug der Medizinische Dienst (MD) den Namen *Medizinischer Dienst der Krankenversicherung (MDK)*. Durch das im Jahr 2020 in Kraft getretene MDK-Reformgesetz wurde der MDK ab dem 01.07.2021 in eine Körperschaft des öffentlichen Rechts überführt und damit organisatorisch von den Krankenkassen gelöst. Seitdem wird er bundesweit einheitlich unter dem Namen *Medizinischer Dienst (MD)* geführt.

3.4 Resümee des Kapitels: Familienbande – Mythos oder Möglichkeit?

benötigen kompetente Unterstützung bei der Wahl des Ausbildungs- und Arbeitsortes. Hier stellen sich schnell Fragen danach, welche Aufgaben ein Berufsbildungswerk (BBW) erfüllt oder für welche autistischen Personen eine Werkstatt für behinderte Menschen (WfbM) geeignet ist.

Die Mehrheit der Interviewpartner hat gezeigt, dass Familienbande bei Autismus entstehen können. Sie haben ebenfalls gezeigt, wie sich dieser besondere Zusammenhalt äußern kann, welche Hürden und Stolpersteine es gibt und welche Unterstützung dazu beitragen kann, familiäre Bindungen zu festigen.

Familienbande bei Autismus sind möglich. Sie entstehen nicht spontan, sondern sind mit Anstrengung, Arbeit und Motivation zu erreichen. Spezielle innere Strategien (▶ Kap. 2.5) helfen beim Aufbau der Familienbande. Äußere Strategien (siehe oben) setzen Energien und Ressourcen frei, die der Familie dann zugutekommen können.

4 Schlussbemerkung und Ausblick

Inez Maus

Familiäres Zusammengehörigkeitsgefühl äußert sich für mich durch die fraglose Akzeptanz einer Bindung, die auch durch das Zusammentreffen unterschiedlicher Charaktere und das Vorhandensein zunehmend unterschiedlicher Lebensentwürfe und unterschiedlicher Lebenswege nicht zu zerstören ist.

Hanna

Zunehmend unterschiedliche Lebensentwürfe und unterschiedliche Lebenswege sind im vorliegenden Buch reichlich zu finden. Ihnen allen gemein ist, dass sie eine Verbindung zum Thema *Autismus* haben. Unterschiedliche Generationen blicken auf die Vergangenheit der Familie zurück und analysieren Gelungenes, ohne dabei die Schwierigkeiten aus dem Blick zu verlieren oder zu beschönigen.

Die Erkenntnisse aus den Antworten auf die aus meiner Sicht vier wichtigsten Teilfragen des Interviews möchte ich an dieser Stelle kurz zusammenfassen:

- Was kommt von der Zuwendung der Eltern beim autistischen Kind an?
  Bei den Bezugspersonen meiner Interviewpartner ist aus deren Sicht viel von dem, was sie an Zuneigung gaben, beim autistischen Kind angekommen. Manche können das an konkreten Handlungen – wie Zuwendung in Form von Körperkontakten geben und zulassen – festmachen, andere nennen ein grundlegendes Lebensgefühl – wie bspw. sich bei den Eltern immer öffnen können – als Beleg für das Ankommen oder Annehmen ihrer Zuwendung.
- Was kommt aus Sicht der Eltern vom autistischen Kind zurück?
  Alle erwachsenen Bezugspersonen meiner Interviewpartner nennen Handlungen, die für sie Zuneigung und Zuwendung des autistischen Familienmitgliedes ausdrücken. Die Beispiele der Interviewpartner – u. a. Wunsch nach Harmonie, erlebte Rücksichtnahme, Hilfe bei Problemen, Kuscheln, Küssen und Umarmungen – wurden im Rückblick gegeben. Dies geschah also zu einem Zeitpunkt, an dem alle Interviewpartner mit einer gewissen Lebenserfahrung auf die Kindheit oder Jugendzeit des autistischen Familienmitgliedes zurückblicken.
- Was hätten sich autistische Erwachsene rückblickend von ihren Familien gewünscht?
  Die Mehrheit der autistischen Interviewpartner gab an, dass sie nichts in ihrer Kindheit und Jugendzeit vermisst haben und dass sie sich demzufolge auch keine Dinge von ihrer Familie gewünscht haben, da sie ihre Bedürfnisse als erfüllt betrachteten.
  Andererseits nannten alle Bezugspersonen im Rückblick Fehler im Umgang mit dem autistischen Familienmitglied. Wie lässt sich das eine mit dem anderen

vereinen? Die Bezugspersonen eigneten sich im Laufe der Zeit Wissen über Autismus an und damit auch Wissen über andere oder bessere Handlungsoptionen. Das bedeutet allerdings nicht, dass ihr Tun vor dem Erwerb dieses Wissens grundsätzlich falsch war, sondern es war geleitet von dem Wunsch, das Beste für das Kind zu tun. Diese Intentionen kommen beim autistischen Kind an und prägen seine Erinnerung.

- Was hätte autistischen Erwachsenen rückblickend geholfen, um im Leben zurechtzukommen? Was hat ihnen geholfen?

Die Frage »Bin ich immer noch nicht richtig?« eines autistischen Interviewpartners weist auf ein Problem hin, welches gravierende Auswirkungen auf alle Lebensbereiche autistischer Menschen, einschließlich des familiären Zusammenlebens, hat. Vielfach ist auch heute noch das Bestreben, in Therapien oder Trainings zu erreichen, dass autistische Menschen sich wie nicht-autistische Menschen verhalten, vorherrschend. Therapien und Trainings sollten darauf abzielen, mit den eigenen Besonderheiten gut umgehen zu können, bei Wunsch anderen seine Besonderheiten erklären zu können und in der Lage zu sein, eigene Bedürfnisse zu erkennen und zu formulieren.

Fast alle autistischen Interviewpartner haben prägende und stützende Erfahrungen mit Mitgliedern der Familie gesammelt. Hier werden von allen die Eltern oder ein Elternteil genannt, aber auch andere Personen wie die Patentante oder ein Onkel.

Bisher gibt es zu wenig Forschung zum Einfluss der Familie und des familiären Engagements auf die Entwicklung des autistischen Kindes. Es besteht Bedarf an qualitativ hochwertiger Ergebnisforschung in Bezug auf autistische Erwachsene, um besser zu verstehen, ob das Funktionsniveau im Erwachsenenalter (Outcome) von bestimmten familiären Strukturen maßgeblich beeinflusst wird und welchen Einfluss Umweltfaktoren im Zusammenhang mit der Familie auf die Entwicklung des autistischen Familienmitgliedes haben (Kirby, Baranek, Fox, 2016).

Abschließen möchte ich das Buch mit der Idee einer der Familien, die am Interview teilnahmen. Ein Familienmitglied berichtete, dass sich aus den Fragen »ganz spannende Kommunikationsthemen« ergeben haben. An vielen Punkten würden sich Wege eröffnen, um weiterzugehen und neue Themenkomplexe zu erschließen. Diese Erfahrung habe ich ebenfalls im Austausch mit Benjamin gemacht. Eine andere Art, Fragen zu stellen, oder eine andere Kommunikationsform bringen mitunter erstaunliche Erkenntnisse zutage. Eben erwähnte Familie möchte diese Art der Kommunikation auch nach Abschluss des Projektes in der Familie beibehalten. Ich hoffe, dass sich viele Leser inspiriert fühlen, ähnliche Projekte in der Familie zu initiieren.

5 Anhang – Extrablick

Jannis Benjamin Ihrig

Warum liebe ich Geschichten? Selten hinterfragt man seine Leidenschaften und nimmt sie für gegeben. Ich selbst habe es getan, bis ich eine kleine Rede zu (m)einer Lesung entwerfen musste.

An diesem Punkt habe ich darüber nachgedacht, und ich glaube erkannt zu haben, dass Geschichten mir von Kindheit an Zugang zu Elementen und Emotionen eröffnet haben – Elemente und Emotionen, die mir wegen meiner eingeschränkten Sozialfähigkeiten verwehrt blieben.

Geschichten sind erfüllt von Träumen, Wünschen, Ängsten und allem anderen, was den menschlichen Geist ausmacht. Zugleich ist aber auch die subtilste Geschichte immer noch direkter als die Wirklichkeit.

Geschichten sind aus den geballten Essenzen des Lebens gewoben.[51] Die erste Geschichte handelt von einem Gemälde – eines, welches solch eine Essenz verkörpert. Ein ungleiches, von Träumen und Wünschen erfülltes Bruderpaar agiert in der zweiten Geschichte.

5.1 »Die ewig wachsende Stadt Pantharons« – von Pablo dem Chronisten

Wenn man Kunstliebhaber von überall fragen würde, welches das wunderbarste Kunstwerk aller Zeiten ist, so wird man sie oft von dem Gemälde »Die ewig wachsende Stadt Pantharons« reden hören, welches in vielen verschiedenen Belangen einzigartig ist.

Das fängt schon mit dem Auftauchen des Gemäldes an. Zum ersten Mal wurde es im Jahr 946 von der Öffentlichkeit wahrgenommen, wenn auch nur in geringem Maße. Es war ein Teil des Nachlasses des Magiers Pantharon, der in Silberspitze, einer der Felsenstädte von Hatag-As, lebte und auch dort verstarb.

Über ihn selbst ist wenig bekannt, da er sehr zurückgezogen lebte. Obwohl sein Magierturm, der sowohl seine Heimstätte als auch sein Laboratorium beherbergte, mitten in der Stadt stand, konnte man Pantharon nur selten in selbiger antreffen, wobei solche Zusammenkünfte sehr wortkarg seitens des Magiers ausfielen. Deshalb

---

51 Auszüge dieser Einleitung wurden bereits publiziert (Maus, 2022, S. 25).

5.1 »Die ewig wachsende Stadt Pantharons« – von Pablo dem Chronisten

verwundert es nicht, dass er recht schnell als Stadtemerit bekannt wurde – oder man muss vielleicht sogar sagen – verschrien war.

Nachdem Pantharon im hohen Alter verstorben war – ein Umstand, der einige Zeit unbemerkt blieb –, musste der Stadtrat von Silberspitze feststellen, dass es keine bekannten, lebenden Verwandten gab, womit der Besitz des Magiers an die Stadt überging. Deshalb nahmen Beamte den Magierturm in Augenschein und es war nicht wenig, was sie vorfanden: Alchemistische Mittel und Gerätschaften, konservierte Überreste von exotischen und teils gänzlich unbekannten Tierarten sowie unzählige Bücher mit allem möglichen Wissen waren nur ein kleiner Teil des riesigen Nachlasses. Es war so viel und alles so unbekannt, dass der Stadtrat um die Hilfe einer Gruppe erfahrener Magier nachsuchen musste, um alles zu katalogisieren und zugleich auch zu überprüfen, denn man befürchtete, dass sich unter den ganzen Dingen auch die Erzeugnisse verbotener Magie befinden könnten.

Nachdem das Erbe untersucht, erfasst und wertgeschätzt worden war, beschloss der Bürgermeister, alles, was ohne Bedenken unter das gemeine Volk kommen konnte, in einer großen Auktion zu versteigern. Auf dieser Auktion entwickelte sich eine regelrechte Jahrmarktstimmung, denn sie fand im Magierturm statt, und viele, deren Geldbeutel eigentlich für so einen Anlass zu klein war, nutzen die Gelegenheit, um das Innere des geheimnisvollen Ortes zu bewundern.

Unter diesen befand sich der junge Künstler Emandus, der ebenfalls mehr von seiner Neugier als von seinem Interesse an magischen Hinterlassenschaften hergeführt worden war. Doch sehr zu seiner eigenen Überraschung sollte er etwas finden, was sein Interesse auf sich zog und zudem sein weiteres Leben als Künstler prägen würde. Es war ein Ölgemälde – gerade so groß, dass man es als einzelner Mann mit beiden Händen halten konnte –, auf dem eine Waldlandschaft abgebildet war, in deren Mitte auf einer Lichtung eine einzelne Hütte neben einem kleinen Bächlein lag. Ein unscheinbares, aber auch sehr beruhigendes Motiv, das mit einigem Können auf die Leinwand gebracht worden war. Emandus, der gerade die schwere Zeit des Nicht-beachtet-werdens, die jeder große Künstler vor seinem Durchbruch ertragen musste, durchlitt, sah in diesem Kunstwerk eine mögliche Inspirationsquelle, die ihm bei seinem Kunstschaffen Mut machen konnte. Also bot er darauf und bekam trotz seines niedrigen Gebots den Zuschlag, sodass er es mit nach Hause nehmen und über den Kamin hängen konnte.

Als er am nächsten Morgen aufstand, in sein Kaminzimmer ging und sein neu erworbenes Gemälde ansah, stutzte er. Er ging näher heran und betrachtete es eingehender. Tatsächlich, da stand ein Mann im Wald mit erhobener Axt – wohl um einen Baum zu fällen –, während sich vor der Hütte eine Frau über einen Waschzuber beugte. Im Bach badeten zwei Kinder, während verschiedenes Waldgetier um sie herum dargestellt war. Das alles verwirrte Emandus, denn er war sich sicher, am gestrigen Tage beim Betrachten des Gemäldes keine Tiere und Menschen abgebildet gesehen zu haben. Allerdings waren die, die er jetzt sah, auch ziemlich klein und es war schon später Abend gewesen, als er nach Hause kam, sodass er an diesem Übersehen der Müdigkeit die Schuld gab. Doch am nächsten Tag befanden sich Vater, Mutter und die Kinder – Emandus vermutete, dass es eine Familie war – an anderen Stellen mit anderen Tätigkeiten beschäftigt. Dies wiederholte sich jeden Morgen und als noch eine Familie mit einem Ochsenkarren dazukam und begann, mit der Hilfe der ersten ihre eigene Hütte zu bauen, begriff Emandus, dass er ganz und gar kein gewöhnliches Gemälde über seinem Kamin hängen hatte: Denn er konnte nun sogar sehen, wie die Figuren sich bewegten.

Er lud eine befreundete Magierin zu sich ein, damit sie das Gemälde unter die Lupe nahm. Die Magiekundige erfühlte zwar Magie in dem Gemälde, die langsam, aber stetig stärker wurde, doch sie konnte nichts Verbotenes oder Gefährliches feststellen, sodass Emandus es beruhigt behalten konnte.

Da Emandus nicht wie der vorherige Besitzer ein zurückgezogenes Leben führte, verbreitete sich die Kunde über das Gemälde sehr schnell in Silberspitze und über deren Stadtgrenze hinaus. Schon sehr bald standen die Menschen Schlange vor Emandus Haus, um einen Blick auf das mysteriöse Gemälde zu werfen. Der junge Künstler war von dem Andrang zuerst überwältigt, begann dann aber davon zu profitieren. Zu Beginn ließ er kleine Gruppen von zahlenden Menschen herein, um dann – als er genug eingenommen hatte – an seinem Haus einen Ausstellungsraum anbauen zu lassen, damit mehr Personen gleichzeitig den gemalten Menschen dabei zusehen konnten, wie diese ihrem Alltag nachgingen und stetig ihre Siedlung vergrößerten, die inzwischen schon ein kleines Dorf geworden war.

Obwohl Emandus gut daran verdiente, war das Gemälde eine Last für ihn. Zwar wurde seine eigene Kunst, die er ebenfalls ausstellte, zunehmend bekannter und auch gekauft, weshalb man ihn heute noch als Künstler kennt. Doch man sagt, dass er nie wirklich damit glücklich gewesen war, dass das Hauptstück seiner Ausstellung nicht von ihm selbst stammte und dass es alles überragte, was er jemals gemalt hatte. Er soll sein Leben lang versucht haben, selbst Gemälden Leben einzuhauchen. Dazu habe er unter großem Goldeinsatz versucht, die anderen Hinterlassenschaften des Magiers Pantharon aufzutreiben – in der Hoffnung, dass er einen Hinweis fände, wie man so ein magisches Gemälde erschafft. Es wurde zu seinem Lebensziel, das er aber nie erfüllen konnte. So starb er, mit sich selbst als Künstler unglücklich, als kinderloser Mann, sodass sein Besitz an die Stadt überging, darunter natürlich auch das berühmte Gemälde. Die Stadt, die sich nun zum zweiten Mal im Besitz dieses Wunderbildes sah, erhob es zum Stadtwahrzeichen, das seinen eigenen Saal im Kunstmuseum bekam, was sich auch als notwendig erwies, denn nicht nur die Siedlung wuchs, sondern mit ihr die Leinwand und der Rahmen.

Heute, Jahrhunderte später, ist die gemalte Siedlung eine Großstadt, die eine riesige Leinwand für sich beansprucht, sodass die Museumshüter sich bereits über eine weitere Saalvergrößerung den Kopf zerbrechen mussten. »Die ewig wachsende Stadt Pantharons« – auch »Die Stadt in der Stadt« genannt – hat wie die Stadt Silberspitze selbst nicht nur gute Zeiten des Wachstums und des Wohlstandes durchlebt, sondern hatte ihre eigenen gemalten Katastrophen wie Feuersbrünste und Seuchen durchstehen müssen. Doch die gemalten Bürger der Stadt ließen sich nicht unterkriegen, weshalb sie für jeden, der das Gemälde betrachtet, eine stetige Quelle der Inspiration sind.

5.2 Ben und Jan

Es waren einmal zwei Brüder. Den einen nannte man Ben, den anderen Jan. Für zwei Brüder hätten sie nicht unterschiedlicher sein können.

Ben war ein Träumer, der seine Tage damit verbrachte, Figuren zu schnitzen und sie in Panoramen auszustellen. Er liebte es, dem tapferen Soldaten in der Schlacht, der seine Furcht überwindet, oder den beiden Liebenden im Mondschein, die endlich ihrer beider Scheu abgelegt hatten, Gestalt zu geben. Oder dem Politiker, der mit einer Rede die Masse davon überzeugt, das Richtige zu tun, sowie dem Chirurgen, der unter schneidendem Zeitdruck versucht, das Leben seines Patienten zu retten. Tatsächlich war die Vielfalt der Szenerien dermaßen ausufernd, dass Gäste nicht selten verwirrt von Ben wissen wollten, was denn die Themen seiner Kunst seien. Worauf Ben niemals, ganz gleich, wie lange er darüber nachdachte, eine eindeutige Antwort geben konnte. Zumeist zuckte er mit den Schultern und meinte, dass er alles erträume, was sein Herz höherschlagen lasse.

Jan hingegen war ein Denker, der sich nach der Schönheit von Mechaniken sehnte. Welche, das war gleichgültig: Es konnte das ratternde Innenleben einer Maschine oder der über Landstriche hinweg gezogene Warenkreislauf einer Nation sein. Die Teilung von Zellen oder der Verlauf der Planetenbahnen. Diese Vielfalt von Interessen mündete in den Bau mehrerer kleinerer Maschinen und in das Anfertigen von Gebäudeplänen. Auch bei ihm wunderten sich die Gäste, was denn Jans Expertise sei, womit er zumindest eine Sache mit seinem Bruder Ben teilte. Auch seine Antwort war nicht eindeutig, denn er verfolgte einfach alles, was ihn faszinierte.

Gewöhnlich taten die Brüder nicht viel gemeinsam. Sie hassten sich nicht, doch sie hatten auch kein Interesse an den Werken des anderen. Dies änderte sich aber eines Tages, als Ben aufgeregt in die Werkstatt seines Bruders kam, um ihn von einer großartigen Idee zu erzählen – ein mechanisches Puppentheater, welches ein Epos mit Figuren erzählen würde, die sich selbst bewegen und die sich selbst ausdrücken. Jan ließ sich nicht von der Euphorie seines Bruders anstecken, doch ihn reizte die Vorstellung, eine solch komplexe Maschine zu bauen, die für so ein Unternehmen notwendig wäre. Also beschlossen die Brüder zusammenzuarbeiten.

Doch oh je, kaum hatte Ben seine Idee für die Hauptfigur – einen Drachenreiter – dargelegt, da schüttelte Jan bereits den Kopf, weil das Konzept auf vielerlei Ebenen keinen Sinn machen würde. Zum einen wäre eine riesige Echse zu schwer, um fliegen zu können, und zum anderen gäbe es keine Wirbeltiere mit sechs Gliedmaßen. Und warum sollte der Reiter wie ein Ritter gerüstet sein? Ein Schwert könne man von dem Rücken eines riesigen Drachen nicht sinnvoll schwingen und selbst ein überaus langer Speer wäre sinnlos, wenn man doch die großen Krallen seines Reittieres als Waffe nutzen kann. Zudem würde die schwere Plattenrüstung nur unnötig den Drachen belasten, während sie praktisch keinen Schutz bot, da man auf dem Rücken schwer zu treffen wäre, vor allem, wenn man sich in der Luft befände. Lederrüstung und Kurzschwert würden mehr Sinn ergeben.

Dies passte Ben überhaupt nicht und er erwiderte heftig, dass Jan nicht so kleinlich sein sollte. Der Drache könnte fliegen und hätte sechs Gliedmaßen, weil er in einer fantastischen Welt lebte. Doch dies überzeugte seinen Bruder nicht, denn es sei alles nicht so simpel. Man könnte nicht einfach sagen, dass Gravitation anders funktionierte, denn dies hätte weitreichende Konsequenzen für den Rest der Wirklichkeit. Menschen und Tiere würden sich generell anders durch die Welt bewegen. Vermutlich würde selbst das Wetter anders funktionieren. Vielleicht hätte sich mit dieser Gravitation nicht einmal ein Planet geformt, auf dem die Geschichte spielen könnte. Wenn der Drache einfach so sechs Gliedmaßen hätte, während die anderen Wirbeltiere nur vier haben, stelle dies die Evolutionstheorie infrage. Und wenn nicht Evolution für das Leben verantwortlich wäre, was dann? Es würde eine Lücke in der Konsistenz aufreißen, die gestopft werden müsste.

Am liebsten hätte Ben Jan angebrüllt, dass dies alles nebensächlich wäre, doch er beherrsche sich, denn es war nun auch das Werk seines Bruders. Also einigten sie sich nach einem zähen, nervenaufreibenden Diskutieren darauf, dass der Drache wegen einer Art inneren Magie fliegen kann, die einen seinem Gewicht entgegengerichteten Auftrieb erzeugt. Die Flügel ersetzten sie durch Membranflügel, so ähnlich wie bei Insekten. Und der Reiter durfte seine Rüstung und sein Schwert behalten, denn Ben hatte richtigerweise gezeigt, dass Ritter nicht immer pragmatisch gerüstet gewesen waren, sondern oftmals mit ihrer Rüstung Status ausdrücken wollten. Dies konnte Jan gelten lassen, er sagte aber auch offen, dass dies dann bedeuten würde, dass ihre Figur ein dummer Traditionalist sei, was Ben nicht sehr gefiel.

Endlich war der allererste Prototyp vollendet. Allerdings lauerte hinter diesem ersten Meilenstein sogleich der nächste Streit, denn dieser Drache, zusammengesetzt aus Eisenplatten und Zahnrädern, glich überhaupt nicht dem aus Fleisch und Blut, der in Bens Fantasie flog. Diese stählerne Visage hatte nichts gemein mit dem beschuppten stolzen Haupt des Drachens. Aus den Augen funkelte nur gläserne Leere anstatt der Weisheit von Jahrhunderten, und die Zähne ähnelten mehr schnöden Messern als den edelsten Klingen, die die Natur einem Wesen geben konnte. Und wie sich diese sich Drachen rühmende Schrottechse bewegte! Anstatt mit würdevoller Wucht klapperten die Beine beim Schreiten nur, während die Membranflügel sich kraftlos wie Flaggen während einer Flaute schüttelten und nicht den Wind durchschnitten. Alles in allem stellte dies nur einen Abklatsch von Bens Ideen dar, nicht seiner würdig. Er schimpfte seinen Bruder Jan einen Dilettanten.

Worauf dieser erhitzt erwiderte, dass Ben nichts wüsste, denn er wäre nur ein naiver Träumer. Und die kleinen Holzskulpturen, die er schnitzte, wären nicht mehr als Schein, frei von jeglichem Sein. Und Ben würde nichts davon verstehen, wie die Welt funktioniere, eine Welt, in der Dinge nicht einfach herbeigeträumt werden. Doch das verstünde er nicht, weshalb er wie ein kleines Kind toben würde, wenn man nicht für ihn aus dem Steggreif das Unmögliche herbeizauberte. Wenn dieser Drache ihm nicht genügte, dann könne er selbst einen schaffen. Natürlich aber sollte Ben wissen, dass er dazu nicht in der Lage wäre. Das Einzige, was er könnte, wäre Holz in seiner Fantasie zu verdrehen. Er könnte nichts Gehaltvolles schaffen.

Diese Vorwürfe trafen Ben hart und er erwiderte das Feuer seines Bruders mit seinen eigenen Flammen. Jan wäre doch nicht besser, denn was würde er Gehaltvolles schaffen? Ja, anstatt Träumen hinterherzujagen, mochte er handfestes Wissen suchen. Doch was machte er damit? Nichts, denn Jan wäre so rastlos wie sein Bruder.

An einem Tag würde er etwas über die alten Römer lesen, am nächsten dann auf einmal etwas über Landwirtschaft. Kein Thema könnte ihn lange halten und jedes Thema langweile ihn rasch, sodass er zum nächsten springe. Er möchte zwar von allem etwas wissen, doch er beherrsche nichts. Er wäre kein Experte und auch kein Professor. Tatsächlich gliche er mehr einem Betrunkenen, der stetig trinke, aber nicht selbst braute. So wie jener ein Bier nach dem anderen soff, so verschlinge Jan ein Fetzen Wissen nach dem anderen, ohne es aber wirklich zu verdauen, denn sonst könnte er es fortführen und sein eigenes Wissen finden. Nein, es ginge ihm allein um seine Droge namens Faszination. Er gierte nach dem Hochgefühl des Entdeckens und ließe alles fallen, was nicht sein Blut wallen ließ. Jan würde ebenso wenig etwas Gehaltvolles erschaffen, denn es ginge ihm nur um den Kick.

Nachdem die Brüder sich gegenseitig entblößt hatten, wussten sie sich nur mit einem Kommunikationsmittel zu helfen: ihren Fäusten. Glücklicherweise konnten beide schlechter Schläge austeilen und einstecken als Wörter benutzen, sodass der Kampf nur kurz andauerte und lediglich mit ein paar Schrammen endete. Doch das Band der Bruderschaft war zerrissen worden und Ben stampfte in die Werkstatt, während Jan sich in seine Schreibstube zurückzog. Der Drache blieb vergessen in der Halle, verdammt zum Einstauben.

Literatur

Aarons, M. & Gittens, T. (2007). *Das Handbuch des Autismus. Ein Ratgeber für Eltern und Fachleute.* Weinheim und Basel: Beltz.

Achilles, I. (2018). *»… und um mich kümmert sich keiner!«: Die Situation der Geschwister behinderter und chronisch kranker Kinder.* (6. Auflage). München: Reinhardt.

Aly, G. (2017). *Volk ohne Mitte: Die Deutschen zwischen Freiheitsangst und Kollektivismus.* Frankfurt a. M.: Fischer.

Arens-Wiebel, C. (2019). *Autismus. Was Eltern und Pädagogen wissen müssen.* Stuttgart: Kohlhammer.

autismus Deutschland e. V. (2014). Inklusive Beschulung von Schülerinnen und Schülern mit Autismus – aktuelle Entwicklung in den Bundesländern. Zugriff am 16.02.2020 unter www.autismus.de/fileadmin/RECHT_UND_GESELLSCHAFT/StellungnahmeInklusiveBeschulung20_05_2014.pdf.

autismus Deutschland e. V. (2017). Ergebnis der Umfrage zur aktuellen schulischen Situation von Kindern und Jugendlichen mit Autismus. Zugriff am 16.02.2020 unter https://www.autismus.de/fileadmin/RECHT_UND_GESELLSCHAFT/AuswertungFragebogenSchulischeSituation17.01.2017.pdf.

Beauftragte der Bundesregierung für die Belange von Menschen mit Behinderungen (2017). *Die UN-Behindertenrechtskonvention. Übereinkommen über die Rechte von Menschen mit Behinderungen.* Bonn: Hausdruckerei BMAS.

Belardi, N. (2020). *Supervision und Coaching: für Soziale Arbeit, für Pflege, für Schule.* Freiburg im Breisgau: Lambertus.

Bernard-Opitz, V. (2005). *Kinder mit Autismus-Spektrum-Störungen (ASS).* Stuttgart: Kohlhammer.

Biscaldi, M., Paschke-Müller, M. & Schaller, U. (2017). Aufbau der sozialen Kompetenz. In M. Noterdaeme, K. Ullrich & A. Enders (Hrsg.), Autismus-Spektrum-Störungen. Ein integratives Lehrbuch für die Praxis (2., überarbeitete und erweiterte Auflage) (S. 307–314). Stuttgart: Kohlhammer.

Bönsch, B. (2017). Von der Idee zur WG. In autismus Deutschland e. V. (Hrsg.), *Lernen – Arbeit – Lebensqualität* (S. 266–280). Kalsruhe: von Loeper.

Brewer, N., Zoanetti, J. & Young, R. L., (2017). The influence of media suggestions about links between criminality and autism spectrum disorder. *Autism, 21* (2), 1171–21.

Call, J. & Tomasello, M. (2009). Does the chimpanzee have a theory of mind? 30 years later. *Trends in Cognitive Sciences 12* (5), 187–192.

Cook, J., Hull, L., Crane, L., & Mandy, W. (2021). Camouflaging in autism: A systematic review. *Clinical psychology review, 89*, 102080. https://doi.org/10.1016/j.cpr.2021.102080.

Delacato, C. H. (1985). *Der unheimliche Fremdling. Das autistische Kind* (3., erweiterte Auflage). Freiburg: Hyperion.

destatis.de (o. D.). Haushalte und Familien: Familien. Zugriff am 16.06.2022 unter www.destatis.de/DE/Themen/Gesellschaft-Umwelt/Bevoelkerung/Haushalte-Familien/Glossar/familien.html.

Deweerdt, S. (2021). Getting eight arms around autism. Zugriff am 16.08.2022 unter doi.org/10.53053/YMDC5342.

Donovan, L. (2022). My son's recent autism diagnosis was no surprise. He can name every US president and count to 120, all before the age of 4. Zugriff am 14.09.2022 unter www.insider.com/autism-diagnosis-in-my-son-highlighted-favorite-parts-of-him-2022-3.

dorsch.hogrefe.com (o. D.). Lebenszufriedenheit. Zugriff am 30.11.2022 unter https://dorsch.hogrefe.com/stichwort/lebenszufriedenheit.
duden.de (o. D.). betroffen. Zugriff am 06.12.2017 unter https://www.duden.de/synonyme/betroffen.
duden.de (o. D.). Teufelskreis. Zugriff am 04.11.2022 unter https://www.duden.de/rechtschreibung/Teufelskreis.
Dziobek, I., Rogers, K., Fleck, S., Bahnemann, M., Heekeren, H., Wolf, O. & Convit, A. (2008). Dissociation of cognitive and emotional empathy in adults with Asperger syndrome using the Multifaceted Empathy Test (MET). *Journal of Autism and Developmental Disorders 38 (3)*, 464–473.
Eberhardt, O. (2020). Beziehungsbedürfnisse der Eltern von Kindern mit Autismus-Spektrum-Störung. In I. Döringer & B. Rittmann (Hrsg.), *Autismus. Frühe Diagnose, Beratung und Therapie. Das Praxisbuch* (S. 114–124). Stuttgart: Kohlhammer.
Eckert, A. (2011). In erster Linie sind wir eine ganz normale Familie. Familiäres Leben mit einem Kind mit Autismus. *Schweizerische Zeitschrift für Heilpädagogik, 17 (6)*, 19–25.
Ekman, P. (2010). *Gefühle lesen* (2. Auflage). Heidelberg: Spektrum Akademischer Verlag.
ellasblog.de (2018). Interview mit der Autorin Inez Maus: »Die Gesellschaft sollte sich mehr auf die Förderung der Stärken von AutistInnen konzentrieren.« Zugriff am 03.01.2021 unter https://ellasblog.de/interview-mit-der-autorin-inez-maus-die-gesellschaft-sollte-sich-mehr-auf-die-foerderung-der-staerken-von-autistinnen-konzentrieren/.
Elliman, L. (2011). Asperger's syndrome – difference or disorder? *The psychologist, 24*, 114–117.
Fabro, M., Andrews, P. C. S. & Pukki, H. K. (2016 a). *Best Practice für Hochschulleitungen und leitende Uni-Mitarbeiter/innen*. Hamburg: Bundesverband Autismus e. V.
Fabro, M., Andrews, P. C. S. & Pukki, H. K. (2016 a). *Best Practice für Hochschuldozent/innen und Tutor/innen*. Hamburg: Bundesverband Autismus e. V.
Falkai, P., Wittchen, H.-U., Döpfner, M., Gaebel, W., Maier, W., Riet, W., Saß, H. & Zaudig, M. (Hrsg.). (2015). *American Psychiatric Association. Diagnostische Kriterien DSM-5®*. Göttingen: Hogrefe.
Farley, M. A., Mahon, W. M., Fombonne, E., Jenson, W. R., Miller, J., Gardner, M., Block, H., Pingree C. B., Ritvo, E. R., Ritvo, R. A. & Coon, H. (2009). Twenty-year outcome for individuals with autism and average or near-average cognitive abilities. *Autism Research 2(2)*, 109–118.
Frith, U. (1989). Autism and »Theory of Mind«. In C. Gillberg (Hrsg.), *Diagnosis and Treatment of Autism* (33–52). New York: Plenum Press.
Frith, U. & Happé, F. (1999). Theory of mind and self-consciousness: What Is It Like to Be Autistic? *Mind & Language 14 (1)*, 1–22.
Gerland, G. (1998). *Ein richtiger Mensch sein*. Stuttgart: Freies Geistesleben.
Girsberger, T. (2022). *Mit Autismus den Alltag meistern. Praktische Hilfen für Kinder und Jugendliche im Autismus-Spektrum*. Stuttgart: Kohlhammer.
Gold, N. (1993). Depression and social adjustment in siblings of boys with autism. *Journal of Autism and Developmental Disorders, 23(1)*, 147–163.
Gorjy, R. S., Fielding, A. & Falkmer, M. (2017). »It's better than it used to be«: Perspectives of adolescent siblings of children with an autism spectrum condition. *Child & Family Social Work, 22(4)*, 1488–1496.
Hackenberg, W. (2008). *Geschwister von Menschen mit Behinderung. Entwicklung, Risiken, Chancen*. München, Basel: Ernst Reinhardt.
Hager, C. (2014). Keine Kunst ohne Autismus? Welt-Autismus-Tag: Die Psychiaterin Maria Asperger Felder über eine andere Art der Wahrnehmung. Zugriff am 17.10.2020 unter www.wienerzeitung.at/dossiers/autismus/618151_Keine-Kunst-ohne-Autismus.html.
Henk, M. (2011). Die Inseln der Begabung. Zugriff am 14.10.2020 unter https://www.geo.de/magazine/geo-kompakt/4144-rtkl-die-inseln-der-begabung.
Hess, P. (2022). In deep water with Gül Dölen. Zugriff am 16.08.2022 unter doi.org/10.53053/BKRC2077.
ICD-11 (Motality and Morbidity Statistics). 6 A02 Autism spectrum disorder. Zugriff am 22.08.2022 unter https://icd.who.int/browse11/l-m/en#/http://id.who.int/icd/entity/437815624.

Jagla, M., Schenk, J., Franke, G. H. & Hampel, P. (2017). Gesunde Geschwister von Kindern mit Autismus-Spektrum-Störungen – Eine Mixed-Methods-Pilotstudie. *Praxis der Kinderpsychologie und Kinderpsychiatrie, 66(9),* 702–718.

Jungbauer, J. & Meye, N. (2008). Belastungen und Unterstützungsbedarf von Eltern autistischer Kinder. *Praxis der Kinderpsychologie und Kinderpsychiatrie 57,* 521–535.

Kaminsky, L. & Dewey, D. (2001). Siblings relationships of children with autism. *Journal of Autism an Developmental Disorders, 31(4),* 399–410.

Kaminsky, L. & Dewey, D. (2002). Psychosocial adjustment in siblings of children with autism. *Journal of Child Psychology and Psychiatry, 3(2),* 225–232.

Kelly, A. B., Garnett, M. S., Attwood, T. & Peterson, C. (2008). Autism spectrum symptomatology in children: The impact of family and peer relationships. *Journal of Abnormal Child Psychology, 36 (7),* 1069–1081.

Kirby, A. V., Baranek, G. T. & Fox, L. (2016). Longitudinal predictors of outcomes for adults with autism spectrum disorder: systematic review. *OTJR: occupation, participation and health, 36(2),* 55–64. https://doi.org/10.1177/1539449216650182.

Livingstone, M. (1989): Anmerkungen zu Warhols Arbeitstechniken. In K. McShine (Hrsg.), *Andy Warhol Retrospektive* (S. 63–65). München: Prestel.

Maus, I. (2013). *Mami, ich habe eine Anguckallergie. Licht und Schatten im Leben mit Autismus.* Leipzig: Engelsdorfer Verlag.

Maus, I. (2014). *Anguckallergie und Assoziationskettenrasseln. Mit Autismus durch die Schulzeit.* Leipzig: Engelsdorfer Verlag.

Maus, I. (2017a). *Geschwister von Kindern mit Autismus. Ein Praxisbuch für Familienangehörige, Therapeuten und Pädagogen.* Stuttgart: Kohlhammer.

Maus, I. (2017b). »Haben Sie Ihre Kinder konsequent erzogen?« Zugriff am 11.03.2022 unter www.inez-maus.de/blog-20170906erziehung.htm.

Maus, I. (2017c). Traumbrecher. Zugriff am 11.08.2022 unter www.inez-maus.de/blog-20170929traum.htm.

Maus, I. (2017d). Betroffene – Ich bin nicht betroffen. Zugriff am 13.08.2022 unter https://www.inez-maus.de/blog-20171210betroffen.htm.

Maus, I. (2020). *Kompetenzmanual Autismus (KOMMA). Praxisleitfaden für den Bildungs-, Wohn- und Arbeitsbereich.* Stuttgart: Kohlhammer.

Maus, I. (2022). *Geschichten für Kinder über Autismus. Ein Vorlese- und Arbeitsbuch für Familienangehörige, Therapeuten und Pädagogen.* Stuttgart: Kohlhammer.

Nemitz, F. (2021). Warum ich FC als integrativen Bestandteil der UK ansehe. *autismus. Zeitschrift des Bundesverbandes autismus Deutschland e. V. 92,* S. 41.

Nussbeck, S. (2008). Diagnostik, Häufigkeit und Ursachen von Autismus. In M. Degner & C. M. Müller (Hrsg.), *Autismus. Besonderes Denken – Förderung mit dem TEACCH-Ansatz* (S. 15–34). Nordhausen: Verlag Kleine Wege.

Ockelford, A. (2008). *In the key of genius. The extraordinary life of Derek Paravicini.* London: Arrow.

Ortega, F. (2009). The cerebral subject and the challenge of neurodiversity. *BioSocieties, 4 (4),* 425–445.

Paradiž, V. (2003). *Hörst du mich? Leben mit einem autistischen Kind.* Düsseldorf und Zürich: Patmos.

Preißmann, C. (2015). *Gut leben mit einem autistischen Kind. Das Resilienz-Buch für Mütter.* Stuttgart: Klett-Cotta.

Preißmann, C. (2021). *Glück und Lebenszufriedenheit für Menschen mit Autismus* (2., aktualisierte Auflage). Stuttgart: Kohlhammer.

pschyrembel.de (o. D.). Stereotypie. Zugriff am 12.06.2022 unter www.pschyrembel.de/Stereotypie/K0LK0.

Rabsahl, A. K. (2016). *Aktive Elternrolle bei der Therapie von Autismus-Spektrum-Störungen. Belastungen nehmen, Kompetenzen fördern.* Wiesbaden: Springer Spektrum.

Reichardt, A. & Reichardt, I. (2003). *Treffende Worte: 3000 Zitate für Führungskräfte.* Wien: Linde.

Richman, S. (2004). *Wie erziehe ich ein autistisches Kind? Grundlagen und Praxis.* Bern: Huber.

Röhrich, L. (2001). *Lexikon der sprichwörtlichen Redensarten.* Freiburg: Herder.

Rollett, B. & Kastner-Koller, U. (2001). *Autismus. Ein Leitfaden für Eltern, Erzieher, Lehrer und Therapeuten* (2. Auflage). München & Jena: Urban & Fischer.

Sarimski, K. (2021). *Familien von Kindern mit Behinderungen. Ein familienorientierter Beratungseinsatz.* Göttingen: Hogrefe.

Schatz, Y. & Schellbach, S. (2011). Inklusion beginnt. Mit autistischen Kindern Familie leben. In Autismus Deutschland e. V. (Hrsg.), *Inklusion von Menschen mit Autismus* (S. 311–322). Karlsruhe: Loeper.

Schirmer, B. & Alexander, T. (2015). *Leben mit einem Kind im Autismus-Spektrum.* Stuttgart: Kohlhammer.

Schirmer, B. (2022). *Glücklich leben mit Autismus. 49 Fragen für Eltern, Therapeuten, Pädagogen und andere Lebensbegleiter.* Stuttgart: Kohlhammer.

Schlitt, S., Berndt, K. & Freitag, C. M. (2015). *Das Frankfurter Autismus-Elterntraining (FAUT-E). Psychoedukation, Beratung und therapeutische Unterstützung.* Stuttgart: Kohlhammer.

Schmidt, P. (2013). *Der Junge vom Saturn. Wie ein autistisches Kind die Welt sieht.* Ostfildern: Patmos.

Simone, R. (2016). *22 Dinge, die eine Frau wissen muss, wenn sie einen Mann mit Asperger-Syndrom liebt.* Zürich: Kommode.

Sinclair, J. (1993). Don't mourn for us. Zugriff am 12.01.2022 unter www.autreat.com/dont_mourn.html.

Singer, A. (2022). It's time to embrace ›profound autism‹. Zugriff am 27.10.2022 unter www.spectrumnews.org/opinion/viewpoint/its-time-to-embrace-profound-autism/.

spektrum.de (o. D.). Metzler Lexikon Philosophie: Utilitarismus. Zugriff am 28.12.2022 unter https://www.spektrum.de/lexikon/philosophie/utilitarismus/2119.

Steuer, J. (2021). Neurodiversität in unserer Arbeitswelt. Das übersehene Potential neurodiverser Teams. Zugriff am 12.01.2022 unter www.tbd.community/de/a/neurodiversitaet-unserer-arbeitswelt.

teilhabeberatung.de (o. D.). Herausforderungen in der Welt der Autisten. Zugriff am 12.12.2022 unter www.teilhabeberatung.de/artikel/herausforderungen-in-der-welt-der-autisten.

Theunissen, G. (2022). *Empowerment – Wegweiser für Inklusion und Teilhabe behinderter Menschen.* Freiburg: Lambertus.

Tröster, H. & Lange, S. (2019). *Eltern von Kindern mit Autismus-Spektrum-Störungen: Anforderungen, Belastungen und Ressourcen.* Wiesbaden: Springer Fachmedien.

Turns, B., Eddy, B. P. & Jordan, S. S. (2016). Working with siblings of children with autism: A solution-focused approach. *Australian & New Zealand Journal of Family Therapy, 37*(4), 558–571.

Vermeulen, P. (2002). *»Ich bin was Besonderes« Arbeitsmaterialien für Kinder und Jugendliche mit Autismus / Asperger Syndrom.* Dortmund: verlag modernes lernen.

Walter, A. (2020). *Inklusive Erziehungs- und Familienberatung. Familien mit Kindern und Jugendlichen mit einer Behinderung.* Göttingen: Vandenhoeck & Ruprecht.

Wellman, H. M., Cross, D. & Watson, J. (2001). Meta-Analysis of theory-of-mind development: The truth about false belief. *Child Development, 72* (3), 655–684.

Winkelheide, M. (1992). *Ich bin doch auch noch da. Aus der Arbeit mit Geschwistern behinderter Kinder.* Bremen: Trialog.

Yavus, M. & Safak, P. (2019). Investigating the time children with autistic spectrum disorders spend with their typically developing siblings. *Universal Journal of Educational Research, 7*(8), 1795–1807.

zeno.org (o. D.). Maximen und Reflexionen. Aus »Kunst und Altertum«. Sechsten Bandes erstes Heft. Zugriff am 02.01.2023 unter www.zeno.org/Literatur/M/Goethe,+Johann+Wolfgang/Aphorismen+und+Aufzeichnungen/Maximen+und+Reflexionen/Aus+%C2%BBKunst+und+Altertum%C2%AB/Sechsten+Bandes+erstes+Heft.+1827.